Ensaios sobre Economia Solidária

Ensaios sobre Economia Solidária

2018

Paul Singer

Prefácio de Rui Namorado

ENSAIOS SOBRE ECONOMIA SOLIDÁRIA

Paul Singer
Prefácio de Rui Namorado

EDITOR
EDIÇÕES ALMEDINA, S.A.
Rua Fernandes Tomás, nºs 76, 78 e 79
3000-167 Coimbra
Tel.: 239 851 904 · Fax: 239 851 901
www.almedina.net · editora@almedina.net

DESIGN DE CAPA
FBA.

EDITOR
EDIÇÕES ALMEDINA, S.A.

IMPRESSÃO E ACABAMENTO

Janeiro de 2018

DEPÓSITO LEGAL
....

Esta edição respeitou a variante de português do Brasil utilizada pelo autor.

Toda a reprodução desta obra, por fotocópia ou outro qualquer processo, sem prévia autorização escrita do Editor, é ilícita e passível de procedimento judicial contra o infrator.

 | GRUPOALMEDINA

BIBLIOTECA NACIONAL DE PORTUGAL – CATALOGAÇÃO NA PUBLICAÇÃO

SINGER, Paul

Ensaios sobre Economia Solidária
prefácio de Rui Namorado.
(Horizontes Solidários)
ISBN 978-972-40-7290-6

CDU   334

PREFÁCIO – PAUL SINGER: UMA LUCIDEZ SOLIDÁRIA E FUTURANTE

RUI NAMORADO

1. Este prefácio tem como objetivo oferecer um enquadramento esclarecedor dos textos que compõem o livro. Em primeiro lugar, assinala sinteticamente os aspetos mais significativos da vida e dos vários protagonismos cívicos e intelectuais do autor. Em segundo lugar, tendo em conta respostas dadas por Paul Singer a diversos entrevistadores, mostra o essencial do que ele pensa sobre a economia solidária, dando a medida em que contribuiu para o seu desenvolvimento no Brasil e evidenciando os caminhos que ela aí tem vindo a percorrer. Por último, contém um breve comentário ao conjunto de textos que compõem o livro, de modo a salientar a lógica que os congrega e a chamar a atenção para a sua complementaridade.

É uma honra para esta coleção incluir um livro de Paul Singer, economista brasileiro de grande prestígio, professor universitário e político, além de autor de referência no campo da economia solidária, quer na América Latina quer na Europa, e de reputado conferencista internacional.

2. Paul Singer nasceu em Viena, na Áustria, no dia 24 de março de 1932, oriundo de uma família de pequenos comerciantes judeus. Ameaçada pela ocupação nazi alemã, a sua família viu-se forçada a emigrar para o Brasil em 1940, tendo-se fixado em São Paulo.

Em 1951, concluiu o curso de Eletrotécnica no ensino médio da Escola Técnica Getúlio Vargas, de São Paulo, exercendo a profissão entre 1952 e 1956. Filiou-se no Sindicato dos Metalúrgicos de São Paulo, tendo participado ativamente no movimento sindical. Como trabalhador metalúrgico, foi um dos líderes da histórica greve dos 300 mil, que paralisou a indústria paulista por mais de um mês, em 1953.

Em 1954, adquiriu a cidadania brasileira. Em 1959, concluiu o curso de Economia da Universidade de São Paulo (USP), onde ingressara em 1956, depois de ter abandonado a profissão de metalúrgico.

No decorrer da segunda metade dos anos cinquenta, militou no Partido Socialista Brasileiro (PSB), tendo sido um dos fundadores da Organização Revolucionária Marxista, Política Operária (Polop), oriunda da ala esquerda desse partido.

Em 1960, Paul Singer iniciou funções docentes na Universidade de São Paulo (USP). Em 1966, doutorou-se em Sociologia na mesma Universidade. Depois de um breve estágio nos Estados Unidos, para estudar Demografia, em Princeton, voltou à USP como professor titular, nas Faculdades de Economia, Administração e Contabilidade. Em 1968, apresentou sua tese de livre-docência, *Dinâmica Populacional e Desenvolvimento*.

Nesse mesmo ano, retomou as suas atividades como professor da USP até lhe terem sido retirados os direitos políticos pelo poder ditatorial imposto pelo golpe de Estado militar de 1964, através do Ato Institucional n.º 5 (1968), e ter sido aposentado compulsivamente, por causa das suas atividades políticas, em 1969.

Paul Singer, ao lado de vários outros professores e investigadores expulsos da USP, participou na fundação do Centro Brasileiro de Análise e Planejamento (CEBRAP), uma importante instância científica na área das ciências sociais e um importante foco intelectual de resistência à ditadura.Voltou a ensinar em 1979, na Pontifícia Universidade Católica de São Paulo (PUC-SP).

No ano seguinte, foi um dos fundadores do Partido dos Trabalhadores (PT). Na PUC, ensinou apenas durante quatro anos, mas continuou a trabalhar no CEBRAP até 1988.

Um ano mais tarde, foi convidado pela prefeita de São Paulo, Luiza Erundina, para ser secretário municipal de Planejamento de São Paulo, cargo que desempenhou durante esse mandato (1989-93).

Especialista e grande impulsionador da economia solidária no Brasil, Paul Singer participou na criação da Incubadora Tecnológica de Cooperativas Populares da USP em 1998, tendo sido convidado a assumir o cargo do seu coordenador acadêmico.

Em 2003, foi nomeado pelo Governo Federal do presidente Lula da Silva como Secretário Nacional de Economia Solidária (SENAES), no Ministério do Trabalho e Emprego. Foi reconduzido no mesmo cargo no mandato seguinte, bem como nos mandatos da presidente Dilma Rousseff.

Em 2015, foi tornada pública a hipótese do seu afastamento da SENAES, no quadro de um reajustamento interno do Governo de Dilma, já então em dificuldades, destinado a robustecer a coligação que a apoiava. Houve uma explícita resistência pública a esse afastamento, nomeadamente por parte dos múltiplos protagonistas da economia solidária no Brasil. Essa substituição não chegou então a consumar-se[1].

Mas a 11 de maio de 2016, depois de 13 anos à frente da Secretaria Nacional de Economia Solidária, Paul Singer viria a ser afastado, em simultâneo com a presidente Dilma, pelo golpe de Estado que levou ao poder o anterior vice-presidente e abriu caminho a uma profunda reversão política e social. Foi gravemente lesada a democracia, foi muito reforçada a hegemonia neoliberal, tendo-se entrado numa deriva conservadora antidemocrática cujo horizonte se fecha numa dramática interrogação.

Pouco tempo depois, a 8 de junho de 2016, o Fórum Brasileiro de Economia Solidária tornou público o seu repúdio perante a substituição de Paul Singer, considerando que ela

---

[1] Pelo prestígio do seu autor e pelo significado dessa manifestação de solidariedade, merece destaque o envio de uma carta a Dilma Rousseff, a 29 de junho de 2015, pelo português Boaventura de Sousa Santos, diretor do Centro de Estudos Sociais da Universidade de Coimbra, sociólogo, intelectual e universitário internacionalmente reputado, cujas ideias têm uma presença particularmente forte na América Latina. Esta carta integrou-se num movimento de defesa da permanência de Paul Singer no governo brasileiro e dela se transcrevem os seguintes excertos: «O nome de Paul Singer – a quem tenho muito apreço e admiração pessoais e respeito político e intelectual – foi referendado pelo movimento para orientar a política de economia solidária a fim de conduzir uma política em constante diálogo com a sociedade e em atendimento às demandas dos movimentos sociais com quem se relaciona. [...]
Paul Singer é um político, um intelectual e um militante respeitado, tanto no campo político como no campo académico nacional e internacional. Trata-se de um homem que lutou pelas conquistas democráticas do Brasil e espero, profundamente, que ele possa continuar contribuindo, desde o Estado, para a legitimidade de outras economias possíveis.
Sendo assim, me junto ao apelo dos movimentos sociais e venho, por meio desta carta, requerer a manutenção e a ampliação desta política pública executada pela Secretaria Nacional de Economia Solidária, em parceria com o movimento popular de economia solidária e liderada por Paul Singer – nome que tem a confiança dos movimentos sociais».

representa mais um enorme retrocesso neste contexto de desmonte das políticas sociais levado a cabo pelo governo interino ilegítimo instalado a partir do afastamento da presidenta Dilma Rousseff no último dia 11 de maio.

É inaceitável que a Secretaria Nacional de Economia Solidária, fruto de uma demanda e conquista histórica do movimento de economia solidária, chefiada durante 13 anos pelo Prof. Paul Singer e sua equipe, seja rebaixada e instrumentalizada para operacionalizar o golpe em curso no âmbito do Governo Federal.

Nesse sentido, o Fórum Brasileiro de Economia Solidária não reconhece a indicação do novo secretário interino e reforça seu posicionamento em defesa do Estado Democrático de Direito e do mandato da presidenta eleita, Dilma Rousseff.

Paul Singer é autor de muitos textos publicados em revistas e noutros meios de comunicação social, bem como de dezenas de livros, entre os quais se destacam: *Introdução à Economia Solidária* (São Paulo: Editora Fundação Perseu Abramo, 2002); *Para entender o Mundo Financeiro* (São Paulo: Contexto, 2000); *O Brasil na Crise: perigos e oportunidades* (São Paulo: Contexto, 1999); *Globalização e Desemprego: diagnósticos e alternativas* (São Paulo: Contexto, 1998); *Uma Utopia Militante. Repensando o socialismo* (Petrópolis: Vozes, 1998); *O Que É Economia* (São Paulo: Brasiliense, 1998); *O Capitalismo – sua evolução, sua lógica e sua dinâmica* (São Paulo: Moderna, 1987); *Repartição de Renda – ricos e pobres sob o regime militar* (Rio de Janeiro: Zahar, 1986); *A Formação da Classe Operária* (São Paulo: Atual, 1985); *Dominação e Desigualdade: estrutura de classes e repartição de renda no Brasil* (Rio de Janeiro: Paz e Terra, 1981); *O Que É Socialismo Hoje* (Petrópolis: Vozes, 1980); *Curso de Introdução à Economia Política* (Rio de Janeiro: Forense, 1975); *Desenvolvimento Econômico e Evolução Urbana* (São Paulo: Editora Nacional, 1969).

3. Dará maior nitidez ao sentido deste livro e ao alcance dos textos que o integram lembrar aqui o que é a economia solidária na perspetiva de Paul Singer. Ter-se-á assim acesso a uma maior explicitação do essencial do seu pensamento, podendo observar-se plenamente a riqueza das suas ideias e a sua profunda imbricação nas práticas da economia solidária, que as oxigenam, ao mesmo tempo que delas se alimentam.

E isso é tanto mais importante quanto essa posição não coincide, por completo, com o modo como é entendida a economia solidária, quer em

Portugal quer nos países da Europa em que ela está presente, nomeadamente em França e em Espanha.

Aliás, são diversas as perspetivas através das quais se encara a economia solidária, mesmo dentro de cada país. Numa abordagem genérica e algo simplificadora, podem distinguir-se dois tipos de posições. Num deles, identifica-se a economia solidária com uma expressão da solidariedade humana, largamente marcada por uma ótica beneficente, desligando-a de qualquer ambição de mudança do tipo de sociedade atual, ou seja, de superação do capitalismo. No outro, sem menosprezo pela sua força como resposta imediata à desigualdade e ao sofrimento, valoriza-se na economia solidária o seu potencial de transformação social – de uma transformação social que aponte para um pós-capitalismo suscetível de consubstanciar os seus valores emancipatórios, libertadores, democráticos e solidários. Muitas vezes, nas posições concretas de cada protagonista ou de cada doutrinador, combinam-se estas duas linhas de orientação geral.

Também difere o grau de coincidência entre o que se entende por economia solidária e o que se entende por economia social, havendo quem distinga com nitidez uma da outra, quem as aproxime até uma quase sobreposição e quem as congregue numa única expressão compósita. Paul Singer valoriza muito o enraizamento da sua perspetiva na realidade brasileira, olhando-a desse modo com autonomia, em face do modo como é olhada noutras paragens. E assim olha para as experiências, ideias e perspetivas delas oriundas, predominantemente como realidades irmãs, sem dar centralidade a um apuramento detalhado das diferenças que entre elas possam existir e valorizando sinergias e proximidades. Isso não impede que seja largamente dominante nos seus textos o uso da expressão «economia solidária».

Para Paul Singer, a economia solidária está firmemente ancorada numa ambição de superar o capitalismo. Encara-a como um espaço que incorpora as tradições democráticas e emancipatórios do cooperativismo, do mutualismo, do solidarismo democrático e do associativismo popular. Envolve num olhar crítico, mas fraterno, os protagonistas que integram os movimentos sociais que nela desaguam, distinguindo os que, para ele, exprimem com plena fidelidade os seus valores, inscrevendo-se assim sem ambiguidade numa trajetória emancipatória, dos que, tolhidos por contaminações suscitadas pela lógica dominante, tergiversam, deixando dissipar a sua autenticidade e o seu ímpeto futurante.

A sua radicalidade anticapitalista está sempre impregnada de uma valorização inequívoca e incondicional da democracia, como horizonte irrenunciável de qualquer sociedade humana e como matriz fundadora de qualquer modelo pós-capitalista digno de esperança.

Este dualismo é uma atmosfera presente em todo o seu pensamento, estando nele incrustado de forma virtuosa. Mas só podemos compreender plenamente todas as suas implicações se o analisarmos à luz do percurso concreto feito na sociedade brasileira pelas práticas de economia solidária. Reciprocamente, seria estéril esquecer que as ideias e o protagonismo pessoal de Paul Singer foram, pelo seu lado, um elemento relevante na irradiação da economia solidária no Brasil e no rasgar dos seus horizontes.

Esta simbiose transparece nos textos de Paul Singer. Ele olha sempre para a realidade com abertura e generosidade, aceitando ser permanentemente interpelado por ela, mas sem nunca abrandar a sua exigência crítica ou esquecer as suas próprias posições perante a sociedade e a vida. Nunca renunciando ao seu papel pessoal e sempre fiel às suas responsabilidades, sempre se assumiu como um militante entre outros, como um camarada dos seus camaradas. Pode dizer-se que deu vida ao lema de Montesquieu: **«Para fazer grandes coisas não se deve estar acima dos homens, mas junto deles».**

4. Para conhecermos as posições de Paul Singer quanto à economia solidária e compreendermos em profundidade o que neste campo se passa no Brasil, nada melhor do que seguir as palavras que ele próprio foi proferindo em diversas circunstâncias.

Segundo dados que acompanham uma entrevista que deu em dezembro de 2014[2] e à qual pertencem os excertos que se seguem, o Brasil contava então com mais de 30 mil empreendimentos solidários, em vários sectores da economia, com destaque para a agricultura familiar. Estes geravam rendimentos para mais de dois milhões de pessoas e movimentavam então anualmente cerca de 12 mil milhões de reais.

Tendo-lhe sido perguntado «Quando e como surgiu a economia solidária no Brasil?», Paul Singer, respondeu:

---

[2] Esta entrevista a Paul Singer foi realizada por Joel dos Santos Guimarães e Paula Quental, tendo sido publicada no portal Brasil Debate a 24.12/2014.

PREFÁCIO – PAUL SINGER: UMA LUCIDEZ SOLIDÁRIA E FUTURANTE

Ainda sem esse nome, a economia solidária surgiu no Brasil no bojo da mais terrível crise pela qual o país passou desde Pedro Álvares Cabral. Foi a crise dos anos setenta, que atingiu toda a América Latina, resultado do choque do petróleo. Os países não produtores de petróleo ficaram com dívidas enormes. Tiveram que comprar petróleo a preços cinco vezes maiores dos que pagavam antes da crise. E o Brasil foi um dos que mais se endividaram. Não tinha opção. O país já estava no processo de abertura, mas o regime estava sem nenhuma preparação para enfrentar o desemprego, que atingia milhões de brasileiros. Esse era o quadro.

Foi-lhe depois perguntado se através da economia solidária se enfrentou o desemprego, a fome e a miséria de milhões de brasileiros. Paul Singer respondeu:

Foi isso mesmo. Quem tentou fazer isso de uma forma correta foi a Igreja, através da Cáritas, que começou a organizar os desempregados para que eles voltassem a viver, a ganhar. Isso acabou sendo o impulso inicial para a economia solidária no Brasil. Portanto, a semente da economia solidária foi plantada nos anos oitenta por uma ação extremamente adequada, e no momento certo, da Cáritas. Alguns anos depois, o esforço da Cáritas foi secundado pelos sindicatos e pelas universidades. A essa altura eu já estava envolvido.

E, quanto ao papel dos sindicatos nesse processo, prosseguiu adiante:

Os sindicatos viram que os trabalhadores de empresas que iam falir – e muitas faliram nessa época – poderiam arrendar a massa falida, preservar a empresa e, portanto, seus próprios empregos. Os primeiros casos causaram muita sensação: fábricas sem patrões. Logo mais, isso se tornou um modelo. Surgiu a ANTEAG (Associação de Empresas Recuperadas), que se especializou nisso, a partir do Dieese (Departamento Intersindical de Estatísticas e Estudos Socioeconômicos). Então, foi o início da economia solidária no Brasil. Os sindicatos apoiaram seus trabalhadores na formação de cooperativas de trabalho.

Depois, para aprofundar o esclarecimento de como surgiu o conceito e a designação *economia solidária*, Paul Singer, recordou o pioneirismo do sociólogo, ativista social e militante político Betinho (Herbert José de Sousa), que, ao liderar a campanha «Natal sem Fome», envolvendo milhões e milhões de brasileiros, se inscreveu antecipadamente na história da economia solidária. E explicou:

> Começou-se a perceber que era preciso fazer alguma coisa direta contra o desemprego. Como a campanha do Betinho avançou bem, tomamos a decisão de nos reunirmos nos anos 1990 (92 e 93) para lutar diretamente contra o desemprego, fomentando a economia solidária, que ainda não tinha esse nome. Incentivando a autoiniciativa econômica de trabalhadores associados.
> Inclusive a campanha do Betinho foi muito apoiada pela Igreja. Ele mesmo era um católico, um cristão socialista. Militante da AP (Ação Popular, organização da esquerda cristã). Bem, esse foi o passo decisivo para a criação das incubadoras e cooperativas populares. Não surgiram imediatamente, mas não demorou muito. A primeira cooperativa foi criada no Rio de Janeiro, creio que em 1994, e agiu especificamente na Maré (Complexo da Maré). As incubadoras tecnológicas e cooperativas populares foram decisivas para o desenvolvimento da economia solidária no Brasil.
> A origem dessa primeira incubadora vem da situação trágica dos trabalhadores daquelas favelas, que ficam ao redor do Instituto Oswaldo Cruz (Fiocruz). E junto ao Instituto Oswaldo Cruz existe a Faculdade Nacional de Saúde Pública. [...]
> Os professores se reuniram e discutiram então o que fazer. O fato é que eles acharam que cooperativa seria a solução. Então entraram em contato com os vizinhos e sugeriram que formassem uma cooperativa de trabalho na própria instituição.

Inquirido sobre o seu protagonismo pessoal no desenvolvimento da economia solidária, Paul Singer retorquiu:

> Havia professores de Campinas, eu pela USP, mas não éramos muitos. [...]. Em 1995, fizemos a primeira reunião brasileira do que viria a ser economia solidária, na PUC de São Paulo. A imprensa não dava nada disso, como até hoje. O MST [Movimento dos Sem Terra] fazia economia solidária sem dar esse nome. O Gonçalo Guimarães que até hoje dirige a mais antiga incubadora do Brasil, na Universidade Federal do Rio de Janeiro, também. Vieram umas 30 pessoas e foi surpreendente.
> O MST já havia conseguido assentar muita gente e em 1983 já havia decidido que em todo assentamento haveria cooperativas. Eles foram a essa reunião na PUC contar essa história. O MST tinha apoio da Cáritas, que o ajudou a desenvolver a agroindústria nos assentamentos.

[...] O nome surgiu durante a campanha eleitoral de 1996 para a prefeitura de São Paulo. A candidata do PT foi a Luiza Erundina, que acabou perdendo para o candidato do Paulo Maluf, o Celso Pitta. [...]
Fizemos essa proposta de organizar os desempregados em cooperativas ao comitê do programa da campanha da Luiza Erundina, dirigido pelo Aloizio Mercadante. Ele acatou e perguntou: Singer como é que você chama esse treco aí que você está propondo? Respondi: nem pensei nisso. Aí ele me perguntou se não queria chamar de economia solidária. Na hora percebi que era o melhor nome possível.

Quanto à importância dada à economia solidária pelo PT [Partido dos Trabalhadores], Paul Singer mencionou o lançamento de um debate sobre o tema no seio desse Partido, em 1993:

Vários intelectuais participaram. A economia solidária não era muito conhecida na época, mas organizamos debates inclusive sobre esse tema. Depois, em debates sobre desemprego, o PT entendeu que a economia solidária poderia trazer respostas para a questão e o partido assumiu o tema. Foi depois de todos esses debates que Lula colocou a economia solidária no programa dele.

Foi por isso, com naturalidade, na sequência da eleição de Lula como presidente da República, que em 2003 foi criada a Secretaria Nacional de Economia Solidária (SENAES). A esse propósito, Paul Singer, o seu primeiro titular, esclareceu:

A SENAES faz parte do Ministério do Trabalho e Emprego[MTE] porque a economia solidária se reconhecia como parte do movimento operário. [...] Uma das coisas que me deixam orgulhoso é que os principais movimentos sociais do Brasil hoje estão na economia solidária. Não é que apoiem de fora, fazem economia solidária. E as mulheres são a vanguarda da economia solidária, no Brasil e em outros países.

E, ao ser questionado sobre a importância da SENAES para a instituição no Brasil de uma política pública da economia solidária, afirmou:

A economia solidária só existe no Brasil todo, acredito, por causa da secretaria. E do Fórum Brasileiro de Economia Solidária, nosso grande parceiro. Sem o

Fórum não tínhamos avançado. Ele foi criado junto com a secretaria, somos irmãos gêmeos. Uma grande parte das políticas em economia solidária surgiu por meio do Fórum. O próprio Fórum foi fomentando a criação de fóruns estaduais e hoje há ainda centenas de fóruns municipais. Mais da metade dos estados têm hoje leis de economia solidária, nós temos convénios com eles e com centenas de municípios.

Traçado este breve panorama introdutório, talvez valha a pena salientar alguns dos aspetos nucleares da posição de Paul Singer sobre a economia solidária. Continuando a recorrer às suas próprias palavras, como fonte inequivocamente autêntica, podemos invocar outra entrevista que deu em 2007[3]. Convidado a explicar o que é a economia solidária, Paul Singer respondeu:

> Nós costumamos definir economia solidária como um modo de produção que se caracteriza pela igualdade. Pela igualdade de direitos, os meios de produção são de posse coletiva dos que trabalham com eles – essa é a característica central. E a autogestão, ou seja, os empreendimentos de economia solidária são geridos pelos próprios trabalhadores coletivamente de forma inteiramente democrática, quer dizer, cada sócio, cada membro do empreendimento tem direito a um voto.

No prosseguimento dessa entrevista, foi pedido então a Paul Singer para falar sobre o seu envolvimento pessoal na economia solidária e sobre as principais razões que o moveram. Respondeu:

> [...] quando eu tinha dezasseis anos, entrei num movimento de jovens judeus que pretendiam formar um *kibutz* em Israel e morar lá. Portanto, a primeira formação socialista que eu tive na minha vida era exatamente de economia solidária, ligada, no entanto, com noções de que era preciso formar partido, tomar o poder, destruir o capitalismo. Quando eu saí desse movimento em 1952, eu tinha vinte anos; saí por razões pessoais, mas, sobretudo, porque eu não acreditava no sionismo. Eu achava que para lutar contra o antissemitismo seria melhor lutar em cada país do que reunir os judeus parcialmente num único país. Isso está

---

[3] Este excerto e os que se lhe seguem foram retirados de uma entrevista a Paul Singer sobre economia solidária feita pelo professor da USP Paulo Salles de Oliveira no dia 23 de setembro de 2007, a qual foi publicada na revista *Estudos Avançados* (vol. 22, n.º 62) [São Paulo, jan./abr. 2008].

gerando problemas agora trágicos, que já estavam de certa forma se manifestando naquela época.

Aí me tornei militante socialista no Brasil, inclusive sindical, depois na universidade, como dezenas de milhares no Brasil. Eu sou um militante de esquerda como tantos outros e fui secretário do Planejamento aqui em São Paulo, ocupei cargos de direção no Partido Socialista, depois no PT; enfim, durante toda a vida fui militante político. E aquilo que seria a economia solidária da minha adolescência ficou um pouco no meu subconsciente. Relendo agora coisas que eu escrevi uns dez anos antes de se cunhar a palavra (não por mim), já havia em germe a preocupação. A experiência estalinista de socialismo foi trágica. Não foi apenas defeituosa: ela de socialismo não tinha coisíssima nenhuma, era só pretensão. [...]

Mas, se esse não era o socialismo, o que era socialismo? Essa foi a indagação que me ocupou nos anos 1980. Num de meus livros, chamado *Aprender Economia*, há um capítulo chamado «Socialismo» [...]. Ali já estão ideias de economia solidária sem esse nome.

Mas eu mesmo me esqueci disso, e foi em 1996, em função da crise do desemprego, da crise social, que eu inventei, por assim dizer, uma forma de reintroduzir coletivamente os desempregados na produção, inclusive usando a moeda social. [...] A Igreja foi pioneira com o socialismo cristão, que nunca abandonou a ideia da autogestão, do desenvolvimento comunitário. E a Igreja brasileira é extraordinariamente progressista, sob influência da teologia da libertação. Acho que não há nenhum país como o Brasil. A teologia da libertação existe em toda a América Latina e mesmo fora, mas aqui é mais forte, o que deve ter contribuído para o desenvolvimento tanto teórico quanto prático da economia solidária no Brasil.

Continuando a dar a palavra a Paul Singer, vale a pena recorrer à revista *Diálogo Global* (da International Sociological Association), que publicou na sua edição em português, em março de 2016 (vol. 6, n.º 1), uma entrevista com Paul Singer, cujo tema central foi a economia solidária.

A entrevista foi conduzida por Gustavo Taniguti (pós-doutorando em Sociologia da Universidade de São Paulo) e por Renan Dias de Oliveira (professor da Fundação Santo André). Tendo sido realizada pouco antes do afastamento de Paul Singer do governo brasileiro imposto pelo golpe institucional, corresponde a um olhar relativamente recente sobre o panorama da economia solidária no Brasil e é um balanço do seu envolvimento neste campo ao longo da sua vida. Vamos por isso salientar alguns dos aspetos mais relevantes das suas respostas, mesmo correndo o risco de alguma repetição do que foi transcrito de entrevistas anteriores. São muito esclarecedores.

Perguntaram-lhe os entrevistadores em que medida já se interessava pela economia solidária nos seus tempos do CEBRAP. Paul Singer retorquiu:

> Muito mais tarde, eu descobri que a Economia Solidária fora inspirada pela Igreja Católica. Na verdade, o termo Economia Solidária foi criado por um economista chileno, Luis Razeto, que escreveu vários livros sobre o assunto. [...] A fundação do Partido dos Trabalhadores, em 1980, logo após a anistia, de 1979, não esteve ligada ao debate sobre a Economia Solidária. Meu interesse no assunto veio de uma iniciativa individual. [...]
> Na década de 1990, o Brasil enfrentou uma crise tremenda, que afetou, particularmente, o sistema de emprego do país: 60 milhões de postos de trabalho simplesmente desapareceram durante a crise [...] Foi uma tragédia social real; por conta disso, fui convidado pela Igreja a visitar algumas das cooperativas que estavam sendo criadas no Brasil naquela época. Cáritas, que pode ser considerada o braço social da Igreja Católica, criou em torno de 1000 cooperativas de trabalhadores, feitas, principalmente, de pessoas desempregadas. E visitar muitas dessas cooperativas me fez descobrir a resposta para uma pergunta difícil sobre o que significava a social-democracia. Porque essas cooperativas foram fundadas por desempregados; ou seja, não havia chefes, tão-pouco hierarquias. Tudo foi feito de forma coletiva, de forma igualitária.

Os entrevistadores pediram depois a Paul Singer para falar sobre o período de 1989-93, durante o qual foi Secretário de Planejamento durante o mandato de Luiza Erundina na Prefeitura de São Paulo, nomeadamente para relacionar as políticas de combate à pobreza, então desenvolvidas na cidade, com a economia solidária. Sublinhando as dificuldades da conjuntura vivida, disse:

> Primeiro, criamos uma força-tarefa para realizar o primeiro censo de moradores de rua, a fim de pelo menos salvá-los da fome. Mais tarde, criamos cooperativas de catadores de materiais recicláveis. Este foi o início da Economia Solidaria. Particularmente, com a ajuda da Cáritas, nós descobrimos do que se tratava na Economia Solidária. Decidimos adotar, então, 100% dos princípios do

cooperativismo e, já em 1996, eu estava convencido de que essa era uma expressão do socialismo democrático.

Depois, os entrevistadores pediram a Paul Singer para contextualizar politicamente o surgimento do Fórum Brasileiro de Economia Solidária e da Secretaria Nacional de Economia Solidária e para lhes dar a medida da ajuda que um e outra deram ao desenvolvimento da Economia Solidária, nos vários níveis do Estado brasileiro (nacional, estadual e municipal). Respondeu:

Era um contexto de elevadas taxas de desemprego, embora não tão severas como aquelas que tivemos na década de oitenta. O governo de Fernando Henrique Cardoso foi fortemente neoliberal, sob várias formas. [...] Quando o Lula foi eleito, em 2002, ele já tinha a certeza de que a Economia Solidária seria incluída em seu programa de governo. O Partido dos Trabalhadores adotou a Economia Solidária, portanto, que ainda está incluída na plataforma do partido. Assim que Lula iniciou seu mandato como presidente, os movimentos de economia solidária começaram a realizar reuniões nacionais, cobrando a criação de uma secretaria no Ministério do Trabalho e Emprego. Isso aconteceu muito rapidamente, já em 2003, logo após a posse de Lula. Passamos alguns meses esperando a aprovação do Congresso; mas, em junho daquele ano, a Secretaria Nacional de Economia Solidária foi finalmente criada. O Fórum Brasileiro de Economia Solidária estava ligado à Secretaria, porque, logicamente, nós não iríamos introduzir qualquer política sem os movimentos sociais. Não fazia nenhum sentido. Com o Fórum, todas as políticas passaram a resultar de uma interação com os movimentos sociais, que fornecem relatórios vivos dos problemas, das demandas e das reivindicações da Economia Solidária.

Hoje, a Economia Solidária atravessa todo o país, da Amazónia ao Sul. Não é tão grande como gostaríamos que fosse, mas também não se trata mais de um pequeno movimento. Além da Secretaria, a mesma lei criou um Conselho Nacional, em que a maioria dos participantes vem do Fórum.

A Secretaria utiliza seu orçamento para promover e ajudar as cooperativas de Economia Solidária. Fizemos isso, especialmente, durante o primeiro mandato de Dilma Rousseff, participando do programa Brasil sem Miséria. Cinco ou seis ministérios fizeram parte do programa; a Secretaria foi responsável pela inclusão produtiva em áreas urbanas, trazendo oportunidades para criar cooperativas para quem poderia estar interessado. Nossa estimativa é de que essa política ajudou a tirar cerca de meio milhão de famílias da pobreza.

Tendo os entrevistadores perguntado quais eram as virtudes das organizações económicas governadas por associações de trabalhadores, Paul Singer respondeu:

> Eu diria que a maior virtude é a democracia. As pessoas trabalham juntas, respeitando umas as outras, sem competição. Nosso mapa de Economia Solidária mostra que, no Brasil, temos cerca de 30 000 cooperativas ativas, envolvendo cerca de três milhões de pessoas. E temos, ainda, o apoio de partes importantes da sociedade civil, como a Igreja Católica, a Central Única dos Trabalhadores (CUT) e as universidades. Trata-se de uma experiência social muito nova e estimulante.

Este breve percurso através das ideias de Paul Singer, quanto à economia solidária, permite oferecer também um panorama sucinto do seu desenvolvimento no Brasil. É claro que a deriva conservadora que aflige o povo brasileiro desde o derrube ilegítimo da presidente Dilma Rousseff, em maio de 2016, é um contexto inóspito e profundamente desfavorável para a economia solidária. Mas as raízes que ela já conquistou no Brasil são demasiado fundas e extensas para serem arrancadas com facilidade. Mais cedo ou mais tarde, o futuro vai regressar ao Brasil, e com ele a economia solidária poderá retomar a respiração emancipatória que lhe extorquiram, de modo a voltar a ser viabilizada e plenamente encorajada a sua irradiação.

5. Este livro conjuga uma abordagem teórica e doutrinária da economia solidária, que valoriza em pleno a sua profundidade histórica, com a sua ancoragem na realidade brasileira. Desdobra-se em duas partes, cada uma das quais compreende oito textos.

A primeira é predominantemente constituída por um conjunto de ensaios, através dos quais o autor mostra como concebe teórica e doutrinariamente a economia solidária, valorizando-a como combate à exclusão dos explorados e como possível oportunidade emancipatória, rumo a um futuro que consubstancie um humanismo pleno. A segunda conduz-nos através de experiências da economia solidária no Brasil, em interação com o protagonismo político de Paul Singer, como membro do governo federal, tendo como pano de fundo a sua proximidade fraterna com as organizações envolvidas.

É claro que na primeira parte está sempre presente, como atmosfera mais ou menos sentida, a realidade brasileira, enquanto na segunda afloram com frequência considerações teóricas e doutrinárias. Cada texto vale por si, podendo ser lido autonomamente. Isso não impede que ocupe também um lugar específico no conjunto do livro, contribuindo para aquilo que este, como um todo, nos transmite. A diversidade dos textos e a multiplicidade das circunstâncias que os geraram podem fazer que alguns deles pareçam ser parcialmente recorrentes e desse modo parcelarmente sobrepostos. Mas, quase sempre, essas aparentes sobreposições inscrevem-se afinal em tipos diferentes de abordagem.

Este livro mostra como, num país que é quase um continente, os pobres, os trabalhadores, os excluídos, os mais desfavorecidos constroem uma resistência prática às sequelas de uma sociedade injusta. Resistência que, de algum modo, antecipa parcialmente o futuro que almejam. E é também pensamento sobre essa dinâmica social, pensamento apostado em compreendê-la para poder ser para ela impulso e estímulo.

Falando a partir da realidade brasileira, Paul Singer aborda afinal uma problemática universal, protagonizando um diálogo sempre vivo com experiências congéneres espalhadas pelo mundo. Pode assim dizer-se que o livro representa uma presença brasileira numa inquietação universal.

É certo que, desde meados de 2016, a economia solidária no Brasil sofre um cerco insalubre que a atrofia e constrange. O golpe de Estado institucional então ocorrido não derrubou apenas um governo legítimo. Abriu também a porta a uma profunda regressão social, fruto de um paroxismo neoliberal que cada vez mais se mostra como o verdadeiro objetivo estratégico da rotura constitucional. Mas a economia solidária no Brasil está suficientemente enraizada para resistir a esta adversidade. E para assim poder ser parte de um dispositivo de esperança que não deixará de surgir, como horizonte e como caminho. Por isso este livro, parecendo falar de um tempo já passado, é afinal um testemunho daquilo que há de vir.

Coimbra, 18 de abril de 2017

RUI NAMORADO

Primeira Parte
ECONOMIA SOLIDÁRIA ENQUANTO MODO DE PRODUÇÃO

1. A TEORIA NA PRÁTICA DA ECONOMIA SOLIDÁRIA

1.1. O conceito de economia solidária

Economia solidária é hoje um conceito amplamente utilizado dos dois lados do Atlântico, com aceções variadas, mas que giram todas em torno da ideia da solidariedade, em contraste com o individualismo competitivo que caracteriza o comportamento econômico-padrão nas sociedades capitalistas. O conceito se refere à organização de produtores, consumidores, poupadores, etc., que se distinguem por duas especificidades: (a) estimulam a solidariedade entre os membros mediante a prática da autogestão e (b) praticam a solidariedade para com a população trabalhadora em geral, com ênfase na ajuda aos mais desfavorecidos.

Autogestão significa que a mais completa igualdade de direitos de todos os membros deve reinar nas organizações da economia solidária. Se a organização for produtiva (uma cooperativa ou associação de produção agrícola, extrativa ou industrial, por exemplo), a propriedade do capital deve estar repartida entre todos os sócios por igual, que, em consequência, terão os mesmos direitos de participar nas decisões e na escolha dos responsáveis pelos diversos sectores administrativos da mesma. Outra modalidade de organização solidaria é a cooperativa (ou outra forma de associação), que reúne pequenos produtores autónomos (agricultores, taxistas, recicladores de lixo, etc.), que fazem suas compras e/ou vendas em comum. A ela também se aplicam as regras da autogestão. O mesmo vale para clubes de troca, clubes de poupança, cooperativas de consumo, de crédito, habitacionais e assim por diante. (Para facilitar a leitura, esta locução «ou outra forma de associação» será omitida neste texto, devendo ser subentendida de cada vez que o termo cooperativa for usado como exemplo concreto de empreendimento da economia solidária. Cooperativa é a forma clássica dessa espécie de empreendimentos, mas por diversos motivos ela é substituída às vezes por outras formas associativas.)

A solidariedade aos desfavorecidos significa que as entidades que promovem a economia solidaria priorizam a organização de cooperativas formadas por desempregados, trabalhadores em vias de perder o emprego por crise na empresa que os assalaria e pobres em geral. A economia solidária, tal como ressurge, no fim do século XX, é uma resposta ao estrangulamento financeiro do desenvolvimento, à desregulação da economia e à liberação dos movimentos do capital, que acarretam, nos diversos países, desemprego em massa, fechamento de firmas e marginalização cada vez maior dos desempregados crónicos e dos que sabem que não têm possibilidade de voltar a encontrar emprego, por causa da idade, da falta de qualificações ou de experiência profissional, da discriminação de raça ou género, etc.

A solidariedade aos desfavorecidos também se manifesta na formação de cooperativas de prestação de serviços, voltadas para o amparo a crianças em situação de risco, idosos sem meios materiais de satisfazer suas necessidades vitais, viciados em álcool ou outras drogas, pessoas portadoras de deficiências físicas ou mentais, etc. Esta modalidade de economia solidária é mais comum e importante em países da Europa Ocidental, que possuíam um estado de bem-estar desenvolvido, mas cujos governos não se dispõem a ampliar o gasto social face a uma demanda em rápido crescimento por assistência. O desemprego em massa, de carácter estrutural, vem assolando esses países há décadas e inevitavelmente multiplica agrupamentos sociais carentes e um exército de jovens com escolaridade elevada e sem perspectiva de emprego.

A economia solidária assume, nesses contextos, muitas vezes, um papel importante de combate ao desemprego e pela inserção social, ao organizar estes jovens em cooperativas, em alguns lugares chamados «sociais», que desempenham funções que, antes da voga do neoliberalismo, eram executadas por funcionários públicos. Nessas condições, a economia solidária se integra ao terceiro sector, tomando a forma de organizações não governamentais (ONG), sustentadas primordialmente pelo poder público mediante contratos.

1.2. História dos antecedentes da atual economia solidária

A economia solidária, tal qual a vivemos hoje, em inúmeros países, na passagem ao século XXI, tem como antecedente principal o cooperativismo operário, surgido das lutas de resistência contra a Revolução Industrial, ao longo dos séculos XIX e XX. Este foi concebido e praticado por Robert Owen (1771-1859), possivelmente o mais importante iniciador do que é hoje o movimento socialista. Ao contrário dos seus contemporâneos Charles Fourier (1772-1827) e Claude Henri de Rouvroy, conde de Saint-Simon (1760-1825), que se limitaram a escrever obras e sobre elas fundar escolas de pensamento, Owen sempre timbrou em testar suas proposições na prática social e económica, primeiro na grande indústria têxtil, em New Larnak, depois na colónia cooperativa de New Harmony, nos Estados Unidos, mais tarde à testa de potente movimento sindical, pregando a formação de cooperativas para tomar os mercados dos capitalistas. Essa luta épica entre os sindicatos, havia pouco resgatados da clandestinidade, e a nascente burguesia industrial se travou entre 1831 e 1834 e terminou com a vitória do patronato e o esmagamento do movimento operário.

No auge do movimento, Owen criou a Labor Exchange (Bolsa de Trabalho), em 1832, onde se intercambiavam produtos das cooperativas, a preços justos, calculados conforme o número de horas de trabalho gastas em sua produção. A bolsa emitia sua própria moeda sob a forma de «horas», equivalendo estas a horas de trabalho. Cada produto colocado à venda era avaliado por um comitê de sindicalistas, tomando como padrão a «hora», que valia seis dinheiros. «O sucesso foi enorme: o Exchange ficou atravancado de bens e de compradores, e suas "notas de trabalho" eram aceitas fora de suas paredes. Owen deixou a administração para delegados de cooperativas operárias de produção: no exercício de novembro de 1832-1833, um lucro nítido foi alcançado» (Cole e Postgate, 1956, p. 264). A bolsa fundada por Owen ficava em Londres, mas outras surgiram, no mesmo formato, em Birmingham, Liverpool e Glasgow.

O experimento de Owen terminou quando o cooperativismo revolucionário, que ele liderou, entrou em colapso, juntamente com os sindicatos vitimados por *lock-outs* (greves patronais), em 1834. Mas a mesma estrutura de intercâmbio de mercadorias, com o uso de uma moeda social, ressurgiu nos anos oitenta do século XX, no Canadá (Vancouver), sob a denominação de LETS, Local Employment and Trade System (Sistemas Locais de Emprego e Comércio) e, na década seguinte, na Argentina (Bernal), com a denominação de Clubes de Troca. Diferentemente da bolsa de Owen, os produtos intercambiados em LETS e Clubes de Troca não provêm necessariamente de cooperativas, sendo em geral feitos por pequenos produtores ou prestadores de serviços.

Outro antecedente, que também se liga a Owen (sempre ele!), é o movimento das comunas, em geral agrícolas, em que se procura praticar o princípio da repartição, «a cada um conforme a sua necessidade». As comunas se distinguem das demais formas de economia solidária por praticarem simultaneamente a solidariedade na produção, no consumo, na poupança e em todas as áreas da vida social. Para tanto, as pessoas que compõem a comuna têm de morar juntas. A comuna é antes de tudo uma aldeia, que desempenha em ponto pequeno todas as funções que a sociabilidade urbana impõe: provisão de serviços, de energia, transportes e comunicação, educação e saúde, de segurança pública, etc. Todo o património da comuna é coletivo e é administrado com a participação de todos, as decisões são tomadas em assembleia, etc. Diferentemente das demais organizações solidárias, a comuna leva o igualitarismo às últimas consequências: os ganhos dos membros são colocados num fundo do qual cada um pode sacar conforme suas necessidades. Não é preciso dizer que a vida na comuna exige um altíssimo grau de confiança e afeição entre os comuneiros, compartilhando muitos aspectos com a vida em família.

Comunas vêm se difundindo pelo mundo desde antes do século XIX e praticam ideologias distintas: religiosas (das mais diversas igrejas e seitas), anarquista, a filosofia dos «falanstérios» de Fourier, nacionalistas e socialistas (como os *kibutzim* em Israel), etc. Há hoje um florescente movimento de comunas, em diferentes países, muitas delas fundadas por participantes da grande insurreição estudantil, cujo epítome é o Maio francês de 1968, mas que ocorreu em muitos países, inclusive no Brasil. Essas comunas são fortemente movidas por aspirações a uma sociedade igualitária, livre, e soem estar engajadas em movimentos pacifistas e ambientalistas. As comunas perderam o *glamour* que tinham na época dos *hippies*, mas continuam se multiplicando ativamente porque constituem alternativa válida de vida, numa época pobre de ideias, que oferece aos jovens, na melhor das hipóteses, a perspectiva de uma carreira vitoriosa nos negócios e o usufruto exibicionista de renda elevada.

Outro antecedente importante da economia solidária hodierna é a cooperativa de consumo. Em 1844, algumas dezenas de operários constituíram

1. A TEORIA NA PRÁTICA DA ECONOMIA SOLIDÁRIA

uma cooperativa sob o nome de Pioneiros Equitativos de Rochdale. Começou como cooperativa de consumo e de aplicações de poupança e teve grande êxito social e comercial. Em poucos anos, expandiu-se por toda região, absorvendo outras cooperativas, que se tornaram suas filiais. Em 1864, tinha 4747 membros, e seu capital valia 62 mil libras. Com o dinheiro depositado na Cooperativa de Rochdale, foram criadas diversas cooperativas de produção, entre as quais um moinho de trigo e várias fábricas têxteis (Cole, 1944, p.93).

O que notabilizou a cooperativa de Rochdale foram os princípios que adotou desde a fundação. Até então, as cooperativas tinham valores comuns, mas cada uma delas procurava convertê-los em práticas conforme o entendimento entre seus membros. Não havia um modelo comum. Muitas entidades que se autodenominavam «cooperativas» possivelmente se assemelhavam a sociedades de cotas, mas que nem sempre eram autogestionárias. Os princípios de Rochdale definem com precisão o que é uma autêntica cooperativa autogestionária: igualdade política (cada cabeça um voto), livre entrada e saída do quadro social, neutralidade política e religiosa e prioridade da educação cooperativa.

Um princípio que foi grandemente responsável pelo sucesso dos Pioneiros de Rochdale é a repartição trimestral ou semestral das sobras (o resultado líquido das operações comerciais) entre os sócios, conforme o valor de suas compras da cooperativa no período. Este princípio só se aplica genericamente a cooperativas de consumo e é um grande incentivo aos sócios para que comprem preferencialmente de sua cooperativa, tornando-a mais competitiva do que os estabelecimentos convencionais. Mesmo pagando um pouco mais na cooperativa, o sócio tinha a certeza de não ter prejuízo, pois em pouco tempo receberia o dinheiro de volta sob a forma de uma parcela maior das sobras. Outros princípios de Rochdale, como vender apenas produtos não adulterados (que predominavam, então, com graves efeitos sobre a saúde dos consumidores) e apenas à vista, ficaram, com o tempo, obsoletos.

A cooperativa de Rochdale é considerada a «mãe das cooperativas», pois seus princípios foram adotados por inúmeras cooperativas que foram sendo criadas, não só na Inglaterra, mas nos demais países também. No fim do século XIX, o cooperativismo se tornou um grande movimento social e potente modo de produção, inserido num sistema social em que o capitalismo se tornava cada vez mais dominante. Ao lado das cooperativas de consumo e de produção, surgiram cooperativas de crédito, inventadas por Schulze-Delitsch (1808-1883) e Raiffeisen (1818-1888), autoridades locais na Alemanha, nos anos cinquenta do século XIX, e que adotaram deliberadamente os princípios de Rochdale. As primeiras respondiam às necessidades dos artesãos urbanos, as últimas às dos camponeses. Outras modalidades de cooperativas de crédito foram inventadas por Luzzati, na Itália, e por Desjardins, no Quebeque, no Canadá francês.

As cooperativas de consumo se federaram em cooperativas de segundo grau (cujos membros são as cooperativas de primeiro grau ou singulares), para servirem de atacadistas às cooperativas associadas. Num momento em que, na Europa, predominava ainda o pequeno comércio, o cooperativismo de consumo introduziu a comercialização em grande escala, com o correspondente barateamento dos produtos. As cooperativas por atacado inglesas adquiriam frotas para trazer produtos de além-mar e fundaram inúmeras indústrias que lhes permitiam vender produtos de qualidade a preços competitivos. Chegaram a adquirir plantações de chá na Ásia e industrializaram alimentos que importavam, nos países de origem. Mas seria falso contabilizar todo este êxito no ativo da economia solidária, pois as cooperativas de consumo não eram totalmente autogestionárias, e seus muitos empreendimentos industriais e agrícolas eram administrados como firmas capitalistas, de propriedade dos membros das cooperativas de consumo.

Desde o início, a cooperativa de Rochdale havia profissionalizado seus dirigentes, devidamente eleitos pelos membros. Na medida em que a cooperativa crescia e necessitava de mais funcionários, estes não eram escolhidos entre os sócios (como prescreve a autogestão), mas empregados como assalariados comuns, naturalmente sujeitos à autoridade dos dirigentes eleitos. As cooperativas de produção, fundadas pelos Pioneiros Equitativos, eram governadas por cogestão: os membros da cooperativa--mãe tinham grande parte do capital e portanto dos votos na assembleia; os trabalhadores podiam adquirir cotas do capital e nesta proporção também tinham assentos na assembleia. Ajudavam portanto a eleger a direção da cooperativa de produção e recebiam um «dividendo» a título de participação nas sobras.

Quando Rochdale abriu as portas, em 1844, todas as tarefas eram executadas pelos dirigentes, sem serem pagos por isso. Resolveram estes que a operação da loja deveria ser feita por rodízio, entre todos os membros, sendo multados os que se recusassem. Em 1851, admitiram como secretário, com um salário de 15 libras por ano, James Smithies, um dos membros fundadores. Este teria como *staff* um superintendente e dois lojistas, todos assalariados. Ficou decidido que nenhum assalariado da cooperativa poderia ser do conselho diretor e nenhum membro do conselho poderia ser assalariado da cooperativa. Mais tarde, essa separação entre diretores eleitos e empregados foi aprofundada, com a resolução de que nenhum funcionário ou empregado votaria nas eleições ao conselho diretor (Potter, 1891, p.73 e 74)

Em 1864, depois de intensas controvérsias, a maioria dos sócios da Cooperativa de Rochdale resolveu abolir os últimos resquícios de participação operária em suas cooperativas de produção: aboliram o «dividendo» e os direitos dos trabalhadores de participarem do capital da cooperativa, que de fato se transformou em empresa convencional, com a particularidade de ser possuída por cooperadores. A sua governança esteve longe de realizar o princípio central da autogestão: «todos os que trabalham na empresa participam de sua gestão e todos os que participam na gestão trabalham na empresa». As cooperativas atacadistas continuaram a criar numerosas empresas, no formato convencional capitalista, embora propriedade de cooperadores.

A autogestão também foi abandonada pelas outras modalidades de cooperativismo. As cooperativas agrícolas de comercialização tornaram-se gigantes em todos os países adiantados, operadas por assalariados selecionados pela direção, eleita pelos sócios. Mas os sócios (pequenos agricultores em sua maioria) não trabalhavam na cooperativa, e os que lá trabalhavam não eram sócios. O mesmo valia para as cooperativas de crédito, que se difundiram na maioria dos países e se federaram em cooperativas de segundo grau, as quais se tornaram poderosos bancos cooperativos. Em seu início, as cooperativas de crédito eram comunitárias, e quem as operava eram os sócios, em geral sem receber. Depois prosperaram e se multiplicaram, e a administração passou a ser profissionalizada.

As únicas cooperativas que, em grande parte, se mantiveram fiéis à autogestão em sua prática foram as cooperativas de produção. Mas foram as que menos cresceram, se excetuarmos o caso notório de Mondragón, do qual falaremos adiante. Na primeira metade do século XX, a parte majoritária do cooperativismo estava se transformando em empreendimento convencional, embora homenageasse em seu nome «cooperativa» e em ocasiões solenes o seu mito de origem: a autogestão. A grande exceção eram os *kibutzim*, que continuavam praticando seus princípios, mas, anos após a fundação do Estado de Israel, por insistência do primeiro-ministro Ben Gurion (ele mesmo membro de *kibutz*), acabaram por aceitar imigrantes novos como assalariados, para facilitar a inserção produtiva dos mesmos.

Houve, portanto, um grande intervalo entre os antecedentes históricos da economia solidária, no século XIX, e sua revivescência, nas décadas finais do século seguinte. As cooperativas continuaram se desenvolvendo enquanto modo de produção, em número crescente de países, mas sua classificação como modo de produção distinto (ou como economia social, como se faz na França) é ambígua. Não falta quem sustente que foi o próprio êxito econômico do cooperativismo que ensejou sua transformação ou degeneração, do ponto de vista da economia solidária, como se grandes organizações econômicas não pudessem resistir ao chamado «isomorfismo institucional». De fato, o crescimento do tamanho da cooperativa e do número de seus membros dificulta a vigência da democracia participativa, mas este fator jamais bastaria, por si só, para operar a mudança. A autogestão foi deixada basicamente de lado por causa da passividade ou desinteresse dos próprios expropriados, isto é, dos membros da base das cooperativas.

Na verdade, quem mudou antes da cooperativa foram seus membros. Até o último quartel do século XIX, as condições de vida e de trabalho do proletariado eram tão ruins e desesperadoras que suas únicas opções eram rebelar-se (inclusive porque não tinha o direito de votar e de ser votado) ou se submeter. O recurso ao tumulto e a gigantescas demonstrações de massa, habitualmente dissolvidas com abundante derramamento de sangue, eram frequentes, na época, como as efemeridades do 1.º de Maio (Dia Internacional do Trabalho) e do 8 de Março (Dia Internacional da Mulher) dão testemunho: ambas rememoram massacres de manifestantes e grevistas, respetivamente. Mas, a partir dos anos setenta do século XIX, a situação da classe trabalhadora começou a mudar: os salários reais aumentavam nas fases de alta do ciclo de conjuntura, o direito à organização sindical e à greve começou a ser reconhecido, e as primeiras bases do estado de bem--estar foram aprovadas.

O mais fundamental foi a conquista do sufrágio universal, que se deu paulatinamente desde o começo do século XX. O proletariado foi incluído política e socialmente na sociedade capitalista, embora o seu bem-estar continuasse ameaçado pelo desemprego. Essa grande transformação reconciliou o proletariado com a sua situação de assalariado, ou seja, de peça da engrenagem fabril ou comercial, sem vontade própria e sem responsabilidade pelo conjunto, mas apenas pelo cumprimento de sua tarefa. O emprego assalariado, de opróbrio, passou a ser condição social invejável, condição de cidadania do trabalhador e objeto de desejo da grande massa dos excluídos, dos condenados, por falta de quem queira empregá-los, a ter de se sustentar por conta própria.

Reconciliados com o assalariamento, os trabalhadores em sua grande maioria perderam o entusiasmo e o interesse pela autogestão. O cooperativismo passou a ser avaliado, pelos seus membros, somente pelos serviços que lhes pudesse prestar. A reconciliação do trabalhador com o trabalho assalariado marca uma passagem de época do movimento socialista, que agora enxerga no Estado o único instrumento institucional para realizar seu programa, dividindo-se apenas quanto aos meios de alcançar a poder de Estado, se por eleições e pelo jogo político partidário normal ou pela insurreição armada. Social-democratas e comunistas se irmanavam na mesma fé na possibilidade de construir, de cima para baixo, mediante medidas políticas (como a estatização de meios de produção), uma nova sociedade e um novo homem. A via de construção do socialismo de baixo para cima, a partir de iniciativas de trabalhadores, era descartada e praticamente deixou de ser modalidade de empresa participativa, em que a intervenção efetiva dos sócios se torna cada vez mais formal e esvaziada de sentido.

1.3. A revivescência da economia solidária a partir da contrarrevolução neoliberal

A reconciliação da classe trabalhadora com o assalariamento foi sem dúvida facilitada pelo pleno emprego, que reinou durante os 30 anos dourados que se seguiram à Segunda Guerra. O direito de cidadania foi assim outorgado a todos os que vivem do próprio trabalho, havendo nos países mais adiantados falta de mão de obra, que acabou sendo suprida por imigrantes, em grande parte ilegais, provenientes, do terceiro mundo. A situação mudou outra vez, na primeira metade dos anos oitenta do século xx, quando Thatcher e Reagan inauguram a revogação da maioria das concessões feitas ao proletariado nas décadas anteriores: o mercado financeiro tornou-se hegemónico e passou a impor sucessivos apertos fiscais e monetários, o que reduziu a metade o ritmo de crescimento das economias centrais: o livre comércio e a movimentação irrestrita de capitais permitiram às multinacionais transferir gradualmente mais e mais linhas de produção para países de baixos salários e sem estado de bem-estar digno deste nome; e, finalmente, reformas fiscais diminuíram a carga tributária dos ricos e o montante de gastos sociais, ocasionando uma crescente concentração de renda.

Aos poucos ficou claro que o desemprego avultado era estrutural, que a pressão para «flexibilizar» direitos trabalhistas teria como arma a ameaçar de mais e mais empresas fecharem as portas no país, para reabri-las onde a liberdade de demitir e a ausência de salário mínimo reduzem os custos da força de trabalho a uma fração insignificante dos que vigoram nos países industrializados. E ficou claro também que as classes dominantes haviam se convertido de vez ao neoliberalismo, arrastando consigo os meios de comunicação e a opinião pública, inclusive de parte dos dirigentes dos partidos tradicionais da classe trabalhadora.

Outro desenvolvimento na mesma direção se deu na gestão empresarial capitalista. A administração científica, criada por Taylor e aperfeiçoada por Ford, procurou tornar intransponível a separação entre o trabalho manual e o trabalho de conceção, planejamento estratégico e desenvolvimento tecnológico. Toda a atividade criativa e que exigia maior responsabilidade era concentrada nas mãos de uma burocracia de carreira, enquanto a alienação do operariado era levada às últimas consequências. Tudo isso mudou quando a indústria automobilística japonesa mostrou ser invencível no mercado mundial, aplicando métodos participativos na sua gestão. O chamado «toyotismo» difundiu-se rapidamente pelo mundo, juntamente com a revolução microeletrónica, que eliminou aos poucos o trabalho de rotina, repetitivo e maçante, que até então fora a sina do operariado.

Pela primeira vez, desde a Revolução Industrial, o desenvolvimento tecnológico favoreceu o trabalhador. As grandes empresas se reformularam por inteiro, transferindo o poder da cúpula à base. Em vez de permanecerem junto à linha de montagem, procurando acompanhar a velocidade da esteira, os operários são agora organizados em células de produção, dentro da qual há rodízio de tarefas para que cada um se torne polivalente. Além disso, a célula ganhou autonomia em relação à chefia, tendo liberdade de planejar o trabalho, desde que as metas fixadas pela alta administração sejam alcançadas. O trabalhador assalariado está tendo cada vez mais escolaridade, pela necessidade de cuidar de equipamentos mais complexos e caros, e é obrigado a assumir a responsabilidade pelo desempenho da célula, seção ou departamento em que atua. Para trabalhadores deste calibre, a busca de mais participação nas decisões e de mais poder é natural. O horizonte desta busca é a autogestão, ou seja, a eliminação total da hierarquia.

É a partir dessa nova situação que se explica a revivescência da economia solidária nos dias atuais. Esta revivescência significa, sobretudo a volta aos princípios, a valorização da democracia e da igualdade no campo de produção, distribuição e de intermediação financeira. Já que parcela cada vez maior está excluída do emprego assalariado regular e, portanto, da cidadania operária, há mais de duas décadas, os seus componentes não têm porque continuar colocando suas esperanças numa restauração do pleno emprego e dos direitos sociais, que seus pais haviam conquistado. Convidados a procurar a sobrevivência na pequena produção de mercadorias, os novos excluídos enfrentam novas frustrações, pois os mercados em que os assim chamados autoempregados são de fato competitivos já estão supersaturados, por motivos óbvios.

É difícil datar a revivescência da economia solidária, pois ela ocorre em momentos diferentes em cada país. Talvez uma data aceitável seja 1956, quando o padre José Maria Arizmendiarreta fundou, com alguns discípulos, a primeira cooperativa de produção, que viria a ser a semente do grande complexo cooperativo de Mondragon, no país basco, em Espanha. A Espanha de Franco não oferecia, na época, oportunidades aos trabalhadores para que se considerassem cidadãos pelo assalariamento. Na região de Mondragon, o desemprego era grande, e o padre, carinhosamente chamado de Arismendi, era um entusiasta do solidarismo cristão. O importante não é tanto que a cooperativa – uma montadora de fogões e geladeiras – tenha tido um sucesso estupendo, tornando-se rapidamente umas das maiores empresas do país, como o fato de ter voltado à prática de autogestão, com muita autenticidade. Novas cooperativas foram formadas por desmembramento das mais antigas, e a criação dum banco cooperativo – a Caja Laboral Popular – permitiu unificar em um único complexo cooperativas de produção industrial, de pesquisa tecnológica, de previdência social e de varejo – esta última se tornou uma das maiores cadeias de supermercados de Espanha.

O complexo cooperativo de Mondragon, embora já reúna mais de 100 cooperativas, continua a crescer, tanto pela formação de novas cooperativas mediante sua incubação pela Caja como pela incorporação de cooperativas já existentes. O número de assalariados é limitado e formado em sua maioria por candidatos a membros das cooperativas em que trabalham. As cooperativas de segundo grau, como a Caja, a cooperativa de previdência e as de pesquisas, são administradas em cogestão pelos próprios trabalhadores e pelas cooperativas associadas. Em cada cooperativa, ao lado de sua direção eleita, há um conselho social, formado por representantes dos diferentes departamentos ou seções e que se mantém na produção para estar em contacto cotidiano com seus representados.

O complexo fundado por Arismendi é hoje um elemento vital de um novo movimento que procura na economia solidária uma alternativa factível ao capitalismo e não só desemprego e à marginalização. Outro elemento vital são os clubes de troca e as novas cooperativas de crédito, voltadas para a população carente.

O microcrédito é uma invenção atual (data dos anos setenta do século XX) do economista e professor Yunus, do Bangladesh, que formou com seus alunos um banco dos pobres, o Grameen Bank, que atende quase somente mulheres, aldeãs mais pobres, em geral exploradas pelos comerciantes/usuários, que lhes fornecem trabalho e financiamento. Há muitos aspectos originais no microcrédito, mas o mais importante do ponto de vista da economia solidária é o crédito concedido a grupos de mulheres, formados para este fim. A garantia solidária foi inventada por Schulze-Delitsch e Raiffeisen há um século e meio, mas foi relegada ao esquecimento quando os membros das cooperativas de crédito deixaram de ser pobres e por isso foram integrados no mercado normal de intermediação financeira. Yunus a redescobriu, e hoje está sendo utilizada em todo o mundo para resgatar da pobreza a massa de excluídos, cujo volume não cessa de crescer por efeito das políticas econômicas praticadas.

A revivescência da economia solidaria só se torna possível pelo apoio de instituições governamentais e da sociedade civil. No Brasil, onde este movimento já atingiu dimensões encorajadoras, uma profusão de novas entidades foi literalmente inventada nos últimos cinco a dez anos. Sem descer a minúcias, podemos arrolar órgãos ligados à Igreja, como a Cáritas e a Fase, movimentos pela reforma agrária, como o Movimento dos Trabalhadores Rurais Sem Terra (MST) e a Confederação dos Trabalhadores na Agricultura (CONTAG), agências formadas pelo movimento sindical urbano, como a Associação dos Trabalhadores em Empresas de Autogestão (ANTEAG) e a Agência de Desenvolvimento Solidário (ADS), formada pela CUT, além das universidades.

O envolvimento das universidades na construção da economia solidária é particularmente importante, pela capacidade de pesquisa e de elaboração teórica que possuem. Estudantes, professores e técnicos se engajam na formação e incubação de cooperativas populares, recém-formados criam suas próprias cooperativas, experiências autogestionárias (como cooperativas de crédito) no próprio *campus*. São espaços de aprendizagem, mas também de observação e reflexão sobre esse modo de produção, revivido, e seu papel na sociedade contemporânea. Embora a ligação da economia solidária com seus antecedentes seja clara, o meio social em que ela agora se desenvolve é muito diferente do que ensejou sua primeira aparição, há quase dois séculos. O movimento pela economia solidária tem sido guiado, sobretudo, por necessidades imediatas. Agora ela precisa ser analisada criticamente para que teorias bem fundamentadas permitam delinear sua possível trajetória futura e a transformação social e econômica que poderá induzir. Em analogia a um célebre debate, há necessidade de uma teoria de «transição para a economia solidária» como modo de produção dominante. Para essa tarefa, a contribuição das universidades poderá ser inestimável.

BIBLIOGRAFIA

COLE, G. D. H. *A Century of Co-Operation*.
COLE, G. D. H.; POSTGATE, R., *The Common People (1746-1946)*.
POTTER, B. *The Co-Operative Movement in Great Britain*.

2. ECONOMIA SOLIDÁRIA: UM MODO DE PRODUÇÃO E DISTRIBUIÇÃO

2.1. Um modo de produção entre outros

Há diversas maneiras de organizar a produção e a distribuição de bens e serviços, oriundos da interação de agentes especializados, inseridos numa divisão social do trabalho. Um dos mais simples e por isso dos mais antigos é a *produção simples de mercadorias*: os agentes são os possuidores individuais dos seus meios de produção e distribuição e, portanto, também dos produtos de sua atividade, que intercambiam em mercados. O agente é deste modo quase sempre uma família ou um domicílio, cujos membros trabalham em conjunto, usufruindo coletivamente dos resultados de sua atividade. A agricultura familiar, o artesanato e o pequeno comércio são exemplos de atividades integrantes deste modo de produção.

O *capitalismo* se originou da produção simples de mercadorias, negando-a ao separar a posse e o uso dos meios de produção e distribuição. Esta separação surge mais ou menos «naturalmente» do funcionamento dos mercados[4], em que os vitoriosos no jogo competitivo acabam por se apoderar dos meios de produção e distribuição dos derrotados. Ao contrário da generalização teórica de que mercados tendem a um equilíbrio entre procura e oferta, a partir do qual todos os agentes teriam apenas de reiterar a mesma conduta para continuar participando da divisão social do trabalho, a realidade histórica indica que os mercados apenas passam de um desequilíbrio a outro, em função de fatores naturais e

---

[4] Conforme Marx mostrou, a origem histórica do capitalismo se vincula à acumulação primitiva, por meio da qual as classes dominantes utilizaram o poder de Estado para despojar os camponeses de suas terras e para proletarizar grande número de produtores simples de mercadorias, do campo e das cidades. Depois que a hegemonia do capitalismo se instaurou, a expropriação dos trabalhadores passou a ser o resultado «natural» dos mecanismos de mercado.

sociais – quantidade de chuva e sol, guerras, expedições invenções etc. – que afetam a posição relativa de cada agente, beneficiando alguns e arruinando outros.

O capitalismo é o modo de produção em que os meios de produção e de distribuição, assim como o trabalho, se tornam mercadorias, apropriadas privadamente. Os meios de produção e distribuição tornam-se *capital* à medida que se concentram nas mãos duma minoria, enquanto a maioria se limita à posse de sua capacidade individual de trabalho. Esta concentração do capital que se encontra na origem do capitalismo permite a invenção dos meios *automáticos* de produção e distribuição, ou seja, em que o trabalho humano é substituído por forças «naturais» de animais domesticados, da água corrente, do vento, etc. Em seguida, são inventadas formas mais complexas de captação e governo da energia do vapor, da eletricidade, de derivados do petróleo, etc.

As revoluções industriais tornam-se economicamente viáveis porque a concentração do capital possibilitou o emprego de vastas somas na atividade inventiva e na fabricação dos novos meios de produção e distribuição, o que levou à enorme expansão do modo de produção e distribuição capitalista, em detrimento da produção simples de mercadorias, que no entanto não desapareceu, mas foi convertida num modo marginal e subordinado. A ruína de parte do artesanato, do pequeno comércio e da agricultura camponesa liberou numerosa mão de obra, que foi parcialmente absorvida pela economia capitalista.

Tornou-se característica do capitalismo o aproveitamento incompleto da capacidade de trabalho do proletariado, ou seja, daquilo que Marx conceituou como a perpetuação dum «exército industrial de reserva». Nesse ponto, o capitalismo se distingue dos demais modos de produção. A razão de ser do desemprego como elemento estrutural do capitalismo deriva diretamente do antagonismo entre compradores e vendedores da força de trabalho. Aos compradores – as empresas capitalistas – interessa que haja concorrência entre os vendedores para que o custo caia; aos trabalhadores obviamente interessa o contrário. Relativamente cedo os trabalhadores conquistaram o direito de se unirem em sindicatos, o que tornou possível e provável a monopolização da oferta da força de trabalho.

A monopolização do mercado de trabalho acrescida das sucessivas conquistas de direitos sociais pelos trabalhadores tornou o custo do trabalho o preço estratégico da economia capitalista, contraposto à taxa de lucro

2. ECONOMIA SOLIDÁRIA: UM MODO DE PRODUÇÃO E DISTRIBUIÇÃO

sobre o capital invertido. Sempre que a economia se aproxima do pleno emprego – isto é, quando o exército de reserva tende a zero – quase todos os preços sobem, ameaçando o valor «real» da riqueza financeira. Sob modalidades institucionais diferentes – padrão-ouro, padrão-dólar, taxas flutuantes de câmbio e de juros –, a economia é freada preventivamente antes que a espiral preços-salários a precipite numa inflação crescente. O caso das economias latino-americanas, que tiveram grandes inflações em épocas de paz, na segunda metade do século XX, é a exceção que confirma esta rega.

Houve apenas uma época na história do capitalismo em que imperou o pleno emprego nos países mais adiantados: os assim chamados trinta anos «dourados» após o fim da Segunda Guerra Mundial. Neste período, as forças políticas representativas da classe operária foram quase hegemónicas, subordinando os interesses da classe capitalista ao pleno aproveitamento das forças produtivas. No último quartel do século XX, o capitalismo voltou, por assim dizer, ao seu ramerrão: o capital privado rompeu as amarras que o manietavam, o pleno emprego deixou de ser um objetivo da política económica, e o exército de reserva voltou a se tornar cada vez mais ponderável.

Parte do exército de reserva é mantida em ociosidade, sustentada pelo seguro-desemprego. O restante, porém, é induzido ou forçado a procurar ganhar a vida vendendo em algum mercado o fruto de seu trabalho. Isto implica o inchamento da produção simples de mercadorias e o empobrecimento de grande parte de seus integrantes, que atuam nos mercados mais vulneráveis à entrada em massa dos excluídos do modo de produção e distribuição capitalista.

A *economia solidária* surge como modo de produção e distribuição alternativo ao capitalismo, criado e recriado periodicamente pelos que se encontram (ou temem ficar) marginalizados do mercado de trabalho. A economia solidária casa o princípio da unidade entre posse e uso dos meios de produção e distribuição (da produção simples de mercadorias) com o princípio da socialização destes meios (do capitalismo). Sob o capitalismo, os meios de produção são socializados na medida em que o progresso técnico cria sistemas que só podem ser operados por grande número de pessoas, agindo coordenadamente, ou seja, cooperando entre si. Isso se dá não somente nas fábricas, mas também nas redes de transporte, comunicação, de suprimento de energia, de água, de vendas no varejo, etc.

O modo solidário de produção e distribuição parece à primeira vista um híbrido entre o capitalismo e a pequena produção de mercadorias. *Mas, na realidade, constitui uma síntese que supera ambos.* A unidade típica da economia solidária é a cooperativa de produção, cujos princípios organizativos são: posse coletiva dos meios de produção pelas pessoas que as utilizam para produzir; gestão democrática da empresa ou por participação direta (quando o número de cooperadores não é demasiado) ou por representação; repartição da receita líquida entre os cooperadores por critérios aprovados após discussões e negociações entre todos; destinação do excedente anual (denominado «sobras») também por critérios acertados entre todos os cooperadores. A cota básica do capital de cada cooperador não é remunerada, e somas adicionais emprestadas à cooperativa proporcionam a menor taxa de juros do mercado.

2.2. As bases ideológicas da economia solidária

A economia solidária não é a criação intelectual de alguém, embora os grandes autores socialistas denominados «utópicos» da primeira metade do século XIX (Owen, Fourier, Buchez, Proudhon, etc.) tenham dado contribuições decisivas ao seu desenvolvimento. A economia solidária é *uma criação em processo contínuo* de trabalhadores em luta contra o capitalismo. Como tal, não poderia preceder o capitalismo industrial, mas o acompanha como uma sombra, em toda sua evolução.

Para compreender a lógica da economia solidária é fundamental considerar a crítica operária e socialista ao capitalismo. O que ela condena no capitalismo é antes de tudo a ditadura do capital na empresa, o poder ilimitado que o direito de propriedade proporciona ao dono dos meios de produção: todos os que trabalham na empresa só podem fazê-lo por ato de vontade do capitalista, que pode demitir qualquer um tão logo sua vontade mude.

A ditadura do capital na empresa faz que: a) qualquer trabalhador deva obediência irrestrita às ordens emanadas do dono ou de quem age em seu nome; b) todo fruto do trabalho coletivo seja propriedade do capitalista, em cujo benefício todos os esforços devem ser envidados; c) o trabalhador só faça jus ao salário previsto contratualmente e aos seus direitos legais.

A crítica ao capitalismo prossegue ao considerar os seus efeitos extra-empresa: a crescente desigualdade entre a classe capitalista, cuja riqueza

2. ECONOMIA SOLIDÁRIA: UM MODO DE PRODUÇÃO E DISTRIBUIÇÃO

aumenta com a acumulação do capital, e a classe trabalhadora, cujos ganhos são apenas suficientes para reproduzir sua força de trabalho cotidianamente e produzir nova força de trabalho – os seus descendentes –, que substituirão os trabalhadores aposentados e os sustentarão mediante suas contribuições previdenciárias. Dada a tendência estrutural do capitalismo de desempregar, excluir e empobrecer parte da classe trabalhadora, a sociedade tende a se polarizar entre uma elite endinheirada e uma massa de pobres que dependem da venda de sua força de trabalho para ganhar a vida, mas não encontra quem a compre, ao salário modal vigente.

A economia solidária é o projeto que, em inúmeros países, há dois séculos, trabalhadores vêm ensaiando na prática e pensadores socialistas vêm estudando, sistematizando e propagando. Os resultados históricos deste projeto em construção podem ser sintetizados do seguinte modo: 1. homens e mulheres vitimados pelo capital organizam-se como produtores associados tendo em vista não só ganhar a vida, mas reintegrar-se na divisão social do trabalho em condições de competir com as empresas capitalistas; 2. pequenos produtores de mercadorias, do campo e da cidade, se associam para comprar e vender em conjunto, visando economias de escala, e passam eventualmente a criar empresas de produção socializada, de propriedade deles; 3. assalariados se associam para adquirir em conjunto bens e serviços de consumo, visando ganhos de escala e melhor qualidade de vida; 4. pequenos produtores e assalariados se associam para reunir suas poupanças em fundos rotativos que lhes permitem obter empréstimos a juros baixos e eventualmente financiar empreendimentos solidários; 5. os mesmos criam também associações mútuas de seguro, cooperativas de habitação, etc.

Estas iniciativas são todas de não capitalistas, ou seja, de pessoas excluídas da posse dos meios socializados de produção e distribuição, pertencentes a duas classes distintas, mas não antagónicas. Ou são possuidores de meios individuais de produção e distribuição e, para ganharem a vida, dependem da venda de seus produtos ou possuem unicamente sua capacidade de trabalhar e dependem de sua venda para ganhar a vida. As duas fações da classe trabalhadora dependem de sua atividade produtiva para sobreviver, semelhança que possivelmente explica a tendência de as associações que formam pautarem-se pelos mesmos princípios.

É claro que trabalhadores podem se associar em empresas capitalistas[5], desde que seus pecúlios reunidos sejam suficientes para alavancar créditos que permitam formar um capital mínimo. E não há dúvida de que muitos o fazem, e alguns têm sucesso e conseguem ascender à classe capitalista. A maioria fracassa, pois não consegue concorrer com empresas mais capitalizadas.

Há indiscutivelmente forte afinidade entre as classes trabalhadoras e os princípios que regem a economia solidária. Nem todos os trabalhadores rejeitam o capitalismo, mas a maioria deles o faz e, por isso, quando se associa para produzir, comprar ou vender ou consumir, o faz sob formas solidárias. Fica em aberto a questão de saber se esta afinidade se deve a um cálculo probabilístico que mostra à maioria dos trabalhadores que as chances de ascender à classe trabalhadora são mínimas ou se o anticapitalismo da maioria dos trabalhadores decorre de sua consciência de classe, adquirida com a prática da luta de classes ao longo da vida. Duma maneira ou doutra, a construção da economia solidária tem sido, em muitos países e ao longo de muitas gerações, uma das principais formas de luta contra o capitalismo, ao lado da ação combativa de sindicatos e partidos por direitos políticos e sociais.

Seria um erro supor que a economia solidária é a *única opção* de sobrevivência das camadas mais pobres e excluídas das classes trabalhadoras. Não é verdade que a pobreza e a exclusão tornam suas vítimas *imanentemente* solidárias. O que se observa é que há muita solidariedade entre os mais pobres e que a ajuda mútua é essencial à sua sobrevivência. Mas esta solidariedade se limita aos mais próximos, com os quais a pessoa pobre se identifica. A mesma pessoa que se mostra solidária com parentes e vizinhos disputa com unhas e dentes qualquer oportunidade de ganho contra outras que lhe são «estranhas». E muitos deles aceitam e internalizam os valores do individualismo que fundamentam a instituição do capitalismo.

---

[5] Empresas capitalistas formadas por trabalhadores se distinguem de cooperativas nos seguintes pontos: a participação no capital da empresa não precisa ser igual, e de fato tende a não ser; a participação de cada sócio nas decisões é proporcional a sua quota de capital; a empresa pode ser dominada por um agrupamento de sócios que possui mais de metade das ações; os lucros são repartidos de acordo com as ações possuídas por cada sócio; nem todos os sócios precisam trabalhar na empresa; e esta pode empregar não sócios.

2.3. Formas degeneradas da economia solidária

Na medida em que lutas anticapitalistas dão resultados, as instituições que as travam passam a se adaptar à sociedade burguesa por uma série de motivos, inclusive para preservar as conquistas obtidas. Com isso, a sociedade burguesa se democratiza e engloba instituições que promovem o bem-estar social, e ao mesmo tempo os sindicatos, os partidos e as cooperativas criadas pelos trabalhadores se aburguesam.

No caso específico da economia solidária, um momento crucial de degeneração foi a recusa das grandes e poderosas cooperativas de consumo europeias, no fim do século XIX, de adotar a autogestão nos estabelecimentos fabris e comerciais que iam criando. O mesmo foi feito pelas grandes cooperativas agrícolas, na Europa e na América do Norte e mais tarde nos demais continentes, o que chocou as lideranças do cooperativismo, principalmente de extração socialista cristã, que davam prioridade às cooperativas de produção autogeridas como meio de libertação da classe operária. Seguiu-se uma polêmica na qual se formulou a teoria de que as cooperativas de produção não tinham condições de se desenvolver no seio do capitalismo. Segundo Beatriz Webb (ou Beatriz Potter, seu nome de solteira), às cooperativas de produção só se ofereciam duas possibilidades: ou fracassavam como empresas ou, quando tinham sucesso econômico, degeneravam, acabando como empresas capitalistas comuns.

Eduard Bernstein, famoso autor do revisionismo, em sua obra *Socialismo Evolucionário* (1966), dá total razão a Beatriz Webb e explicita as razões de as cooperativas de produção estarem fadadas a fracassar ou a degenerar:

> a república na oficina torna-se um problema mais difícil na medida em que o empreendimento se torna maior e mais complexo. Para fins excepcionais, pode dar resposta a homens que pretendam nomear os seus chefes imediatos e ter o direito de os remover. Mas, para as tarefas que a gerência de uma grande fábrica comporta, onde, dia a dia, hora a hora têm de ser tomadas decisões que sempre geram uma oportunidade de atrito, é simplesmente impossível que o que dirige seja um subordinado daqueles a quem dirige, e que esteja dependente, para a sua posição, do favor ou do mau humor daqueles [p. 103].

Para um socialista, esta argumentação é paradoxal. Deveria ser um princípio básico que num empreendimento solidário os «homens nomeiem seus chefes imediatos e tenham o direito de os remover», isso se for mesmo necessário que haja chefes. Mas, aparentemente, para Bernstein, estas pretensões eram como caprichos, algo de somenos importância. Os outros aspectos da argumentação deixam claro que o modelo de gestão que Bernstein aprova é o vigente nas empresas capitalistas, aceitando como óbvio que as decisões têm de ser tomadas por gerentes, parecendo-lhe impossível que estes possam ser subordinados daqueles a quem dirigem. A ideia da igualdade de poder de decisão, de autogestão, da qual todos participam em pé de igualdade parece nem lhe passar pela cabeça.

Em sua também famosa resposta a Bernstein, Rosa Luxemburgo, *Reforma ou Revolução?* (1946), oferece sua própria explicação para as cooperativas de produção não poderem se desenvolver:

> Mas, na economia capitalista, a troca domina a produção, fazendo da exploração impiedosa, isto é, da completa dominação do processo de produção pelos interesses do capital, em face da concorrência, uma condição de existência da empresa. Praticamente, exprime-se isso pela necessidade de intensificar o trabalho o mais possível, de reduzir ou prolongar as horas de trabalho conforme a situação do mercado, de empregar a força de trabalho segundo as necessidades do mercado ou de atirá-la na rua, em suma, de praticar todos os métodos muito conhecidos que permitem a uma empresa capitalista enfrentar a concorrência das outras. *Resulta daí, por conseguinte, para a cooperativa de produção, verem-se os operários na necessidade contraditória de governar-se a si mesmos com todo o absolutismo necessário e desempenhar entre eles mesmos o papel do patrão capitalista. É desta contradição que morre a cooperativa de produção, quer pela volta à empresa capitalista, quer, no caso de serem mais fortes os interesses dos operários, pela dissolução* [p. 52, itálico nosso].

A argumentação de Rosa Luxemburgo é mais antagônica à gestão capitalista, mas não é consistente. Desconhece ou despreza a resistência que os trabalhadores oferecem ao absolutismo do capital e que limita as arbitrariedades que este tenta praticar. Já na época em que escrevia (1899), os trabalhadores estavam organizados nas fábricas e tinham capacidade de se opor à intensificação do trabalho e a alterações unilaterais da jornada de trabalho. Se as condições de trabalho na fábrica capitalista eram duras, sempre seriam menos duras na cooperativa por duas razões fundamentais: na fábrica capitalista os empregados têm de produzir lucros proporcionais ao capital investido, obrigação que os cooperados não têm, o que lhes permite se autoexplorarem menos; além disso, os cooperados têm a liberdade de escolher quando e como trabalhar para tornar sua empresa competitiva, ao passo que os trabalhadores assalariados têm de obedecer a determinações da direção.

Rosa conclui que, «no caso de serem mais fortes os interesses operários», a cooperativa se dissolve, o que faz sentido. Neste caso, que alternativas restam aos trabalhadores? Ficarem desempregados, eventualmente viverem de bicos ou voltarem a trabalhar para capitalistas. Em condições evidentemente piores do que as da «autoexploração» na cooperativa. O dilema deduzido por Rosa é tudo menos provável, mesmo porque grande parte das cooperativas de produção (também na época da autora) descende de empresas capitalistas que fecharam, de modo que os trabalhadores conhecem as condições de trabalho que a competição no mercado impõe. Não é crível que passem a considerá-las insuportáveis quando se tornam os donos de seus meios de produção.

O argumento de Rosa Luxemburgo hoje em dia frequentemente retorna. É comum ouvir que a economia solidária apenas compete com o capital, mas não o elimina, pelo menos de imediato; portanto, nada de fundamental mudou. A conclusão é falsa sob todos os pontos de vista. Primeiro, porque o capital só pode ser eliminado quando os trabalhadores estiverem aptos a praticar a autogestão, o que exige um aprendizado que só a prática proporciona[6]. De outro modo, o que colocar no lugar da gestão capitalista? Certamente não um planeamento geral que centraliza todas decisões econômicas nas mãos dum pequeno número de «especialistas». Segundo, porque a economia solidária melhora as condições de trabalho para o cooperador, mesmo quando estas continuam deixando muito a desejar. Afinal de contas, assumir o poder de participar das decisões e portanto de estar informado a respeito do que acontece e das opções que existem é um passo importante para a redenção humana do trabalhador. Terceiro: o surgimento e o fortalecimento da economia solidária reforça o poder de

---

[6] Este é provavelmente o principal papel da economia solidária na luta pelo socialismo. A autogestão generalizada da economia e da sociedade – que constitui a essência do programa econômico e político do socialismo – só conquistará credibilidade quando houver a prova palpável de que ela não é inferior à gestão capitalista no desenvolvimento das forças produtivas. A construção de empreendimentos solidários é o método mais racional de obter tal prova. A alternativa seria apostar na crise geral do capitalismo, que forçaria a maioria a aceitar o socialismo, mesmo que seja como mal menor.

luta de todos os trabalhadores assalariados contra a exploração capitalista, no mínimo porque diminui o exército de reserva.

O fato é que a maioria das cooperativas de consumo e agrícolas adotou a gestão capitalista em seus estabelecimentos. As cooperativas de consumo tiveram o seu auge na primeira metade do século xx; depois da Segunda Guerra Mundial, sofreram a concorrência das grandes empresas varejistas de autosserviço, que as superaram. A maioria das cooperativas de consumo vem fechando as portas em muitos países. Mas as cooperativas agrícolas se mantêm e crescem cada vez mais, organizando agroindústrias de processamento de cereais, produção de rações, vacinas, etc. Muitas se tornam grandes organizações, dirigidas por tecnocracias gerenciais de alto nível, que dominam os pequenos agricultores, que são nominalmente os seus «donos». Finalmente, no Brasil, pelo menos, cooperativas agrícolas admitem como sócios grandes firmas capitalistas, que assalariam numerosos trabalhadores. Nestas, não restam vestígios de solidariedade.

É difícil fazer um diagnóstico do que representam as cooperativas hoje existentes em termos de economia solidária. Faltam as informações relevantes, mas é significativo que a Aliança Cooperativa Internacional (ACI), que reúne grande parte das cooperativas «oficiais» de todos os países, ainda em 1995 tenha reafirmado os princípios gerais do cooperativismo em termos essencialmente idênticos aos da economia solidária. O que permite crer que, apesar dos indícios de degeneração de muitas cooperativas, a maioria delas se mantém fiel ao espírito dos Pioneiros Equitativos de Rochdale, uma cooperativa de consumo fundada em 1844, por operários do sector têxtil, da cidade inglesa de Rochdale. Estes montaram um grande armazém com o intuito de reduzir o custo e melhorar a qualidade dos alimentos que consumiam. Estabeleceram oito princípios: 1. haveria democracia na sociedade, para cada sócio um voto; 2. a sociedade seria aberta para quem quisesse participar, desde que integrasse a cota de capital mínima igual para todos; 3. qualquer dinheiro investido na cooperativa seria remunerado por uma taxa de juro, mas não daria ao seu possuidor qualquer direito adicional de decisão; 4. tudo que sobrasse da receita, deduzidas todas as despesas, inclusive o juro, seria distribuído entre os sócios em proporção às compras que fizessem na cooperativa; 5. todas as vendas seriam à vista; 6. os produtos vendidos seriam sempre puros e de qualidade; 7. a sociedade deveria promover a educação dos sócios nos princípios do cooperativismo; 8. a sociedade seria neutra política e religiosamente.

2.4. Autogestão *versus* competência científica

O que induz a degeneração de empresas que são solidárias, pelo menos em sua aceção original, é menos a pressão da cultura capitalista dominante do que a descrença generalizada na capacidade de «meros trabalhadores» de as gerirem com eficiência. Esta descrença se baseia na ideia de que a administração de empresas é uma ciência que tem de ser aprendida em universidades: sobretudo quando se trata de empresas complexas operando com alta tecnologia. Segue-se que o poder de decisão deve ser entregue a quem tem competência, ou seja, a especialistas cuja autoridade sobre os trabalhadores comuns não pode ser contestada. Este era, no fundo, o argumento de Bernstein contra a viabilidade da autogestão: «[...] a república na oficina torna-se um problema mais difícil na medida em que o *empreendimento se torna maior e mais complexo*» [itálico nosso].

Na realidade, a administração de empresas não é uma ciência. Do mesmo modo que a medicina e a engenharia, é uma arte, o que significa que enfrenta uma problemática tão variada que suas soluções desafiam qualquer generalização. A prática da administração de empresas no capitalismo é um exercício de liderança, legitimado pela delegação de poderes dada pelo proprietário. Mas, apesar da legitimação, a autoridade do gestor é constantemente desafiada por subordinados, cujos direitos legais os resguardam de represálias imediatas, pois a rutura do contrato de trabalho representa um custo não desprezível para a firma.

Não são apenas os trabalhadores que apresentam, conforme as circunstâncias, diferentes modalidades de resistência às ordens que vêm de cima. Também os outros gestores, em diferentes níveis hierárquicos, defendem interesses seccionais que uma vez ou outra colidem com as decisões que a cúpula gerencial considera como sendo do interesse geral da empresa. Ocorrem então conflitos nem sempre explicitados, que se manifestam sob formas variadas de insubordinação, sabotagem, ocultação ou adulteração de dados, etc. E acontecem conflitos também com concorrentes, clientes, fornecedores, associados, etc. Administrar uma grande empresa capitalista está provavelmente mais próximo da condução de uma guerra em múltiplas frentes do que do estudo e resolução de problemas «técnicos».

Isso não quer dizer que o administrador – assim como o médico e o engenheiro – possa prescindir de conhecimentos científicos. No enfrentamento de situações diversas, o administrador tem de mobilizar conhecimentos oriundos das ciências físicas e humanas. Só que tais conhecimentos são enciclopédicos, extravasam qualquer currículo escolar. O que se ensina nas escolas de administração são os fundamentos de diversas ciências aplicadas e o que mais se pratica é o estudo de casos, para tentar fornecer ao aluno um pouco da cultura que o administrador veterano adquire ao longo de muitos anos de experiência real. O administrador, mesmo quando especializado, é quase sempre um generalista tarimbado, cuja qualidade maior é saber os limites de sua competência para buscar auxílio teórico ou prático sempre que necessário.

A autogestão duma empresa solidária é – ou deveria ser – totalmente diferente da gestão capitalista, em primeiro lugar porque os conflitos entre interesses seccionais devem ser muito menores e em segundo por que podem ser travados abertamente e resolvidos por negociações em que todos tomam parte. Numa empresa solidária, todas as informações relevantes estão disponíveis aos interessados. A contabilidade e os demais sistemas de controle são desenhados para que a transparência impere, de modo que a participação de todos nas decisões possa acontecer.

Sendo as decisões coletivas, a experiência de todos os sócios pode ser mobilizada, e esta será sempre muito maior do que a experiência de uma cúpula, que na empresa capitalista concentra o poder de decisão. Por isso, as decisões coletivas em empresas solidárias tendem a ser mais certeiras do que as adotadas em empresas capitalistas comparáveis. Esta vantagem, no entanto, tem um custo: decidir coletivamente leva mais tempo, pois é preciso ouvir a manifestação de todos ou ao menos dos que querem participar. Decisões de grande alcance podem suportar este custo, outras que necessariamente têm de ser rápidas não.

As decisões de grande alcance nunca são tomadas de afogadilho, pois o custo de um possível erro é muito maior que o tempo necessário para ponderar os argumentos. Decisões que têm de ser tomadas imediatamente são em geral de pequeno alcance. Por isso, é possível delegá-las num responsável que conheça o funcionamento do sector afetado. Só excecionalmente decisões graves têm de ser tomadas com rapidez. Se a empresa estiver pegando fogo, a decisão de como combatê-lo não pode ser submetida a uma assembleia, mas contingências como essas são raras.

A conclusão de toda esta discussão é que a gestão democrática é plenamente compatível com o emprego da competência científica. Os detentores desta competência não precisam ter «autoridade», mas capacidade de formular alternativas e explicar os prós e os contras de cada uma a quem tem autoridade, que na empresa solidária é a assembleia de sócios ou quem decide por ela. Aliás, algo semelhante ocorre na empresa capitalista. Lá a autoridade não é do especialista, mas do grupo controlador do capital acionário ou de quem fala por ele. As decisões importantes são submetidas pelos especialistas ao Conselho de Administração, no qual têm assento os representantes dos grandes acionistas.

2.5. Empresa capitalista *versus* empresa solidária: a construção da competência

Sendo a administração uma arte, o seu exercício competente exige conhecimentos variados que são resumidos no conceito de «experiência». Quando uma nova empresa *capitalista* é formada, a sua direção é entregue em geral a quem demonstrou grande capacidade à frente de outras empresas, embora muitas vezes em ramos e lugares completamente diferentes. Supõe-se que, de alguma maneira, a experiência adquirida alhures possa ser aproveitada no enfrentamento dos problemas da nova empresa. A cúpula gerencial contrata outros administradores experimentados para ocuparem cargos na hierarquia da empresa e tenta formar com eles uma equipa capaz de lidar com os conflitos que inevitavelmente marcarão a vida do novo empreendimento.

Se isso vai acontecer ou não, dependerá do processo de aprendizado que a operação do novo empreendimento oferece a todos os executivos (e demais atores). Cada conflito travado, identificado e negociado é uma lição para os participantes, que passam a se conhecer, a ajustar suas condutas uns aos outros. Cada empresa forja deste modo sua cultura própria, que lhe confere estabilidade e condições para se desenvolver.

Quando uma nova empresa *solidária* surge, a sua estruturação segue uma lógica completamente diferente. Em sua origem há em geral uma comunidade formada por ex-empregados de uma mesma empresa capitalista ou por companheiros de jornadas sindicais, estudantis, comunitárias, etc. Os integrantes, por exemplo, de cooperativas formadas em assentamentos de reforma agrária compartilharam por vários anos acampamentos à beira de estradas e ocupações de fazendas, choques com polícia, etc. Como vimos, uma empresa solidária surge não só para permitir ganhos aos sócios, mas como criação de trabalhadores em luta contra o capitalismo. É uma opção ao mesmo tempo econômica e político-ideológica. Exige dos seus integrantes uma opção *contra os valores dominantes da competição individual e da primazia do capital sobre o trabalho.* Por isso, seu nascimento requer em geral o patrocínio de apoiadores externos, que podem ser outras empresas solidárias, incubadoras (órgãos especializados em formar e amparar tais empreendimento), sindicatos, entidades religiosas, organizações não governamentais (ONG), etc.

Toda a empresa solidária é ao mesmo tempo uma associação comunitária. Quem se associa a ela não faz um contrato de trabalho, mas entra numa união em que o seu destino individual se funde com os de seus companheiros. Por isso, o processo de aprendizado coletivo que vai viabilizar a empresa começa antes mesmo que ela venha a funcionar. Na sua gestação, os futuros sócios interagem, fazem cursos de cooperativismo ou similares e de preparação profissional e se estruturam politicamente ao elaborar o estatuto da empresa.

Quando a empresa solidária começa a funcionar, os sócios já têm certa prática de autogestão, embora lhes falte, possivelmente, toda a competência específica para operar no ramo de negócios escolhido.

Esta competência será construída ao longo da vida prática da empresa, analogamente ao que ocorre com a empresa capitalista. Só que nesta o aprendizado se limita principalmente aos integrantes do corpo de executivos, ao passo que na empresa solidária ele se estende a todos os membros. É claro que na empresa solidária não se pode prescindir de especialistas desde o seu início, que podem pertencer ao seu quadro ou funcionar como assessores externos. A ausência de especialistas marca pequenas cooperativas comunitárias que se multiplicam nas periferias de nossas metrópoles, bem como cooperativas que sucedem a empresas capitalistas falidas ou em processo falimentar. Estas empresas são criadas em geral por trabalhadores de baixa escolaridade, que dominam muitas vezes o processo produtivo, mas não estão preparados para pesquisar mercados em busca de novas oportunidades de negócios ou para acompanhar a evolução das tecnologias relevantes de produtos e processos. Tais debilidades já têm sido diagnosticadas por incubadoras e por outros apoiadores e só poderão ser remediadas se estas empresas solidárias puderem recrutar profissionais de nível superior para os seus quadros.

2.6. A consolidação da economia solidária como sector

Convém notar que sob os princípios da economia solidária operam empresas diversas, o que torna qualquer generalização excessivamente arriscada.

2. ECONOMIA SOLIDÁRIA: UM MODO DE PRODUÇÃO E DISTRIBUIÇÃO

Uma forma de abranger este conjunto seria tentar uma classificação sumária e provisória. Teríamos de um lado cooperativas de produção industrial e de serviços dotadas de capital abundante, que mostram a melhor tecnologia e se revelam competitivos no mercado mundial ou em mercados nacionais. Viriam, em seguida, cooperativas dotadas de capital modesto, que empregam tecnologias herdadas de empresas antecessoras e enfrentam grandes dificuldades para se manter em alguns mercados. E, finalmente, teríamos grande número de pequenas associações de trabalhadores marginalizados ou de pessoas estigmatizadas – ex-detidos, deficientes físicos, ex-dependentes de drogas, moradores de rua, etc. –, que procuram desenvolver alguma atividade produtiva, mas que sobrevivem em grande medida graças a doações e ao trabalho voluntário de apoiadores externos.

A esta classificação de entidades associativas produtoras de mercadorias devemos adicionar cooperativas de trabalho, que não têm outro capital senão a capacidade de trabalho de seus membros. Estas cooperativas procuram vender serviços (de limpeza, de manutenção, de reparação, de jardinagem, de vigilância, etc.) a serem prestados nos locais e com o uso de meios fornecidos pelos compradores. As cooperativas de trabalho se aproximam perigosamente das empreiteiras de mão de obra e das falsas cooperativas, montadas por firmas capitalistas, que visam explorar o trabalho dos cooperadores sem lhes pagarem as contribuições trabalhistas legais.

Integram ainda o campo da economia solidária clubes de trocas, formados por pequenos produtores de mercadorias, que constroem para si um mercado protegido ao emitir uma moeda própria que viabiliza o intercâmbio entre os participantes, e diferentes cooperativas de consumidores, com destaque para as de crédito, de habitação, de saúde e escolares. Estas cooperativas de consumidores somente pertencem à economia solidária à medida que abrem suas portas aos profissionais que as operam.

A extraordinária variedade de organizações que compõem o campo da economia solidária permite formular *a hipótese de que ela poderá se estender a todos os campos de atividade econômica*. Não há em princípio um tipo de produção e distribuição que não possa ser organizado como empreendimento solidário. Se houvesse um levantamento abrangente de todos os empreendimentos que fazem jus a esta qualificação, em todos os países, é bem possível que já se façam presentes em todos os ramos de atividade.

Mas, para que esta hipótese se torne realidade nos vários países, é preciso garantir bases de sustentação à economia solidária. As mais importantes são fontes de financiamento, redes de comercialização, assessoria técnico--científica, formação continuada dos trabalhadores e apoio institucional e legal por parte das autoridades governamentais. Convém notar que as empresas capitalistas contam com tais bases de sustentação, que, no seu caso, são sobretudo oferecidas por outras empresas capitalistas: bancos comerciais e de fomento, cadeias atacadistas e varejistas, multiempresas que desenvolvem sistematicamente novos produtos e novos processos e instituições privadas de ensino superior.

O que debilita o desenvolvimento da economia solidária é que a maior parte de suas unidades atuam isoladamente em mercados dominados por empresas capitalistas, com pouco ou nenhum acesso a crédito, a redes de comercialização, à assessoria tecnológica, etc. O grande contraexemplo é o Complexo Cooperativo de Mondragon, integrado por mais de cem cooperativas de produção, que conta com um grande banco (Caja Laboral Popular), uma das maiores redes de supermercados da Espanha, uma universidade e diversas cooperativas de investigação tecnológica. Em outras regiões – no Norte da Itália, no Quebeque, no Canadá –, a economia solidária já atingiu certa densidade, o que eleva seu potencial de expansão.

A construção de um sector integrado de empresas e instituições que se se regem pelos princípios da economia solidária é condição essencial para evitar que a sina das iniciativas e experiências se limite ao dilema sombrio de Webb-Bernstein-Luxemburgo: a degeneração ou a falência. A construção da competência nos princípios da solidariedade é perfeitamente possível desde que cada empreendimento possa se financiar, abastecer, escoar sua produção, aperfeiçoar-se tecnologicamente e educar seus membros em intercâmbio com outros empreendimentos solidários.

Cabe finalmente cogitar se a constituição de um sector integrado de empresas e instituições solidárias pode se dar sem o apoio decisivo do governo nacional em cada país. Se esta fosse a condição, seria necessário mais uma vez priorizar a luta pelo poder governamental para viabilizar a economia solidária como alternativa ao capitalismo. No passado, esta prioridade contribuiu para o abandono da economia solidária, tida como inviável em formações sociais dominadas pelo capital privado. Na Europa, houve governos socialistas e social-democratas em diversos países e em várias ocasiões. A título de avanço ao socialismo, estatizaram sectores importantes

2. ECONOMIA SOLIDÁRIA: UM MODO DE PRODUÇÃO E DISTRIBUIÇÃO

das economias, porém mantendo nas empresas estatais a gestão capitalista, o que debilitou o domínio do capital privado, mas não contribuiu para a superação do capitalismo por algo que merecesse o nome de socialismo.

Por outro lado, o desenvolvimento do Complexo Cooperativo de Mondragon contou com apoio do governo do País Basco, mas apenas em suporte semelhante ao normalmente dado a empresas capitalistas. O apoio de governos regionais e locais a iniciativas de economia solidária vem se registrando em numerosos países, não só da Europa. Ultimamente, também no Brasil isso está se verificando, embora em medida ainda modesta. O que estas experiências indicam é que o desenvolvimento da economia solidária e sua integração num sector pode se dar de baixo para cima, por iniciativa das próprias empresas e instituições de apoio, sem interferência direta de autoridades governamentais. E esta alternativa parece preferível sobretudo para preservar a autenticidade das organizações solidárias que depende da sua democracia interna e da sua autonomia externa.

2.7. A economia solidária no Brasil

A economia solidária começou a ressurgir, no Brasil, de forma esparsa, na década de oitenta o século xx, e tomou impulso crescente a partir da segunda parte dos anos 90 do século xx. Resulta de movimentações sociais que reagem à crise de desemprego em massa, que começa em 1981 e se agrava com a abertura do mercado interno à importações, a partir de 1990. Em 1991, tem início o apoio de assessores sindicais a operários que conseguem se apossar da massa falida da empresa que antes os empregava, formando uma cooperativa de produção, que retoma as operações e assim «salva» os postos de trabalho até então ameaçados de fechamento. Três anos depois, diversas empresas autogestionárias com esta origem fundam a Associação Nacional de Trabalhadores em empresas Autogestionárias e de Participação Acionária (Anteag).

Outro movimento que também luta contra a exclusão é o Movimento dos Trabalhadores Rurais sem Terra (MST), que se empenha na organização de moradores do campo e mais tarde também de cidades que desejam integrar a economia mediante a obtenção de terra mantida improdutiva em latifúndios. O MST conseguiu ao longo dos últimos 15 anos que o governo assentasse centenas de milhares de famílias em terras expropriadas para a reforma agrária. Sua principal tática de luta é organizar as famílias dos «sem-terra» em acampamentos à beira de estradas, junto a propriedades improdutivas, que pela lei em vigor podem ser expropriadas e redistribuídas. Para viabilizar economicamente os assentamentos, o MST organiza diferentes tipos de cooperativas, que contam com uma escola de formação de técnicos em cooperativismo.

Como decorrência do grande movimento da Ação da Cidadania contra a Fome, a Miséria e pela Vida, que mobilizou milhões de pessoas entre 1992 e 1994, surgiram também em meados da década de noventa do século xx as Incubadoras Tecnológicas de Cooperativas Populares (ITCP) que pertencem a universidades e se dedicam à organização da população mais pobre em cooperativas de produção ou de trabalho, às quais dão pleno apoio administrativo, jurídico-legal e ideológico na formação política, entre outros. Há hoje ITCP em 14 universidades brasileiras, desde Fortaleza, no Ceará, até pelotas, no Rio Grande do Sul. Várias outras estão em processo de formação. Estas constituem uma rede que se reúne trimestralmente para tocar experiências e organizar atividades conjuntas. Estão integradas na Unitrabalho, uma fundação voltada para o movimento operário, que tem mais de oitenta universidades filiadas.

Outras entidades importantes de apoio à economia solidária foram formadas mais recentemente: a Agência de Desenvolvimento Solidário (ADS), da grande central sindical CUT, em parceria com a Unitrabalho, e o Dieese, o Departamento Intersindical de Estudos Estatísticos, Sociais e Econômicos, que assessora todos os sindicatos brasileiros há mais de quarenta anos. A ADS mobiliza sindicatos em apoio à economia solidária e se empenha na construção de uma rede nacional de crédito solidário, formada por cooperativas locais de crédito que criarão um banco cooperativo para lhes dar apoio.

Merecem menção ainda outras entidades fomentadoras de empreendimentos solidários. Com o risco quase certo de omitir involuntariamente apoiadores significativos, cabe registrar a atividade da Cáritas, órgão do Conselho Nacional de Bispos do Brasil (CNBB), da Fase, no Rio de Janeiro, da ATC, em São Paulo, das prefeituras de Porto Alegre, de Blumenau e de Santo André, do programa de autoemprego da Secretaria do Trabalho de São Paulo e do Sindicato dos Metalúrgicos do ABC, que formou a Unisol Cooperativas.

Não se dispõe de dados abrangentes sobre cooperativas e associações de produção autogestionárias que estão se multiplicando em todo o país. Está claro que o número já é ponderável. O seu intenso crescimento está

2. ECONOMIA SOLIDÁRIA: UM MODO DE PRODUÇÃO E DISTRIBUIÇÃO

indubitavelmente associado ao desemprego, que vem atingindo níveis inéditos, e à precarização do trabalho, que está excluindo milhões do mercado formal de trabalho. Mas a economia solidária está longe de ser uma reação espontânea de pessoas atingidas pela crise. Os trabalhadores que perdiam seus empregos em geral recolhiam o Fundo de Garantia de Tempo de Serviço (FGTS) e iam em busca de novo emprego. E, quando conseguiam algum, o tempo de busca médio em São Paulo vinha ultrapassando 36 semanas, o que constituía um período muito maior do que era usual em tempos «normais».

Grande número de trabalhadores com mais de quarenta anos ou mais jovens, mas de baixa escolaridade, pode se considerar definitivamente excluído do mercado do trabalho. Por isso, procura ganhar a vida vendendo bens ou serviços, produzidos por eles mesmos ou por pessoas de suas famílias. Em função do seu grande número, os assim ganhos obtidos tendem a ser irrisórios. A ideia de se juntar e organizar uma atividade econômica coletiva, à base de participação igualitária nas decisões e no capital, não era conhecida e usual à grande maioria dos sem trabalho. Daí a importância de entidades como a Anteag, o MST, as ITCP, que estão reinventando a economia solidária na atual conjuntura brasileira.

Após cinco ou seis anos de atividade cada vez mais intensa e extensa, estas entidades começam a receber um número crescente de demandas de trabalhadores desejosos de formar empreendimentos solidários. Os meios de comunicação de massa, começaram finalmente a tomar conhecimento desta movimentação e incluem em seus noticiários esporadicamente reportagens sobre cooperativas que conseguiram gerar trabalho e renda para os seus membros. Cada vez que reportagens como essas são exibidas na televisão, dezenas de grupos procuram as incubadoras universitárias e outras entidades que apoiam o novo cooperativismo. Economicamente, a situação de cooperativas e grupos de produção associada é muito variada, desafiando generalizações, mesmo porque há apenas levantamentos parciais em alguns estados. Mas duas tendências podem ser apontadas como prováveis: 1. A maioria das cooperativas sobrevive por anos, apesar da extrema debilidade daquilo a que chamamos bases de sustentação; 2. A maioria das cooperativas ainda aproveita muito do apoio das entidades que as gestaram e continuam as acompanhando.

A necessidade de consolidar os empreendimentos solidários de modo que possam se sustentar reciprocamente já é reconhecida e deu lugar à formação de foros de economia solidária ou de cooperativas populares, no Rio Grande do Sul, no Rio de Janeiro e em São Paulo. Mas tais esforços ainda não conseguiram quebrar o isolamento econômico das cooperativas, embora os contatos entre elas venham se multiplicando. Cresce a compreensão de que a construção da competência de empreendimentos se dá por um processo de aprendizagem, que envolve membros das cooperativas e das entidades de apoio. Multiplicam-se cursos e seminários, nos quais as universidades com ITCP desempenham papel crucial.

Para elevar a qualidade do trabalho e da produção das novas cooperativas, a formação de quadros especializados parece imprescindível. Em várias universidades, profissionais recém-formados organizam cooperativas geralmente de trabalho. Um dos seus objetivos é assessorar cooperativas populares. No Foro do Rio de Janeiro, organizou-se o Clube de Trocas cujos membros são as cooperativas, para viabilizar o intercâmbio de produtos e saberes entre elas. Estas iniciativas são todas recentes demais para se poder avaliar seus resultados.

Há diversos relatos e estudos de caso que mostram a enorme dedicação e disposição de suportar sacrifícios por parte dos trabalhadores com o objetivo de gerar trabalho e renda por meio da economia solidária. É provável que isso explique a sobrevivência e até algum crescimento de empreendimentos geridos por pessoas sem experiência e incubados por técnicos e especialistas que igualmente carecem de experiência em geral ou ao menos deste tipo de empreendimento.

O entusiasmo e o empenho manifestado pelos trabalhadores não fica sem recompensa. Para pessoas humildes, que sempre foram estigmatizadas por serem pobres – sobretudo mulheres e negros, vítimas da discriminação por género e raça – a experiência cooperativa enseja verdadeiro resgate da cidadania. Ao integrar a cooperativa, muitos experimentam pela primeira vez em suas vidas o gozo de direitos iguais para todos, o prazer de poderem se exprimir livremente e de serem escutados e o orgulho de perceberem que suas opiniões são respeitadas e pesam no destino do coletivo.

Em todos esses sentidos, é possível considerar a organização de empreendimentos solidários, o início de revoluções locais, que mudam o relacionamento entre os cooperadores e destes com a família, vizinhos, autoridades públicas, religiosas, intelectuais, etc. Trata-se de revoluções tanto no nível individual como no social. A cooperativa passa a ser um modelo de organização democrática e igualitária que contrasta com

2. ECONOMIA SOLIDÁRIA: UM MODO DE PRODUÇÃO E DISTRIBUIÇÃO

modelos hierárquicos e autoritários, como os da polícia e dos contraventores, por exemplo.

O carácter revolucionário da economia solidária abre-lhe a perspectiva de superar a condição de mero paliativo contra o desemprego e a exclusão. Para os que desconhecem este carácter, as cooperativas são meros substitutos dos empregos com carteira assinada, que as recessões vêm aniquilando. Se a retomada do crescimento fizer o número de empregos formais voltar a crescer, os que têm este ponto de vista esperam que as cooperativas deixem de ser necessárias e entrem num processo de definhamento. Há uma boa possibilidade, no entanto, de que estejam enganados. É muito comum cooperadores recusarem empregos porque, como costumam dizer, «já não aguentam mais trabalhar para patrão».

3. ECONOMIA SOLIDÁRIA: POSSIBILIDADES E DESAFIOS

3.1. Introdução

Não há a menor dúvida de que as primeiras cooperativas que surgem na história moderna ocorrem durante a Revolução Industrial, com características explicitamente socialistas. Isto é, se tenta inventar uma empresa produtiva em que não haja separação entre propriedade e trabalho, quer dizer, todos os que trabalham são proprietários por igual desta empresa. E isso acontece no momento em que o capitalismo industrial tem um enorme avanço, se espraia sobre a Inglaterra e, mais tarde, sobre a Europa, a América do Norte, o resto do mundo. O desafio que o cooperativismo apresenta ao capitalismo no começo do século XIX é um desafio frontal e insurrecional-revolucionário. Essa primeira onda revolucionária em que sindicato e cooperativa eram praticamente idênticos (as cooperativas até hoje se consideram filhas do sindicalismo) foi derrotada pelas armas clássicas da repressão: depois de fazer *lock-outs*, mandar todos os trabalhadores para a rua e obrigá-los pela fome a se submeterem, o patronato inglês inventou as «listas negras», das quais constava o nome das pessoas que eram de sindicatos, os quais, por sua vez, foram declarados ilegais. Estas pessoas passavam a não conseguir qualquer tipo de emprego e, para tirar qualquer dúvida, as pessoas que iriam trabalhar nas empresas tinham de assinar um juramento de que não se filiariam a qualquer sindicato. Este foi o primeiro episódio.

Daí sobrevivem algumas cooperativas, e o cooperativismo dá um enorme salto adiante através da formação de cooperativas de consumo. Cooperativa de consumo é o oposto simétrico da cooperativa de produção, ou seja, a cooperativa de consumo é uma união de consumidores que juntam seu parco dinheirinho para garantir um melhor consumo alimentar.

E porque os trabalhadores organizaram estas cooperativas? Porque os salários eram tão baixos para os trabalhadores não qualificados na Inglaterra nessa época que eles não conseguiam comprar a comida a não ser adulterada (por exemplo, cal misturada na farinha de trigo), cujos preços eram mais baixos. As primeiras cooperativas de consumo davam toda ênfase à pureza dos alimentos que vendiam aos seus sócios.

As cooperativas de consumo ficaram imensas. Eram eficientes e foram um ensaio socialista, porque ensinavam os trabalhadores comuns a gerir grandes empresas. As cooperativas inglesas criaram uma central de cooperativas por atacado. Essa central importava chá da Índia, manteiga da Dinamarca, trigo dos EUA e dominava uma boa parte do mercado britânico. Chegou a ter frota comercial, plantações nas colónias e inclusive fábricas de alimentos, de roupas etc., na própria Inglaterra.

Criou-se dentro desse cooperativismo de consumo uma elite de gerentes do cooperativismo operário. E aí tivemos a primeira grande prova da degeneração das cooperativas. Esse é um fato importante que vai se repetir insistentemente. A degeneração acontece quando os empreendimentos dão certo economicamente. Quando o êxito econômico acaba se transformando num fim em si, aparece uma incompatibilidade total com os princípios do próprio cooperativismo. Os princípios do cooperativismo que vêm com Rochdale[7] afirmam que todos são iguais. Isso significa dizer que todos os cooperados têm a mesma cota de capital, todos têm um voto por cabeça, todos se fazem representar, todos participam das decisões.

Nas empresas que essas cooperativas de consumo criaram, a partir de 1870, os seus dirigentes acharam mais prático adotar o trabalho assalariado. Isso é uma violação total aos princípios do cooperativismo – transformar os cooperados em patrões. E é muito comum hoje. Pensem nas nossas cooperativas agrícolas. Quando ficam grandes e poderosas, as cooperativas passam a ter empregados, trabalhadores em usinas de pasteurização de leite, manteiga, queijo, processamento de cereais. Hoje, temos grandes cooperativas agrícolas que são patronais no sentido de que exploram o trabalho de agrónomos, engenheiros, economistas e trabalhadores de toda espécie.

Esta questão causou, e isso é importante historicamente, uma profunda divisão no sindicalismo inglês e mundial, porque não foi aceito

---

[7] Primeira cooperativa moderna fundada em 1844 por 27 tecelões e uma tecelã em Rochdale, Inglaterra,

3. ECONOMIA SOLIDÁRIA: POSSIBILIDADES E DESAFIOS

pacificamente pelos outros cooperadores e houve um debate que retardou por muitos anos a formação da Aliança Cooperativa Internacional. No final das contas, o debate foi encerrado com a vitória dessas cooperativas que empregam assalariados. E hoje, na Aliança Cooperativa Internacional, assim como na OCB (Organização das Cooperativas Brasileiras), existem cooperativas cujos sócios não são pessoas físicas, o que já é um absurdo do ponto de vista dos princípios do cooperativismo. Cooperativas de 1.º grau que têm como sócios empresas capitalistas. É uma completa inversão de valores: uma forma igualitária e democrática de organizar uma atividade econômica vira uma associação de empresas que exerce um monopólio. A Açúcar União, por exemplo, é um monopólio da produção de açúcar e é uma cooperativa.

Portanto, o cooperativismo na verdade tem dois campos. Por um lado, continua tendo as cooperativas autênticas que eu chamaria de socialistas, solidárias, igualitárias, democráticas, em que os sócios são trabalhadores ou são consumidores, são pessoas físicas, e aí a igualdade faz todo sentido. E, por outro, as que levam à frente uma visão capitalista, como as agrícolas, em que você tem grandes fazendeiros capitalistas explorando pequenos camponeses ou os grandes fazendeiros e os pequenos produtores associados na mesma cooperativa.

À primeira vista, não se sabe o que cooperativa é. Tudo tem o nome de cooperativa, tudo pertence às mesmas federações, etc., mas, olhando um pouco a composição, percebe-se imediatamente a enorme diferença. Essa distinção é absolutamente vital em termos de valores, em termos de orientação e em termos de prática. Não obstante, estamos todos juntos sob a denominação de cooperativa. Porque não nos separamos? Porque nós não criamos um campo do cooperativismo popular, socialista, dos trabalhadores e deixamos os outros do outro lado?

É uma boa pergunta. Eu não sei exatamente a resposta, mas acho que a pergunta tem de ser discutida entre nós. Há uma razão prática e que certamente pesa nessa ambiguidade mal tolerada: é que hoje a grande maioria dos países incentiva o cooperativismo. São políticas apoiadas tanto pela esquerda como pela direita. Todos os países têm leis de proteção ao cooperativismo – incentivos fiscais – e outros privilégios dados às cooperativas. Essa é uma das razões para que empresas capitalistas assumam a forma de cooperativa. Mas essa provavelmente é uma das razões por que as cooperativas autênticas, as cooperativas solidárias, também adotam o nome e tentam se manter enquanto cooperativas, porque na competição com as empresas capitalistas ter as vantagens da legislação provavelmente é importante.

Eu queria, a partir desse preâmbulo, discutir um aspecto central disso a que chamamos de economia solidária. Acho que já ficou claro que economia solidária apresenta formas de organização econômica que adotam os valores da democracia levados até às últimas consequências dentro da área econômica: de que todos são iguais, todos têm o mesmo poder de decisão, se tiver de delegar, todos votam por igual, e as pessoas que os representam têm de se submeter à sua vontade, se não são destituídas e são eleitas outras. Então, economia solidária é uma forma democrática e igualitária de organização de diferentes atividades econômicas.

Mas a igualdade e a democracia são absolutamente centrais. Eu insisto nisso sem querer ser infantil ou radical. Se olharmos a realidade – e eu estou pela Unitrabalho numa equipe que está há anos tentando estudar o que há de economia solidária no nosso país –, percebemos que a economia solidária está crescendo imensamente e que, nesse mundo enorme de cooperativas, associações, etc., formais e informais, esses princípios se aplicam de uma forma extremamente desigual. Mesmo quando estão nos estatutos – não estou falando agora das cooperativas em que os sócios são empresas capitalistas, mas do nosso lado, das que estatutariamente e no seu discurso pretendem ser democráticas e igualitárias –, muito poucas destas cooperativas são efetivamente democráticas e igualitárias. Por quê? Porque raramente as instituições humanas cumprem totalmente os seus desígnios, e as cooperativas não são diferentes. Vamos olhar, só para pegar um exemplo muito próximo do cooperativismo, os sindicatos. O que são os sindicatos? São associações voluntárias de trabalhadores, necessariamente democráticas, cuja finalidade é defender os interesses comuns dos trabalhadores. Se nós pegarmos todos os sindicatos brasileiros, se nós conseguíssemos fazer uma boa pesquisa, não uma pesquisa formal com o olhar de fora, mas entrar lá dentro, ver como é que funciona, o que nós encontraríamos? Provavelmente uma minoria de sindicatos que atuam inteiramente de acordo como seu programa. Outros são totalmente patronais, alguns chegam a ser meros departamentos de polícia política, são repressivos, vendidos, etc. Mas muitos outros se revelariam autenticamente democráticos e representativos. E a maioria possivelmente estaria entre os extremos, não sendo integralmente uma coisa nem outra.

3. ECONOMIA SOLIDÁRIA: POSSIBILIDADES E DESAFIOS

E se nós tomássemos as escolas? Se tomássemos as igrejas? Se tomássemos as famílias, falando de uma instituição que é íntima e cara a todos nós? Quantas dessas instituições são perfeitas no que se refere à sua verdadeira vivência em relação aos seus ideais? Poucas. Então seria espantoso se nós, no meio dessa humanidade que nem sempre consegue cumprir todos os seus propósitos, não consegue realizar na prática todos os seus ideais, encontrássemos num campo específico da organização econômica uma série de organizações maravilhosas, de fato inteiramente democráticas, inteiramente igualitárias. Não seria de se esperar mesmo.

A economia solidária, no entanto, é um projeto que se realiza de fato, e, assim como existem esses processos degenerativos, existem os processos regenerativos dos quais é muito importante falar também. Assim como sindicatos, igrejas, famílias degeneram, tornam-se piores, fogem aos seus ideais, eles também podem se recuperar e muitas vezes se recuperam. A mesma coisa acontece com as empresas solidárias. Na medida em que permanece uma base viva de democracia e igualdade, enquanto há propostas e ideais, sempre existe a oportunidade e a possibilidade que um certo grupo de sócios se organize, tome a cooperativa e volte a fazer que ela seja autêntica como muitas vezes, no passado, ela foi.

O que eu quero dizer em resumo é que a economia solidária é uma coisa humana. Ela é falível, cheia de altos e baixos, mas, enquanto força total, enquanto movimento coletivo, nós podemos dizer, sem nenhum exagero, que a economia solidária é uma resposta a uma profunda crise social que a reestruturação produtiva, as novas tecnologias, a falta de crescimento econômico e a globalização acarretaram, marginalizando uma grande quantidade de trabalhadores, de pequenos empreendedores e de camponeses pelo país afora.

Como resposta a essa crise, a economia solidária, que já existia no Brasil em outras circunstâncias, renasce com muito vigor e tem êxito no sentido de reintegrar na atividade produtiva, a esta altura, provavelmente, centenas de milhares de pessoas. Ela cumpre um importantíssimo papel econômico, social e político. Hoje inúmeros trabalhadores estão formando cooperativas nos assentamentos de reforma agrária, estão transformando empresas em vias de falir, ou que já faliram, em cooperativas ou empresas coletivas geridas pelos próprios trabalhadores, reabilitadas pelo esforço comum dos seus próprios trabalhadores e assim por diante. O que motiva esses trabalhadores todos, os seus sindicatos e os que lhes dão apoio é lutar contra a pobreza, contra a exclusão social, contra o desemprego.

No entanto, se nós olharmos para mais longe, para uma perspectiva de futuro um pouco maior, se nós pensarmos no Brasil daqui a cinco, dez anos, essa semente que está sendo lançada é muito mais do que uma forma de evitar a marginalização, o desemprego e a pobreza. **É um ensaio de uma economia oposta ao capitalismo.** Isto me parece extremamente importante. É uma grande experiência social e, enquanto tal, ela é válida em si. Será que vai nos levar ao socialismo? Eu acho que é bem possível.

Queria contar sobre uma experiência da qual eu participei quando jovem. Foi a única experiência de economia solidária de que participei na minha vida. Era um movimento de jovens judeus que levava à formação de *kibutzim* em Israel. O *kibutz* é a forma comunista integral mais autêntica do século XX. Eu acabei ficando no Brasil e saí direto desse movimento para o Partido Socialista para continuar a luta no meu próprio país. Meus companheiros que emigraram para Israel formaram lá o *kibutz* Bror Chall, que existe até hoje, e está na terceira geração. Isso aconteceu em 1950; hoje os meus companheiros são os avós das pessoas que tocam esse *kibutz*.

É triste dizer que a experiência kibutziana hoje se encontra numa forte crise. Muitos estão adotando princípios capitalistas. Quando era autêntico, não havia dinheiro no *kibutz*. As pessoas trabalhavam, o *kibutz* vendia a sua produção (que era agrícola no começo e depois foi industrial, hoje são serviços), e com esse dinheiro se comprava tudo aquilo que os membros do *kibutz* precisavam consumir: vestuário, comida, televisão, roupa de cama, o que fosse. Eram pobres no seu início, depois começaram a melhorar de vida. Essa foi uma experiência de grande escala. O movimento kibutziano chegou a ter, e ainda tem, cerca de 120 mil membros; a população total, somando-se as crianças, deve ser um pouco maior, distribuída em cerca de 200 *kibutzim*, que são aldeias comunistas, como as sonhadas por Owen.

A economia de Israel entrou em crise nos oitenta do século XX, as dívidas se multiplicaram por causa da elevação dos juros, e os *kibutzim* foram obrigados a reduzir o seu padrão de vida. Eles tinham tido um padrão de vida similar ao da classe operária de Israel, que é alto, e tiveram de reduzi--lo, o que é extremamente doloroso. Isto destruiu (era a terceira geração, é importante lembrar) a solidariedade. Cada um começou a olhar quantas vezes o outro fazia telefonemas internacionais, porque a conta era comum, quantas vezes o cara esquecia a luz acesa, a água correndo, já que o consumo era coletivo, etc. Começou a despertar a ideia de que os que se esforçam mais, os mais competentes, não podem sofrer por causa dos menos competentes, dos mais infelizes, inábeis, egoístas ou irresponsáveis. Entrou o individualismo, e o resultado foi que um certo número de *kibutzim* não só adotou o rendimento monetário, como resolveu pagar aos membros rendimentos diferenciados, embora o piso fosse o salário médio do país.

Há um grupo importante de kibutzim, cerca de dois terços, que se mantém autêntico e é exatamente o que está em melhor situação econômica hoje. Não estão sendo coagidos a reduzir o seu padrão de vida, e todos os valores tradicionais têm sido mantidos. Os que foram mais atingidos estão praticamente se transformando em assentamentos capitalistas. Aí vem uma nota irónica: quando os primeiros *kibutzim* começaram a acabar com tudo que era solidariedade, coletivismo, o curador das cooperativas de Israel interveio e disse: «Vocês têm de devolver a terra porque vocês receberam essa terra para fazer economia solidária». Eles queriam, inclusive, construir apartamentos para pessoas idosas e alugar, para ver se ganhavam um pouco mais de dinheiro, e isso é contra os princípios cooperativos. Então a autoridade pública foi puxar a orelha desses *kibutzim*.

Por quê estou contando isso? Porque, cada vez que uma grande experiência solidária fracassa, eu tenho a impressão, e acho que outros como eu também, de que acabou o mundo, de que a grande esperança acabou, enfim, de que não dá certo. Acho que estamos errados em encarar isso assim. Essas experiências se constroem, elas dão lições importantes. Se no futuro nós tentarmos voltar a construir formas coletivas de vida, certamente não faremos como os *kibutzim* fizeram.

O *kibutz* foi construído em cima de uma ideia complicada da comunidade como uma grande família. E, como numa família, você faz pelos seus filhos ou pelos seus pais o que for necessário, exige-se dos membros uma entrega ilimitada. Acontece que, à medida que a situação piora, de repente se começa a medir, a competir, a dizer «ele faz, só porque a mãe dele mora nos Estados Unidos, três chamadas internacionais por semana, eu não faço nenhuma, e ele recebe igual». O que eu estou querendo dizer é que a proposta do *kibutz* foi uma proposta irreal em termos de que nós não somos maravilhosos, nós podemos até nos dispor a ser maravilhosos em momentos em que a luta exige, mas provavelmente queremos ter uma vida normal depois disso. As relações de confiança, de solidariedade, têm limites, têm os limites do nosso egoísmo, da nossa individualidade, da nossa integridade individual.

Todas as nossas experiências são válidas; as que fracassam, as que dão certo, as que degeneram e as que regeneram, à medida que somos capazes de registá-las, de processá-las, de discuti-las, de transformá-las, dessa forma, em ensinamentos para avançar cada vez mais.

Eu falei de *kibutz*, que é uma experiência de um país estranho, de uma língua estranha, lá de Israel, mas eu poderia falar da experiência das cooperativas agropecuárias do MST. Foi uma experiência meio parecida. Essas cooperativas agropecuárias do MST no Brasil se inspiraram nos *kibutzim* e nas cooperativas cubanas. Aqui também fracassaram em parte. Várias foram abandonadas, e outras estão dando certo. Eu não me espantaria se os problemas que eles estão tendo fossem algo análogos aos problemas que existem lá em Israel. Eu quero insistir que isso são vivências, não são apenas experiências; nós não somos camundongos de laboratório, somos gente.

A economia solidária progride negativamente, isto é, como resposta a alguma coisa muito ruim que é essa transformação econômica e social pela qual nós estamos passando e que vitima milhões de pessoas. Nós estamos oferecendo a estas pessoas uma proposta alternativa que é democrática e igualitária, e essas pessoas captam essa nossa proposta, fazem-na sua, aceitam os valores e, em vez de procurarem saídas capitalistas, estão aceitando embarcar numa aventura que é uma saída anticapitalista num país inteiramente capitalista. Eu acho que fazem bem, acho que são racionais. A maneira mais digna de sair de uma grande dificuldade é coletivamente, não uns às custas dos outros.

A sociedade capitalista não consegue se reproduzir enquanto todo social sem negar a sua própria lógica. Uma das primeiras coisas que se aprende no curso de Economia é a trabalhar com um fantoche, com um homem hipotético que em latim se designa por *Homo economicus* (o homem econômico), o homem que calcula, o homem que sabe racionalmente onde quer chegar e que, para chegar a seus objetivos, inteiramente pessoais, egoístas, vai fazer exatamente tudo aquilo que se esperaria de um ser racional. Esse homem não existe, ele é uma hipótese, mas é uma hipótese que se aproxima da realidade. Todos nós no mercado nos comportamos como o *Homo economicus*.

No mercado sim, fora do mercado não. Imagine que sociedade monstruosa nós teríamos se todos os homens, todas as mulheres, todas as crianças se comportassem como perfeitos egoístas racionais. A vida seria impossível.

A vida comum seria impossível. E isto os próprios ideólogos do capitalismo sabem perfeitamente bem. Então, eles procuram difundir nas pessoas uma espécie de esquizofrenia: seja racional e egoísta no mercado, seja generoso com sua família, com seus vizinhos. Na medida em que o capitalismo precisa desses valores pré-capitalistas, religiosos e outros mais para poder minimamente criar uma sociabilidade, ele abre uma imensa brecha para nós lançarmos esses valores no campo econômico.

Podemos nos perguntar: do mesmo modo que não há o *Homo economicus* também não existe o *homo cooperativus*? Então, de que forma se vai poder, não dispondo desse tipo de indivíduo, levar adiante e com sucesso a luta cooperativa? O *Homo cooperativus* seria a pessoa que se abre à cooperação, que se dá na cooperação, que tem abnegação, que coloca o seu interesse individual em segundo plano a favor do interesse coletivo ou dos que precisam mais. É um ser parcial. Nós não podemos pensar em criar uma sociedade – essa foi uma utopia triste – baseada somente no *Homo cooperativus*, em homens santos. Nós temos de criar uma sociedade decente, humana, boa para pessoas que também são egoístas, que também têm interesses próprios, que também se medem e têm inveja. É muito fácil ser *Homo cooperativus* quando não se tem muito o quê repartir. É mais complicado quando há uma certa abundância e as coisas são relativas, aí é mais difícil, mas eu acho que a questão merece muita discussão. Temos de aprender a criar instituições que admitam o egoísmo como não sendo uma coisa insuportável. As pessoas devem poder ser egoístas dentro de certa medida nos momentos em que isso é tolerável. Não há outro jeito.

Eu vou falar de um dos grandes conflitos que aconteceram no *kibutz*. Os artistas. O que o artista quer mais? É tempo para poder pintar ou esculpir ou escrever ou compor música. Isso significa que a comunidade tem de sustentá-lo. E aí como é que fica? Sobretudo se ele ainda não é reconhecido. Se nada do que ele pintou, esculpiu ou compôs rendeu um tostão. Isso acontece em nossas famílias quando se tem um filho artista. Ele pede um crédito aos pais, aos irmãos. Algumas vezes dá certo, outras não. Mas e quando é no *kibutz*? Quando é a *grande família*. Eu tenho um depoimento sobre isso. O *kibutz* dá um crédito: «Fica um ano, vê se escreve um romance, vê se empina... Se um ano passou e você não conseguiu escrever, passou o segundo ano e nenhum editor aceitou, vai pegar no pesado, você não dá pra isso». Nós temos de criar instituições solidárias, mas em que as pessoas não podem depender tanto do altruísmo de todo mundo, porque não é realista.

O exemplo do *kibutz* é extremo, mas esses problemas se repetem diariamente em nossas cooperativas. É só olhar de perto. Quem está vivendo a experiência cooperativa, seja como cooperado ou como assessor, como incubador, seja lá o que for, acho que sabe do que eu estou falando. Como é que faz quando um cooperado falta ao trabalho? Desconta o dia? Como é que faz para justificar a falta?

Algumas vezes é óbvio; faltou porque estava doente, todo mundo viu. Agora faltou porque o filho estava doente, ou porque o marido estava doente... Como é que é? E quando a pessoa tem uma retirada maior porque teve um gasto? A cooperativa é uma família, não é uma empresa capitalista. Mesmo na empresa capitalista, esses problemas afloram. Quem alguma vez trabalhou em Departamento de Pessoal (eu nunca fiz isso, mas eu posso imaginar) sabe que sempre há uma fila de pessoas pedindo favores, e, portanto, tem de haver critérios. Em última análise, nossas empresas solidárias exigem sem dúvida nenhuma a realização da cooperação entre as pessoas, entre os sócios, e a solidariedade tem de ter limites.

Porque o pior que pode acontecer, e isso me vem à ideia por causa da crise dos *kibutzim*, é quando os ideais da solidariedade e da cooperação são levados a um tal ponto que levam ao abuso. Aí estraga tudo! De repente se descobre que fomos todos enganados: «Ele dizia que estava escrevendo, e estava indo para a farra». Esse processo de ter sido levado na boa-fé é extremamente destrutivo. Então tem de se tomar muito cuidado, temos de achar formas de realmente conseguir chegar a um equilíbrio, desculpem usar essa palavra, entre o egoísmo e o altruísmo, entre a cooperação e a competição.

Esta é a última definição que posso oferecer de economia solidária. A economia solidária é, nada mais, nada menos, que a tentativa de levar ao campo econômico aquilo tudo que, no capitalismo, não se deve levar. Ou seja: não à competição; não à propriedade privada; não a ganhadores e perdedores do mercado. Vamos tentar criar exatamente na economia, exatamente no mercado, uma economia tão solidária, tão comunitária, tão igualitária, tão democrática quanto a sociedade que queremos criar no plano político, no plano religioso, no plano da convivência social. A economia solidária é portanto uma proposta integradora.

Os mais velhos hão de lembrar as grandes campanhas anticomunistas que nós tivemos aqui no Brasil, sobretudo no regime militar. Qual era o grande argumento contra o comunismo? Não era o comunismo, era ser

3. ECONOMIA SOLIDÁRIA: POSSIBILIDADES E DESAFIOS

totalitário, era ser uma ditadura, era ser imposto. Não era isso? O comunismo em si mesmo não estava em discussão. A economia solidária não se impõe a ninguém, não pretende usar a força para nada, é uma proposta para pessoas que queiram se unir a outras pessoas comunitariamente para empreendimentos econômicos. A economia solidária se prende a valores muito fundamentais do ser humano, definidos por todas as religiões – os católicos, os crentes, os judeus, os muçulmanos, os budistas –, e é por causa disso que ela é lógica, sobretudo, para as pessoas que estão precisando de uma saída.

Por outro lado, ela tem enorme dificuldade em se autocriticar, em se autorreconhecer, e vai chegar o momento em que, para que não precisemos fazer, como estou fazendo aqui, uma longa fala só para definir, só para circunscrever e aprofundar o significado da economia solidária, vai se tornar fundamental separar o joio do trigo e dar aos empreendimentos que têm estes princípios uma identidade claramente diferenciada.

3.2. Cooperativismo e socialismo

Eu não acredito que nós vamos realizar o socialismo através da mera multiplicação de cooperativas, embora ache que isso seja muito importante. Para mim, o socialismo é a democratização de todas as instituições humanas. São muitas frentes de luta, e a economia solidária é uma delas. Por exemplo, nós precisamos de uma democracia política participativa em grau muito maior do que temos hoje. As experiências de Orçamento Participativo são extremamente interessantes, são um caminho para o socialismo. É claro que no meio do caminho, antes de chegar lá, vamos ter de eliminar essa miséria urbana que hoje existe, essa carência de serviços básicos e assim por diante, o que transformará a participação nos orçamentos em outra coisa.

Hoje é uma luta inglória – estou falando como ex-Secretário de Planejamento que fez o orçamento participativo em São Paulo[8] – por verbas para coisas elementares como asfaltar ruas, como urbanizar favelas, como construir um pouco mais de moradias para gente que está na rua. Estou imaginando que, num outro patamar, essa participação nos orçamentos será uma participação muito mais ampla e funcionará em todas

---

[8] Paul Singer foi secretário de Planejamento na gestão de Luiza Erundina. [Luiza Erundina foi prefeita do município de São Paulo entre 1989 e 1993, eleita pelo PT.]

as instituições estatais públicas. Nós estamos lutando nas nossas universidades para democratizá-las. Isso faz parte da luta pelo socialismo. Há luta nas igrejas para isso. Há lutas extremamente importantes de mulheres, de crianças, de velhos, de negros, de vários tipos de pessoas que são discriminadas e inferiorizadas na sociedade atual. Essas lutas levam ao socialismo.

O socialismo é inseparável de todas as lutas dos oprimidos e discriminados da sociedade. O socialismo não significa que nós vamos criar o paraíso na terra. Eu não acredito nisso. Mas vamos pelo menos chegar a uma situação em que as contradições que vão surgir serão radicalmente diferentes das atuais. Aí é que nós vamos saber que chegamos ao socialismo. Serão outras lutas. Eu não acredito e acho que nem vocês acreditam mais de que vamos chegar ao fim da História. Mas vamos evidentemente progredir, o que nos interessa é poder avançar. E já avançamos muito.

A democracia que temos hoje no Brasil não é a ideal, estamos muito longe de ser a democracia com a qual sonhamos e que precisamos de fato, mas é um primeiro passo. Quem viveu 22 anos de regime militar sabe muito bem do que estou falando. Não vamos abrir mão de nenhuma dessas conquistas. Eu vejo um processo de luta pelo socialismo, e é um processo em que há avanços e recuos. Quase sempre, quando há um recuo, o avanço que se segue é maior. O movimento operário que ressurge depois do regime militar é várias vezes melhor que o movimento operário em que eu me formei nas lutas pré-golpe militar de 64. Não há dúvida de que o PT não é o Partido Socialista melhorado, é uma coisa qualitativamente superior. Ainda que cheia de defeitos.

Nenhuma luta se subordina a outra. Vamos parar com essa história de que tem uma luta estratégica e que todas as demais são formas auxiliares daquela luta. Isso foi um grande erro cometido no passado. Era a luta pelo poder, pois, se se tomasse o poder, o resto vinha por si só. Nenhuma luta vai nos dar o poder definitivo. Todas elas são igualmente importantes – as dos negros, as dos índios, dos camponeses sem terra, das mulheres, das crianças e assim por diante.

3.3. A economia solidária em rede nacional
Outro ponto que gostaria de mencionar é o de que é objetivamente indispensável aglutinar a economia solidária numa forte unidade nacional e quem sabe internacional. Caso contrário, não vai dar certo, não vai ser possível competir com as empresas capitalistas somente mantendo os valores

solidários. Podemos tomar Mondragon, não como um modelo, mas como uma experiência relevante, até para não fazer coisas que eles estão fazendo errado.

Mondragon é uma pequena cidade basca que tem o maior complexo cooperativo do mundo, tem um grande banco, indústrias, a maior rede de supermercados da Espanha, é um negócio muito grande, tem 42 mil pessoas trabalhando e é economicamente muito eficiente. Se conseguem manter a autenticidade dos valores, é outra discussão. Tentam, pelo menos. Não é um modelo, eu insisto, mas é uma experiência a ser estudada. Ou seja, como é possível construir no Brasil uma economia solidária vigorosa com cooperativas para serem compradoras ou vendedoras de serviços e produtos de e para outras cooperativas. Isto é absolutamente essencial.

Precisamos criar cooperativas de 2.º grau, precisamos criar uma rede de crédito cooperativo com muitas cooperativas de crédito comunitárias para todos nós aprendermos a fazer finanças. Essa é uma habilidade essencial no mundo de hoje – aprender a fazer empréstimo, a cobrar juros, a coletivamente decidir em que circunstâncias os empréstimos podem ser prolongados ou não, em que circunstâncias você liquida um empréstimo de um cooperado.

Outro dia, o companheiro de uma cooperativa de crédito agrícola me perguntou: «Como é que a gente faz quando o companheiro definitivamente não vai pagar? Tiramos as terras deles?». É uma decisão terrível! Mas você tem de prever antes, não adianta esperar acontecer, você tem de ter normas para isso para tornar palatável e não destruir a comunidade inteira.

Enfim, acho que nós sabemos disso e estamos construindo isso. O projeto mais ambicioso é essa rede nacional de crédito cooperativo que a Agência de Desenvolvimento Solidário da CUT já está implementando em parceria com o Rabobank – um banco cooperativo da Holanda, um dos maiores do mundo, formado por 440 cooperativas de crédito – e o BNDES. Curiosamente, o BNDES está sendo parceiro nesta empreitada, o que vai implicar superarmos, quebrarmos a resistência feroz do Banco Central às cooperativas de crédito. O Banco Central neste momento quer destruir as cooperativas de crédito.

Para mim, cooperativa de crédito é importantíssima enquanto experiência socialista, importantíssima enquanto instrumento de fortalecimento da economia solidária. Temos de quebrar o monopólio dos bancos que cobram juros horrendos de todos nós. Temos de mostrar na prática que se pode criar um sistema de crédito eficiente cobrando um quinto desses juros. Acho que nós podemos fazer isso. É o que nós vamos aprender, nós, movimento de esquerda, enfim, os que querem outra sociedade que não a capitalista. No país mais capitalista do mundo, os EUA, existe uma das maiores redes de cooperativas de crédito. Financiam casa própria, financiam cooperativas, enfim, aplicam dinheiro a juros, mas é uma organização de massa, tem milhões de membros.

3.4. Economia solidária como um dos eixos de uma aliança estratégica

O sujeito da economia solidária primeiramente é aquele que percebe o carecimento radical, a possibilidade de reorganização social, de apropriação da terra, de ocupação da fábrica, de construção de demandas. Vê a possibilidade de construção de cooperação, de articulação de um potencial, como é o caso de quem produz o Linux, de quem está no Movimento Sem Terra, porque precisam dessa mutação subjetiva. Portanto, parte da transformação social tem como um de seus núcleos potenciais de socialização, de projetos, de antagonismo, uma plataforma ligada ao cooperativismo, ao associativismo e à solidariedade. Mas outra parte da sociedade vai precisar acessar as condições de produzir isso. Vai ter de produzir uma ponte de alianças estratégicas, um conjunto de condições e antagonismos para atender carecimentos básicos. A economia solidária hoje remete para o acampado sem terra, para o engenheiro demitido, para o técnico em informático precarizado. Certamente, portanto, ela não diz respeito apenas ao proletário e sub-proletário desqualificado pela transformação tecnológica, pela automação microeletrónica nas fábricas.

Essa dicotomia entre egoísmo e socialização na prática é o seguinte: ou há uma demanda e uma exigência objetiva de uma cooperação coletiva baseada na inteligência comum de vário atores e vários sujeitos ou a economia solidária não se desenvolverá. Se há, então esse é o aspecto ligado à construção de um potencial conflito que demanda competências estratégicas. A economia solidária visa dar competências estratégicas àqueles que estão no limbo, que estão no limite.

Para os outros, os que se encontram na exclusão absoluta, a intervenção sociopolítica, a renda mínima, a alfabetização, o combate ao trabalho infantil, etc. – políticas de Estado –, se fazem necessários. Mas, certamente, os sujeitos convivem juntos. Moram na mesma favela alguém que tem

2.º grau e alguém que não tem nada. Moram na mesma territorialidade e contiguidade, mas estão fragmentados. Operam na mesma economia social e sóciocriminal, por exemplo, a ponta complexa da informação narcotraficante e financeira e a ponta da exclusão sóciocriminal no território, na boca de fumo, e nós vamos ter de lidar com isso.

E aí entra outro aspecto importante da economia solidária: é que ela é uma forma estratégica para colocar a reorganização do sector produtivo e a potencialidade emergente da revolução microeletrónica e do novo trabalho coletivo que está lá nesses territórios. Uma das grandes disputas hegemónicas no mundo hoje diz respeito à capacidade de controle do potencial do trabalho intelectual coletivo que nasceu dessa superprodução em rede. E aí está um terreno que não diz respeito só à globalização financeira, aí está um conflito de classes de um novo tipo. A nossa tarefa é perguntar: é possível que a economia solidária seja a forma de estabelecer essa ponte entre quem está no terciário superior, quem está semi-incluído, quem está na microinformática, no novo trabalho coletivo em rede, quem está na ponta da exclusão absoluta e quem tem essa possibilidade estratégica de ser ator coletivo e sócio cooperativo e que se rapidinho não produzir solidariedade recíproca está frito?

A solidariedade não é só como cada sujeito organiza o seu empreendimento, isso é cooperativismo, isso é autogestão. A solidariedade é como politicamente esses sujeitos se articulam. E daí que a economia solidária seja uma ponta da inseparabilidade entre economia e política nesse momento do embate concreto nessa sociedade. Ela é complementar na Espanha e em outros lugares, mas no Brasil pode ser a ponte da aliança estratégica. Essa é uma hipótese de trabalho que vai além de construir o cooperativismo e, nesse sentido, tem a ver com a plataforma e com a bandeira política no redesenho das políticas públicas, no redesenho da política industrial, de ciência e de tecnologia, etc.

Digo que a economia solidária pode ser um eixo de uma aliança estratégica. Digo isso com enorme hesitação porque tenho interesse nisso e me pergunto o quanto este interesse está me levando a acreditar no que eu quero. Mas vejamos alguns argumentos objetivos. Em primeiro lugar, a economia solidária fecha um ciclo. Temos no Brasil conquistas muito importantes. Nossa democracia não é a pior do mundo. Temos grandes instituições democráticas e temos com isso avanços importantes no campo sindical, no campo partidário, no campo parlamentar. Não temos avançado no campo econômico, neste estamos muito atrasados. Nossos micro e pequenos produtores estão agora adquirindo cidadania e começando a se transformar em atores também e não meramente em figuras marginais no plano econômico. Isso é importante. Nós estamos multiplicando formas associativas novas e acho que com a Internet nós vamos ser (como sempre somos) criativos, provavelmente pular lá para frente e ter a iniciativa. Estou convencido disso. Então vai haver, ao lado dos sindicatos, ao lado do movimento popular reivindicativo e ao lado dos partidos políticos, esta coisa nova que é gente que ganha a vida experimentando uma sociedade diferente, oferecendo a quem queira o que poderia ser outra sociedade. Penso que esta experiência pode ser o eixo de uma aliança estratégica.

O eixo com o qual eu cresci e passei toda a minha vida era o partido político. Isso porque nós apostávamos totalmente no exercício do poder de Estado. Quer dizer, o Estado como grande transformador social. Não era uma ideia estúpida, o Estado foi muito importante no Brasil, e acho que agora é um erro dizer que não tem mais importância. Só que nós avançamos em termos democráticos e desfibramos o Estado brasileiro. Hoje o presidente da República tem muito menos importância do que ainda se imagina. O prefeito é importante, o governador do estado é importante, o vereador pode vir a ser importante. Na medida em que nós dividimos melhor os poderes estatais, tornamos o público mais próximo do cidadão e abrimos portas para esse cidadão entrar no público e participar. O partido político continua sendo extremamente importante a meu ver, mas ele não precisa ser necessariamente o eixo que organiza os outros. Pode ser que continue sendo, eu diria que neste momento ainda é, mas pode ser que no futuro seja um pouco diferente. Para isso seria necessário você ter uma organização econômica alternativa séria, de carácter socialista, que fosse capaz de polarizar com a forma capitalista hegemónica. É sobre essa base que talvez se possa ir construindo outro eixo estratégico.

No entanto, uma grande parte da esquerda continua buscando respostas políticas que apontem para um confronto maior com o capital. Para estes, a economia solidária não passa, no máximo, de um avanço lento e gradual que não interfere no capitalismo. E que afirmam que não vai dar certo, pois o capitalismo tem uma enorme capacidade de se apropriar das coisas que são contraditórias a ele e aproveitar para dentro de si mesmo. Como, por exemplo, as próprias cooperativas.

3. ECONOMIA SOLIDÁRIA: POSSIBILIDADES E DESAFIOS

Talvez uma reflexão sobre o governo de Allende possa nos ser útil. O fato é que o Allende e sua coligação nunca conseguiram 51 por cento dos votos no Chile. Ele não tinha um mandato para fazer o que fez. O pior não foi isso, é que ele não tentou fazer outra coisa a não ser expropriar a burguesia. E expropriou. No momento em que houve o golpe militar, já não havia grande burguesia no Chile, isso é um fato. Todas as grandes empresas tinham sido expropriadas, mas isso não levou a socialismo nenhum. Tinha sido feita uma enorme reforma agrária, não havia mais latifúndio nenhum. Havia estatização, havia uma economia estatal que estava já nos seus inícios, mostrando enormes dificuldades de gestão. Não houve infelizmente nenhuma tentativa de autogestão. Não obstante, tenho a maior paixão pelo Allende e sua experiência porque ela foi democrática de fato, foi autêntica de fato.

Não estou falando do Chile hoje. O Chile de Allende infelizmente passou ao largo dessa possibilidade, havia essa possibilidade e ninguém foi proibido de fazer, mas ninguém fez e, portanto, o embate que se deu foi um embate político. O país já estava profundamente dividido antes do golpe militar, uma maioria era contra a experiência que estava sendo feita. Mas a experiência não tinha perspectiva. A experiência mais positiva que Allende fez no plano econômico foi uma grande redistribuição de renda. Ele efetivamente ajudou os pobres, aumentou os salários baixos, causou uma melhora substancial no padrão de vida dos chilenos pobres, e isso deslanchou uma imensa inflação. Já havia uma inflação de 500 por cento, naquele momento mal represada, que iria se manifestar por inteiro, porque não se conseguiu reduzir o padrão de vida das classes altas. Ao melhorar o padrão de vida das classes baixas e não reduzir o padrão de vida das classes altas, o excesso de demanda acabou provocando a explosão dos preços.

A experiência de Allende e do socialismo chileno foi importantíssima para nós, latino-americanos. Aquilo foi uma espécie de reedição da Guerra Civil Espanhola, participavam argentinos, mexicanos, brasileiros, etc. Foi uma grande tentativa de avançar com democracia para além do capitalismo e fracassou. Nós somos hoje devedores dos chilenos por essa imensa lição, mas não para repeti-la.

O problema básico é que o governo de Allende não tinha qualquer proposta socialista de fato. Aquilo que foi estatizado poderia ter sido transferido para os trabalhadores democraticamente, mas foi repartido entre os partidos da Frente Popular. O Partido Comunista ganhou uma série de empresas para dirigir, o Partido Socialista ganhou outra série de empresas, os cristãos socialistas que estavam participando ganharam outra série de coisas.

Agora vem a questão que eu acho que é importante sobre o confronto frontal com o capitalismo. A meu ver, nós estamos confrontando com o capitalismo diretamente. O fato de nós demonstrarmos que uma empresa que fracassa na mão de um grande empresário capitalista tem êxito, quando repassada aos seus trabalhadores e eles a reabilitam (e, depois de alguns meses, voltam a funcionar normalmente e pagam os seus salários e, mais que isso, pagam os impostos que ele não pagava na agonia da empresa), é, a meu ver, um confronto direto com o capitalismo.

O que significa confronto político? Confronto político com o capitalismo é proibir o capitalismo? É expropriar a burguesia e dizer «aqui ninguém mais pode ser assalariado». É essa a ideia? Se for essa, eu sou contra. Se não é essa, não tem como confrontar o capitalismo a não ser no plano económico. Sou favorável a que no socialismo os capitalistas possam continuar existindo e ser capitalistas. Se alguém quiser ser assalariado, é um direito dele. Isso que se fez no socialismo real, de perseguir com a polícia quem quisesse criar uma empresa capitalista, foi um dos muitos absurdos realizados. Não é assim que se acaba com o capitalismo e, sim, permitindo que todo mundo que não queira não precise ser assalariado. Você abre a oportunidade a todos que queiram ser autónomos, coletiva ou individualmente. Essa é a forma de acabar com o capitalismo. Se ainda assim muita gente quiser ser empregada, é um direito dela.

Eu não estou falando isso de uma forma completamente hipotética. Nós estamos enfrentando essa situação aqui e agora. Quantas vezes uma empresa vai à falência e se abre a possibilidade de os trabalhadores ficarem com ela e uma parte grande dos trabalhadores diz «Não, eu não quero, eu quero o meu fundo trabalhista e quero ir embora porque eu não acredito na gestão coletiva, eu prefiro ser empregado, quero ter certeza dos meus direitos trabalhistas, do meu registo em carteira». Embora saiba que é mínima a possibilidade de conseguir outro emprego. Nós estamos fazendo essa experiência agora. Hoje em dia, uma parte importante dos trabalhadores brasileiros quer ter patrão. Os meus companheiros da ANTEAG que estão diretamente envolvidos com 70 empresas médias e grandes, assim como a Sandra Mayrink Veiga, da Fase, que trabalha em formação de cooperativas, me contam como alguns trabalhadores têm saudades do patrão:

«Puxa, não tinha essa preocupação de se vai conseguir ou não pagar a retirada, se conseguimos vender ou não. Não tinha que ficar decidindo tudo toda hora, era mais fácil obedecer ordens, etc.».

Nós estamos inventando, estamos encontrando uma forma de combater o capitalismo que no fundo é muito mais radical do que aquela de Allende. Ele queria fazer o socialismo para valer, mas o que ele fez foi criar um vasto capitalismo de Estado. Neste sentido, nós estamos sendo mais radicais. Posso me confrontar com o Banco Central que quer manter o monopólio dos bancos do sistema financeiro. Isso é um confronto que vamos ter de fazer. Mas, com o capitalismo, o confronto é para superá-lo, e isso exige a criação de um modo de produção superior.

Se eu crio uma empresa em que as pessoas que entram necessariamente integralizam o seu capital por igual e adquirem com isso pleno direito sobre a empresa enquanto donos e ao mesmo tempo trabalham nela, a meu ver eu levei valores anticapitalistas para uma atividade econômica. Ou, se eu crio uma companhia de seguros cujos donos são os segurados, eu criei evidentemente uma empresa completamente diferente de uma empresa capitalista de seguros. Poderia dar exemplo de uma cooperativa de crédito que dá no mesmo.

O argumento para criar uma cooperativa de crédito ao invés de um banco não é a eficiência. Elas não podem ser comparadas porque têm finalidades completamente diferentes. A única finalidade do banco é dar lucro para o banqueiro. Ele presta serviços porque é obrigado. O resto é propaganda, é ideologia. A cooperativa de crédito não tem banqueiro, a sua única finalidade é servir aos seus donos, que são todos os associados. Eu não estou comparando formas alternativas para o mesmo objetivo. São objetivos diferentes. E aí vamos encontrar os meios lógicos e racionais para chegar a esses objetivos diferentes.

A empresa socialista ou, enfim, solidária, está metida ainda, por enquanto, no mercado capitalista, mas não é indispensável que esse mercado seja capitalista. Ou seja, ela pode criar o seu próprio mercado, e uma dessas possibilidades seria criar novamente cooperativas de consumo. A cooperativa de consumo para o consumo a varejo fracassou no mundo inteiro, estão fechando grandes cooperativas de consumo no Primeiro Mundo, não creio que seja fácil competir com vantagem com os Carrefours da vida. Mas, no campo da educação, da saúde, do seguro, etc., a economia solidária é melhor que a economia capitalista.

Há amplos campos de desenvolvimento de um cooperativismo de consumo. Cooperativas de produção e comercialização de produtos artesanais têm-se desenvolvido muito no Brasil. Cooperativas de habitação estão se multiplicando pelo Brasil, estão oferecendo habitação em melhores condições que as empresas capitalistas, pelo que eu estou informado, cobrando muito menos juros e sem esse risco imenso que as empresas têm de quebrar de vez em quando e deixar centenas de milhares de famílias que já pagaram a casa própria a ver navios.

A economia solidária não se deve restringir a reeducação do sistema de produção, mas deve também enfrentar a questão da reeducação da forma que se consome. Para que a economia solidária possa afirmar seus valores, ela não deve ser competitiva. A experiência de Mondragon está mostrando isso. Mas é possível, quem sabe, criarmos um sector em que também o consumo seja organizado de forma solidária, e aí não há necessidade de competir. Não é a competição que vai garantir a qualidade dos bens e serviços oferecidos aos consumidores.

Nós estamos pela primeira vez enfrentando diretamente a questão do modo de produção socialista. Não só no Brasil, mas no resto do mundo também. É uma nova tentativa. Isso já foi enfrentado pelos utópicos à sua maneira; fracassou, mas deixou lições importantes. Não sei se nós vamos fracassar ou não, mas a tentativa é extremamente sólida. Precisamos considerar rapidamente a possibilidade de que também a comercialização pode ser solidária. Eu não preciso produzir solidariamente e vender competitivamente. Eu posso criar tudo, quer dizer, até ao consumo final eu posso criar cadeias em que os valores da democracia e da igualdade prevaleçam nas relações. Existem exemplos concretos.

4. ECONOMIA SOLIDÁRIA COMO CAMINHO DE INCLUSÃO SOCIAL[9]

Muito boa tarde. Eu queria, antes de mais nada, agradecer aos companheiros que organizaram o seminário, pelo convite e a oportunidade de estar aqui. Foi um privilégio ter podido assistir à exposição do Rodrigo, sobre os Comitês de Democratização da Informática, e a essa fascinante experiência que a Rita nos proporcionou. Eu poderia fazer como eles fazem, ou seja, eu podia estar também falando de uma «onda» de economia solidária que está, efetivamente, acontecendo em nosso país. Mas eu acho que, para fazer um contraponto, vou tentar fazer uma discussão conceitual. Espero que, apesar de ser conceitual, abstrata, etc., adicione alguma coisa ao que nós queremos discutir aqui.

O que é exatamente «economia solidária»?

Num debate, há vários anos, com o Professor Carlos Wainer, da UFRJ, ele disse que «economia solidária» é um oxímoro. Oxímoro, que é grego, significa uma contradição em si. É que nem dizer que um homem pequeno é grande ou qualquer coisa que é contraditória, que não faz sentido. Porque «economia» não pode ser «solidária». A economia é o contrário de «solidária». E ele tem toda a razão, se ele pensar que a economia capitalista é a única coisa que existe. Mas não é, nunca foi. Nunca se aceitou o capitalismo como a única maneira de organizar socialmente atividades econômicas. E a economia solidária é exatamente o oposto: ela organiza a produção, o crédito, o consumo, a comercialização, etc. em empreendimentos solidários, cuja base não é a competição, mas a solidariedade entre os participantes. Isso implica igualdade. Só se pode ser solidário sistematicamente, se houver igualdade entre os participantes, e, portanto, o interesse é sempre comum.

[9] Este texto corresponde a uma intervenção oral feita num seminário que decorreu em Pernambuco.

Na economia solidária, vamos supor uma cooperativa de produção, não há separação entre «trabalho» e «capital». Ou seja, todos os que trabalham são donos da empresa, por igual. Nenhum deles pode ter um quinhão, uma participação maior do que o outro no capital do empreendimento. Daí decorre a igualdade política, que é essencial nas empresas solidárias. Ou seja, todos participam das decisões com o mesmo poder, um voto por cabeça. Nos empreendimentos solidários, as decisões se fazem, em geral, em assembleias. Quando são muito grandes, a democracia direta torna-se inviável, e aí se tem que eleger delegados, representantes, que, em nome de quem os elegeu, ajudam a tomar as decisões. Mas, no essencial, existe total igualdade entre todos os participantes, e daí decorre o fato de que a solidariedade é a forma mais inteligente de interagir. Ou seja, se a cooperativa for bem, todos ganham. Se ela for mal, todos perdem.

Na empresa capitalista, tudo é ao contrário. O dono da empresa, que adiantou o capital, é o único que tem poder. Todos os outros, que são empregados dele, têm de fazer o que ele quer. O interesse dele, que é ter lucro sobre o seu capital, é a única finalidade da empresa. Numa empresa capitalista que produz biscoito, a finalidade não é produzir biscoito, é produzir lucro. Biscoito é um meio. Pode ser o biscoito, pode ser o sapato, pode ser uma bomba atómica, pouco importa. Então, na empresa capitalista, a desigualdade e a competição são a norma lógica. Não só a empresa capitalista compete com outras empresas no mercado, mas, dentro da empresa, fomenta-se a competição entre os próprios trabalhadores. Cria-se o prémio do melhor vendedor, do operário mais produtivo, etc. E as pessoas estão se medindo o tempo todo, as pessoas estão se comparando. A rivalidade é considerada o grande meio de extrair de cada um o seu melhor esforço, e é daí que a empresa fica eficiente e competitiva.

Nas empresas solidárias, a competição é evitada deliberadamente. As pessoas são vistas como todas iguais, mesmo quando não são. Vamos dar um exemplo concreto. Nós temos uma grande quantidade, hoje, de empresas que foram capitalistas e quebraram. Os trabalhadores que estavam empregados nelas conseguem apoderar-se, via arrendamento ou por outra forma, do patrimônio, e revivem a empresa, sob a forma de cooperativa ou associação produtiva. Aqui em Pernambuco, existem várias, e uma é quase emblemática para todos nós no Brasil, porque é a maior de todas. É a Usina Catende, que é uma imensa organização produtora de açúcar, mas de muito mais coisas também, e que já há seis anos está sendo

4. ECONOMIA SOLIDÁRIA COMO CAMINHO DE INCLUSÃO SOCIAL

administrada democraticamente pelos sindicatos que representam os trabalhadores da Catende.

Então, nessas empresas, quando elas passam à mão dos seus trabalhadores, como empresas solidárias, a primeira questão que se coloca é quanto cada um vai ganhar. E, em geral, não resolvem que todos passem a ganhar por igual. Em geral, eles decidem respeitar as diferenças entre qualificações profissionais. Então, os engenheiros, os arquitetos, os agrónomos, no caso de Catende e de outras empresas autogestionárias, em geral ganham mais. Agora, vejam bem, essa decisão é tomada por todos. E como, em geral, a repartição da renda é piramidal, também nessas cooperativas a grande maioria ganha menos, e é a maioria que resolve que alguns vão ganhar mais.

Seja por mérito ou por interesse, porque, se eles não pagarem mais, não vão conseguir ficar com bons profissionais, e isso prejudica a eles também, aos próprios trabalhadores. O fato concreto é que a desigualdade, no caso do ganho, é uma desigualdade decidida pelos que ganham menos, porque têm interesse nisso. Quer dizer, os que ganham mais, se ficarem lá trabalhando, beneficiam os que ganham menos. Beneficiam mesmo, eu não estou exagerando. Sabem porquê? Porque eles ganham muito menos que os seus colegas em empresas capitalistas. Em geral, quando se compara o diferencial de ganhos entre diferentes categorias profissionais numa empresa capitalista e numa cooperativa, na última elas são muito menores do que na primeira. Se, na empresa capitalista, um engenheiro ganhava quinze, vinte vezes – o que é perfeitamente comum no Brasil – o que ganha o trabalhador de base, o trabalhador menos qualificado, essa diferença cai, vamos dizer, para duas ou três ou quatro vezes apenas. Isto não é próprio do Brasil. Isto é próprio de todos os países que têm empresas solidárias. Portanto, os executivos mais qualificados têm de ter uma razão extraeconômica para ficar nessas empresas. Se é apenas pelo dinheiro, realmente, eles não estão levando muita vantagem.

Então, a empresa solidária não só é diferente da empresa capitalista, mas essa diferença é absolutamente essencial, e ela não aparece, em geral, na literatura. É que a empresa solidária é mais que uma empresa. A empresa capitalista é uma entidade totalmente contratual. Ou seja, as pessoas estão lá por um contrato, pelo seu próprio interesse em ter um emprego, ou fazer carreira, etc., mas a empresa não é uma comunidade. As pessoas estão lá para fazer o trabalho, para viabilizar a empresa, e se viabilizar como profissionais. Portanto, na empresa capitalista, se oferecem um emprego melhor, que pague um pouco mais, a pessoa sai, e não precisa dar explicação para ninguém. É normal que se mude de emprego. E também a empresa capitalista manda embora. Se a pessoa não serve, não vale o que ganha, ela é tranquilamente mandada embora, recebe seus direitos, quando é uma empresa legal, e estamos conversados.

A empresa solidária é totalmente comunidade. Não se entra facilmente na empresa comunitária. Todas elas exigem que a pessoa fique em estágio probatório, que vai de seis meses a um ano. Por quê esse estágio tão longo? Se se quer saber se essa pessoa conhece sua profissão, em muito menos tempo se descobre isso. Mas deseja-se saber muito mais do que isso: se aquela pessoa vai se entrosar, vai se inserir, vai se encaixar naquela comunidade. Então, depois de seis meses ou um ano, a pessoa decide se ela quer realmente se associar, e os que estão na cooperativa fazem o convite ou não. E também não se deixa facilmente uma entidade como essa. Praticamente é muito raro que se saia por uma vantagem pecuniária. Sai-se por briga. Como toda família, há nela muita rivalidade e muito conflito. São lugares em que as paixões, os afetos são muitos fortes. Então, existe espaço para conflito, o que não existe na empresa capitalista. Na empresa capitalista, não existe conflito possível, a não ser com o patrão; faz-se greve, resolve-se a greve, depois não deve haver mais conflitos.

Há milhares de conflitos na empresa capitalista. Quem já trabalhou em empresa sabe que conflito é o que não falta, mas eles são totalmente submergidos, eles não podem ser travados abertamente, não há espaço para sua manifestação explícita. Se, por acaso, houver briga, algumas pessoas são demitidas.

Nas cooperativas, nas empresas autenticamente solidárias, há espaço para os conflitos, embora talvez não sejam tantos. Quando ocorrem, têm de ser então travados, negociados, às vezes dá cisão. Não é incomum que grupos saiam e formem outras cooperativas, e repitam, dessa forma, a experiência.

Essa «onda» de economia solidária, que se percebe pelo mundo inteiro, no Brasil é muito forte. O Movimento dos Trabalhadores Sem Terra, nos assentamentos da Reforma Agrária (em que vivem hoje cerca de 300 mil famílias), procura organizar a produção em termos do que eles chamam de «cooperativos», e que eu diria que são «solidários».

A ANTEAG (Associação Nacional dos Trabalhadores em Empresas de Autogestão) assiste os empregados de empresas que já existem e estão

4. ECONOMIA SOLIDÁRIA COMO CAMINHO DE INCLUSÃO SOCIAL

quebrando ao usarem os seus créditos trabalhistas para adquirir o património e prosseguir as atividades como cooperativa ou associação produtiva. Vem havendo um crescimento surpreendente, cada vez maior, já são mais de 200 empresas. Há três ou quatro anos, quando eu conheci a ANTEAG, estavam associadas a ela 15 ou 20 empresas. Existe realmente um grande crescimento da economia solidária, de diferentes formas, clubes de troca, bancos do povo, cooperativas de crédito. Hoje as grandes centrais sindicais dão, explicitamente, apoio à economia solidária no Brasil. A Agência de Desenvolvimento Solidário é uma agência da CUT que está se desenvolvendo, hoje, por todo o Brasil. E a ANTEAG tem de ter o apoio dos sindicatos sempre que uma empresa passa às mãos dos seus trabalhadores.

Qual é a explicação desse surto? A mais óbvia é a crise do trabalho. Eu não vou falar muito sobre isso, pois foi tema deste seminário. Desemprego em massa, exclusão social, empobrecimento, desindustrialização. Tudo isso gera uma grande massa de pessoas que precisam se inserir na produção social e que descobrem que, fazendo isso coletivamente, é melhor. E solidariamente é melhor ainda. A tentativa individual de saída, vendendo coisas, produzindo coisas, é cada vez mais difícil, por causa do excesso de pessoas que estão tentando o mesmo nos poucos mercados que admitem a pequena produção.

Então, essa é a explicação imediata. Claro que, digamos, dada a dimensão da crise do trabalho, era de se esperar. Hoje, eu queria lançar a hipótese de que há outras coisas importantes para explicar o grande crescimento da economia solidária.

A economia solidária é uma tentativa de demonstrar que a emancipação dos pobres, dos alienados, das pessoas que têm pouca possibilidade de se livrar da miséria ou de um trabalho totalmente alienante, etc., pode ser lograda sem que eles precisem conquistar o poder político. Acho que essa é uma das grandes transformações do fim do século XX.

Durante o século XX, a maioria dos movimentos de emancipação pressupunha que esta só seria possível mediante a conquista do poder de Estado ou a formação de governo por vitória eleitoral. Isso que tornaria possível expropriar os exploradores ou, no mínimo, restringir a exploração mediante a concessão de direitos aos trabalhadores, cujo poder de barganha seria reforçado pelo pleno emprego. A experiência da economia centralmente planejada, na URSS e noutros países, foi um fracasso tanto para desenvolver completamente a economia como para emancipar os trabalhadores.

Mas as lutas para conduzir os partidos social-democratas aos governos de países democráticos não foram em vão. O Estado de bem-estar social está aí, e a situação dos trabalhadores assalariados, nesses países, melhorou substancialmente. Só que grande parte dessas conquistas, que foram importantes, foi perdida, e as que ainda persistem estão em perigo de ser «flexibilizadas».

Hoje nós estamos (acho que essa mesa é uma boa amostra disso) focando as nossas ambições de uma sociedade melhor, mais justa, mais igualitária, etc., na sociedade civil. Como diz o lema adotado pela Cáritas há muito tempo, a solidariedade liberta. Nós estamos, cada vez mais, achando que organizar os jovens ao redor da informática ou os pequenos agricultores sizaleiros da Bahia, etc., pode permitir que eles se emancipem pelo seu próprio esforço, construindo empresas solidárias, sem depender da ação do Estado.

Enfim, estou convencido de que a luta política vale, de que é importante ter governos democráticos, governos que queiram a transformação social, num sentido anticapitalista. Continuo socialista, mas o foco fundamental, hoje, não é apenas a preparação para a tomada do poder, é a preparação do resgate da pessoa, da dignidade humana.

Experiências como as que foram relatadas – e que me emocionaram muito – eu ouço e testemunho frequentemente nas incubadoras universitárias de cooperativas populares. Hoje, a Universidade também está entrando na economia solidária. Já temos umas 20 incubadoras: aqui em Pernambuco, na Bahia, no Amazonas até o Rio Grande do Sul, uma na USP, etc. A gente trabalha exatamente com a mesma população com que o Rodrigo trabalha, com os jovens, as mulheres, nas favelas, nas periferias, etc. E é possível transformá-los em seres produtivos, cidadãos que reconquistam uma dignidade que pessoas de cor, de género inferiorizado, em geral, não tinham. Mais importante do que tudo é conscientizar essas pessoas de que elas têm direitos e de que, se se juntarem e lutarem, conquistam esses direitos. Um deles é o direito de produzir e de não depender de contribuições, de doações e de assistência social.

Muito obrigado.

5. DESENVOLVIMENTO CAPITALISTA E DESENVOLVIMENTO SOLIDÁRIO

5.1. Desenvolvimento económico e científico

Entendemos por desenvolvimento solidário um processo de fomento de novas forças produtivas e de instauração de novas relações de produção, de modo a promover um processo sustentável de crescimento económico, que preserve a natureza e redistribua os frutos do crescimento a favor dos que se encontram marginalizados da produção social e da fruição dos resultados da mesma.

Quanto às forças produtivas, o ponto de partida é o patamar de seu desenvolvimento na atualidade, quando o capitalismo está hegemónico. Este patamar é ultrapassado a cada momento, tanto por revoluções tecnológicas em curso como pela disputa dos mercados por empresas privadas capitalistas e não capitalistas, conforme regras que tornam vencedores os que dispõem da melhor tecnologia. A presença de empreendimentos individuais, familiares, coletivos ou públicos sem fins lucrativos influi na direção do desenvolvimento, que, no entanto, é determinada predominantemente pela competição tecnológica entre empreendimentos que visam ao lucro.

O desenvolvimento almejado deve gradativamente tornar a relação de forças entre empreendimentos que não visam apenas nem principalmente os lucros e os que o fazem, sendo mais favorável aos primeiros. Se e quando a economia solidária, formada por empreendimentos individuais e familiares associados e por empreendimentos autogestionários, for hegemónica, o sentido do progresso tecnológico será outro, pois deixará de ser produto da competição intercapitalista para visar a satisfação de necessidades consideradas prioritárias pela maioria.

Esse tema é atualizado na controvérsia ao redor dos transgénicos assim como no que diz respeito à agricultura orgânica *versus* aplicação das técnicas químicas, etc., na produção vegetal e animal. O mesmo possivelmente se passa na dicotomia do desenvolvimento da educação à distância *versus* educação democrática, que se baseia na autoeducação coletiva de crianças e jovens. Em suma, o desenvolvimento solidário busca novas forças produtivas que respeitem a natureza e favoreçam valores como igualdade e autorrealização, sem ignorar ou rejeitar de antemão os avanços científicos e tecnológicos, mas submetendo-os ao crivo permanente dos valores ambientais, da inclusão social e da autogestão.

Essas controvérsias não se alimentam apenas da diversidade de valores, que está em sua origem, mas também de diferentes pontos de vista científicos, que talvez possam ser resolvidos pelas pesquisas em andamento. Seria simplificar demais imaginar que o desenvolvimento de novas forças produtivas – novos bens e serviços de consumo humano e novos processos de produção – esteja dividido de forma maniqueísta entre os que querem a sobrevivência da humanidade e os que não se importam com ela.

Os que lideram o desenvolvimento a partir do comando das grandes empresas e os que o fazem a partir empreendimentos solidários, ONG e movimentos sociais, compartilham, em parte, os mesmos valores fundamentais. O que os divide são os interesses sociais que servem, o que naturalmente influi na escolha das hipóteses em que apostam. As multinacionais investem em P&D (Pesquisa e Desenvolvimento), estando condicionados a apostar no carácter benéfico das tecnologias que poupam trabalho. Com isso, dão emprego a cientistas e valorizam as pesquisas em curso, cujas consequências, tanto no plano material como no ético, são questionadas por diversas ONG e movimentos sociais. Como seria de se esperar, a comunidade científica, por sua maioria, tende a alinhar-se com as multinacionais, contra os críticos da P&D vigente.

Os empreendimentos solidários ou de pequeno porte tendem a adotar a defesa do meio ambiente e do bem-estar dos consumidores e a opor-se a tecnologias que podem ameaçar a biodiversidade, a saúde do consumidor e/ou a autonomia dos produtores associados e individuais. A produção de sementes geneticamente modificadas e estéreis, pela Monsanto, submete os agricultores à necessidade de, a cada safra, comprar aquelas sementes. Isso suscitou a formação de uma frente contra os transgénicos formada por entidades camponesas (que estão organizadas internacionalmente) e entidades ambientalistas.

A controvérsia não é tanto de valores como de crenças em hipóteses probabilísticas, que o progresso científico talvez venha a comprovar ou rejeitar. É de se esperar que, em algum momento, a opinião científica se unifique a favor de um lado ou de outro, como fez recentemente a favor da hipótese de que a contínua emissão de gases afeta o clima, que adquiriu o estatuto de teoria. Portanto, nesse momento, apoiar a aplicação do Acordo de Quioto é uma exigência do desenvolvimento sustentável. Em outro momento, porém, a marcha do conhecimento científico poderá declarar tecnologias controvertidas como aceitáveis.

Do ponto de vista social, uma questão que afeta o rumo do desenvolvimento diz respeito à competição *versus* cooperação, como motivação de comportamentos desejáveis. Existem linhas de pesquisa de economia experimental que mostram que, apesar de todo o estímulo à competição interindividual no capitalismo atual, a maioria das pessoas continua a valorizar a reciprocidade e a ajuda mútua. Mas é duvidoso que essa controvérsia venha a ser resolvida através do avanço científico. Ela está no cerne das grandes lutas políticas de nossa época e resulta do confronto de valores e visões de mundo.

O conceito de desenvolvimento aqui proposto é uma opção em termos de valores, mas sua concretização dependerá da evolução do conhecimento. Obviamente, é imperioso agir sem esperar que as dúvidas sobre nossas opções estejam todas resolvidas. Por isso, é imprescindível adotar hipóteses, frágeis em si mesmas, para definir os rumos por onde desejamos que a humanidade se desenvolva. Mas algumas dessas hipóteses poderão ser rejeitadas, em função de novos conhecimentos, exigindo a reformulação dos rumos do desenvolvimento solidário, sem que nossos valores sejam abalados.

5.2. Desenvolvimento capitalista e desenvolvimento solidário

Desenvolvimento capitalista é o desenvolvimento realizado sob a égide do grande capital e moldado pelos valores do livre funcionamento dos mercados, das virtudes de competição, do individualismo e do Estado mínimo. O desenvolvimento solidário é o desenvolvimento realizado por comunidades de pequenas firmas associadas ou de cooperativas de trabalhadores, federadas em complexos, guiado pelos valores da cooperação e ajuda mútua entre pessoas ou firmas, mesmo quando competem entre si nos mesmos mercados.

Desde a primeira Revolução Industrial, o capitalismo esteve no comando do desenvolvimento, sem excluir, no entanto, formas alternativas de desenvolvimento que hoje surgem como solidárias. A título de exemplos históricos, podemos rememorar o desenvolvimento cooperativo ocorrido inicialmente na Grã-Bretanha, a partir do início do século XIX, e que se difundiu pelo mundo todo desde então. A chamada *economia social* nunca desapareceu, sendo formada hoje por entidades cooperativas de compras e vendas, de produção, de crédito, de seguros (conhecidas como *mutuárias*), de habitação e que representa o resultado de mais de um século de desenvolvimento solidário.

É muito difícil avaliar quantitativamente o que é a economia social hoje em dia, em qualquer país. Mas, para a Europa, houve um esforço neste sentido, que vale a pena resumir:

> O único documento que fornece dados estatísticos europeus completos sobre o conjunto da economia social é o publicado pela Comissão Europeia [...]. Publicado em 1997, repousa sobre trabalhos de 1991, que foram completados por estudos em 1995. Havia, em 1990, 1 267 968 entidades de economia social, o maior número sendo, ninguém se espantará, o das associações (1 150 446); as cooperativas eram 103 738 e as mutuárias apenas 13 784. Mas percebe-se que o peso econômico se reparte de forma inversa, o indicador de atividade sendo de 1 253 476 milhões de *ecus* [corresponde hoje a euros] para as cooperativas, de 75 554 milhões de *ecus* para as mutuárias (mas o estudo sobre elas cobre apenas onze países) e de 143 631 milhões de *ecus* para as associações (fora o Luxemburgo e a Espanha), ou seja, um total de 1 476 662 milhões de *ecus* para toda Economia Social. [...] se agregam os dados sobre o número de membros das cooperativas, as mutuárias e as associações, chega-se precisamente a 248 314 876 membros, com 53 732 338 membros para as cooperativas, 94 612 538 para as mutuárias e cem milhões membros de associações [Jeantet, 2001, pp. 43 e 440].

O mesmo autor oferece ainda a informação de que o conjunto dos componentes da economia social representa cerca de 6,0 a 6,5 por cento das empresas privadas e de 4,5 a 5,3 por cento do emprego na Europa (p. 44). Poderia supor-se que todo o restante é o resultado do desenvolvimento capitalista, que corresponderia então a mais de 90 por cento da economia europeia. Mas essa estimativa também seria exagerada, pois ao lado da empresa capitalista há também empresas que não o são, como as individuais e familiares, as estatais e empresas privadas sem fins de lucro. Embora não caiba dúvida de que tanto na Europa como nos outros continentes

5. DESENVOLVIMENTO CAPITALISTA E DESENVOLVIMENTO SOLIDÁRIO

o desenvolvimento capitalista é amplamente majoritário e dominante, persistem sempre ao seu lado outros tipos de desenvolvimento, sendo significativo entre eles o desenvolvimento solidário.

Precisamos analisar as características do desenvolvimento capitalista, para contrastá-las com as do desenvolvimento solidário. O desenvolvimento capitalista baseia-se na propriedade privada do capital, da qual o grosso do povo trabalhador está excluído. Se não estivesse, não se sujeitaria, provavelmente, a trabalhar como assalariado e, pior ainda, a permanecer desempregado. O modo de produção capitalista divide a sociedade, em que predomina, em duas classes (além de outras) antagónicas: os proprietários do capital e os seus empregados. São os primeiros que mandam em suas empresas e, por isso, conduzem o desenvolvimento de acordo com os seus interesses. As decisões sobre o desenvolvimento capitalista sempre visam à maximização do retorno sobre o capital investido na atividade económica. Como essas decisões afetam os trabalhadores, as outras empresas e os consumidores das mercadorias não são levados em consideração.

A mola que impulsiona o desenvolvimento capitalista é a concorrência entre os capitais privados pelo domínio dos mercados em que atuam. Nessa luta, a superioridade técnica é um dos elementos determinantes da competitividade, Por isso, as empresas capitalistas investem muito em P&D. Embora, ao fazerem isso, as empresas visem apenas ao lucro, elas acabam possibilitando um persistente avanço do conhecimento científico. Por consequência, o desenvolvimento, entendido como processo de fomento de novas forças produtivas, é cada vez mais intenso. Estamos, agora, no meio de nova Revolução Industrial, a terceira desde o século XVIII, e ela continua a ser impulsionada pelas empresas capitalistas, sobretudo as de grande porte, mas também (como veremos adiante) por complexos cooperativos e *clusters* de pequenas empresas.

O desenvolvimento capitalista, encarado de uma perspectiva histórica, produziu incessante melhoria do nível de vida não só dos capitalistas, mas de grande parte da classe trabalhadora. Isso ocorreu por causa da conquista dos direitos políticos pelos trabalhadores e sobretudo pelas mulheres, na verdade, por toda a população considerada adulta. A persistente queda da mortalidade geral e infantil é um indicador seguro dessa melhoria, que sem dúvida apresenta muitos outros aspectos, dos quais o «consumismo» é dos mais controvertidos. O que não nega o carácter progressista do desenvolvimento capitalista, apesar de seus efeitos deletérios sobre os explorados e ainda piores sobre os que não o são, por falta de emprego.

Uma característica essencial do desenvolvimento capitalista é que ele não é para todos. Os consumidores, de modo geral, beneficiam dele à medida que enseja a produção de novos bens e serviços que satisfazem suas necessidades (reais ou fictícias), além de baratear a maioria dos bens e serviços preexistentes, graças ao aumento da produtividade do trabalho. Mas o desenvolvimento capitalista é seletivo, tanto social como geograficamente. Parte dos trabalhadores perde suas qualificações e seus empregos, e muitos deles são lançados à miséria Além disso, o desenvolvimento se dá em certos países e não em outros, e, dentro dos países, em certas áreas e não em outras. Os moradores das áreas que se desenvolvem são beneficiados, os que moram nas demais são prejudicados.

Leão Trotsky foi um dos primeiros a estudar essa característica do desenvolvimento capitalista, abrindo um novo campo de investigação, o do desenvolvimento «desigual e combinado». Verifica-se que as áreas em que ele não ocorre ou ocorre apenas debilmente também são atingidas, porque as empresas localizadas nelas perdem competitividade em relação às empresas portadoras das novas forças produtivas. Os países, regiões e localidades excluídas do desenvolvimento perdem participação na renda global, seja porque seus produtos perdem compradores seja porque os preços dos mesmos caem em relação aos seus custos, deprimindo lucros e salários, bem como o ganho dos produtores simples de mercadorias e dos autogestionários.

A economia solidária surgiu historicamente como reação contra as injustiças perpetradas pelos que impulsionam o desenvolvimento capitalista. Foi assim desde a primeira Revolução Industrial e continua sendo hoje, quando o mundo passa pela terceira. A economia solidária não pretende opor-se ao desenvolvimento, que, mesmo sendo capitalista, faz a humanidade progredir. O seu propósito é tornar o desenvolvimento mais justo, repartindo seus benefícios e prejuízos de forma mais igual e menos casual.

O desenvolvimento solidário apoia-se sobre os mesmos avanços do conhecimento, e sua aplicação aos empreendimentos humanos, que o desenvolvimento capitalista. Mas o desenvolvimento solidário propõe um uso bem distinto das forças produtivas assim alcançadas: essas forças deveriam ser postas à disposição de todos os produtores do mundo, de modo

5. DESENVOLVIMENTO CAPITALISTA E DESENVOLVIMENTO SOLIDÁRIO

que nenhum país, região ou localidade seja excluído de sua utilização e, portanto, dos benefícios que venham a proporcionar.

Para tanto, o novo conhecimento não deveria ser propriedade privada, protegida por patentes, mas ser livremente disponível para todos. (Esta proposição já se tornou concreta em relação ao *software* indispensável à utilização da Internet: o movimento pelo «*software* livre» desenvolveu o sistema Linux, que representa hoje desafio formidável ao *monopólio do software*, explorado pela Microsoft.) Isso requereria que o trabalho de P&D fosse pago por fundos públicos (como de fato já é, em boa parte) ou então que a P&D continue sendo feita para empresas privadas, mas seus resultados sejam socializados mediante o pagamento de um prémio adequado aos que contribuíram desta forma para o avanço do conhecimento.

Entretanto, além da liberação do conhecimento para sua livre aplicação por todos (com as limitações, discutidas na primeira seção), a economia solidária propõe outra organização da produção, à base da propriedade social dos meios de produção. Isso não quer dizer a estatização desta propriedade, mas a sua repartição entre todos os que participam da produção social. O desenvolvimento solidário não propõe a abolição dos mercados, que devem continuar a funcionar, mas a sujeição dos mesmos a normas e controles, para que ninguém seja excluído da economia contra a sua vontade.

Isso significa que a atividade econômica deverá ser realizada por empresas constituídas ou por uma só pessoa, por membros de uma família ou por diversas pessoas que se associam para desenvolver atividades produtivas. As pessoas devem ser livres para constituir empresas e dissolvê-las, entrar para alguma e deixá-la quando for de seu desejo ou do desejo da maioria dos outros sócios. Em princípio, dentro da empresa, não importa o seu tamanho, *todos os que dela fazem parte devem ter os mesmos direitos de participar das decisões que afetam a empresa e, portanto, a cada um deles.*

Dessa forma, a economia solidária propõe abolir o capitalismo e a divisão de classes que lhe é inerente. A economia solidária é atualmente concebida como uma economia de mercado, em que os cidadãos participam livremente, cooperando e competindo entre si, de acordo com os seus interesses e os contratos que celebram. Mas a sociedade como um todo tem por dever tomar medidas para evitar que o jogo das forças de mercado crie ganhadores e perdedores, cuja situação seja reiterada ao longo do tempo. Mesmo que as condições de partida sejam iguais para todos os participantes, o jogo do mercado inevitavelmente produz ganhadores, que enriquecem, e perdedores, que empobrecem. Se a desigualdade assim criada não for desfeita, a divisão da sociedade em classes e o próprio capitalismo acabarão sendo restaurados.

Cabe ao Estado, como representante democrático da sociedade, defendê-la contra sua divisão entre ricos e pobres, poderosos e fracos. Para isso, o Estado já dispõe de instrumentos, dos quais os mais importantes são os impostos sobre a renda e a propriedade e a transferência de recursos públicos aos carentes. O Estado solidário tem por missão tributar os ganhadores e subvencionar os perdedores para que a desigualdade entre eles não se perpetue, e isso sem destruir os incentivos para que os produtores se esforcem por oferecer aos compradores a melhor qualidade e quantidade pelo melhor preço.

É claro que a missão do Estado não é simples. Mas não é impossível. Hoje já existem órgãos especializados na defesa da concorrência, que intervêm nos mercados para impedir que algumas empresas os dominem, assim como já existem diversos programas de transferência de rendas, que visam a limitar a desigualdade econômica entre cidadãos. Recentemente, o Congresso brasileiro aprovou um projeto de lei do Senador Suplicy instituindo a renda básica cidadã, que se propõe impedir que qualquer brasileiro seja lançado à indigência. De acordo com essa lei, cada morador no Brasil (e não apenas os necessitados) tem direito a uma renda do Estado, que em princípio deve lhe permitir sobreviver com alguma dignidade.

5.3. Desenvolvimento em tempos de reestruturação

O desenvolvimento capitalista criou, ao longo da segunda Revolução Industrial (1880-1975), a grande empresa «fordista-taylorista», caracterizada pela integração vertical de todas as etapas da cadeia produtiva, pela sua extensão a todos os continentes e países e pela estrutura de «governança» hierárquica e burocrática, análoga à administração pública. A empresa multinacional (EMN) era extremamente competitiva por causa dos extensos ganhos de escala não só na produção industrial, mas também nas compras e nas vendas, na P&D, nas operações financeiras e no controle interno. O seu gigantismo permitia o uso de especialistas e de equipamentos especializados, ambos de alto valor, cujos custos eram diluídos em grandes volumes de produção, resultando em custos unitários baixos.

5. DESENVOLVIMENTO CAPITALISTA E DESENVOLVIMENTO SOLIDÁRIO

Tudo isso mudou com a terceira Revolução Industrial. Com a informática e a comunicação por satélite, tornou-se possível coordenar de forma eficiente grande número de fornecedores independentes, sem necessidade de integrá-los sob o mesmo comando. O gigantismo burocrático da empresa «fordista-taylorista» mostrou-se dispendioso e ineficiente, quando comparado com o sistema *just in time*, de estoque (quase) zero.

Além disso, a grande centralização do capital, promovida pelo fordismo, suscitou a centralização da organização sindical, elevando o poder de barganha dos empregados. No Brasil, assim como em muitos outros países, os sindicatos de trabalhadores das grandes empresas constituíam a vanguarda do movimento operário. Estes conquistaram direitos sociais, consignados em constituições e códigos legais, além de vantagens contratuais importantes, inclusive de representação junto aos centros de poder da hierarquia gerencial. Os custos trabalhistas eram consideravelmente maiores nas EMN do que nas pequenas e médias empresas (PME), sendo transferidos aos preços graças ao grande poder de mercado das primeiras.

Com os avanços da informática e da telemática, conjugados com os da globalização neoliberal, a grande empresa começou a sofrer a competição de um novo tipo de empresa capitalista, também de grande porte, mas «enxuta». Ela se limita a algumas atividades consideradas essenciais – eventualmente o projetamento de novos produtos e o marketing dos mesmos –, subcontratando todas as restantes. Departamentos inteiros da empresa fordista foram liquidados e externalizados, isto é, substituídos por empresas independentes contratadas. O enxugamento começou com serviços de menor importância, como os de vigilância, limpeza, fornecimento de refeições, etc., mas rapidamente atingiu outros, como os legais, de seguros, de contabilidade, de treinamento, de seleção de pessoal (inclusive executivos) e, finalmente, a produção propriamente dita.

Grandes empresas industriais subcontratam empresas especializadas para conduzir as atividades produtivas, que antes eram a sua razão de existir. Quanto mais enxuta a empresa, maior a sua competitividade, porque menores os seus custos. E eles são menores não só porque o gasto com a administração diminuiu, mas também porque o nível de salário direto e indireto nas empresas subcontratadas é muito menor do que era quando o trabalho estava a cargo de departamentos da grande empresa.

O equipamento especializado foi substituído, graças à microeletrónica, por máquinas polivalentes programáveis, de grande flexibilidade.

Essa mudança tecnológica acarretou ampla desconcentração do capital em todos os ramos não só na indústria, mas na agricultura e nos serviços. A desconcentração atingiu o tamanho da empresa e sobretudo sua organização. Esta, em vez de ser hierárquica e burocrática, passou a ser em rede, portanto, muito mais horizontal, e os operários ganharam autonomia e poder de decisão.

A pequena e a média empresa, que no auge do fordismo parecia destinada a fenecer, renasceu e se tornou um modo de ser do capital, ao lado da grande empresa, com a qual interage, ora cooperando, ora competindo com ela. A grande empresa tornou-se, acima de tudo, «financeira», ou seja, é um conglomerado de capitais, que circunstancialmente «possui» um determinado número de unidades produtivas ou de distribuição, procurando coordená-las para delas extrair o máximo retorno sobre o capital invertido.

O capital financeirizado tornou-se móvel, podendo mudar de forma com facilidade. Cada empresa individual, controlada por *holdings*, está permanentemente à venda, na medida em que suas ações são transacionadas nas bolsas de valores. Isso vale também para as matrizes das EMN, sujeitas a tomadas hostis, fusões negociadas ou desmembramentos. A grande empresa se desfaz de empresas componentes e adquire outras, tomando em consideração o valor financeiro das mesmas em relação às perspectivas de lucro que oferecem. À grande empresa de hoje se aplica o famoso dito de Marx: «tudo que parece sólido se desmancha no ar». No fundo, não passa de uma rede de empresas menores, fixas por laços financeiros a um centro de decisões que muitas vezes pouco se identifica com elas. A morfologia da economia capitalista mudou. Na era fordista, algumas centenas de EMN dominavam a maior parte dos mercados nacionais e internacionais, tendo ao seu lado grande número de empresas de pequeno e médio porte, fornecedoras das grandes ou atuando em nichos de mercado, em que os ganhos de escala não eram importantes. Na era atual, da «flexibilidade», são PME as que predominam, sendo uma parte formal e outra informal. Uma parcela provavelmente minoritária das PME integra conglomerados financeiros de grande extensão, com perfil de EMN; as outras PME «estão» independentes, muitas a serviço das EMN e muitas outras disputando diretamente mercados.

Além disso, ganhou mais espaço e importância, na economia dominada pelo capital, a economia solidária, sob a forma de empresas autogestionárias,

5. DESENVOLVIMENTO CAPITALISTA E DESENVOLVIMENTO SOLIDÁRIO

cooperativas de compras e vendas, complexos cooperativos, mutuárias, etc., devendo ser mencionada ainda a presença ampliada do crime organizado, dos paraísos fiscais e da economia subterrânea, de contornos indefinidos, que cresce também mantendo relações simbióticas com as empresas formais, inclusive com as EMN.

Dentro desse novo panorama, como se coloca a questão do desenvolvimento? Com o enxugamento da grande empresa, mais atividades de P&D estão sendo contratadas com universidades e centros públicos de ciência e tecnologia. Além disso, multiplicam-se empresas capitalistas especializadas em P&D. Um ramo de P&D já se tornou autónomo, o dos *softwares*. Em função disso, endureceu a imposição do respeito aos direitos intelectuais dos fabricantes de patentes. As novas forças de produção já vêm ao mundo com um preço, que é o custo de sua utilização mediante o pagamento de *royalties*. A contrapartida disso é o crescimento de um proletariado científico e tecnológico, naturalmente antagónico ao capital que o emprega: a ética científica de conquistar conhecimento novo para a humanidade deve se chocar com a sua comercialização.

O desenvolvimento capitalista emprega as novas forças produtivas para conquistar mercados, tanto nos países que centralizam este desenvolvimento como nos que constituem a periferia dos primeiros. Na periferia, o capital desenvolve a economia mediante investimentos, em grande medida transnacionais, ou seja, promovidos por EMN. Os Estados menos desenvolvidos tendem a competir por tais investimentos, oferecendo incentivos fiscais, infraestrutura gratuita ou quase, participação dos governos no investimento, etc. No Brasil, essa competição deu lugar à «guerra fiscal» entre unidades da federação.

Onde o investimento transnacional se dá, o desenvolvimento resultante é desigual e combinado. É possível que o desenvolvimento se torne cumulativo, atraindo novos investimentos e alargando a área beneficiada. Mas, no próprio polo de desenvolvimento, a desigualdade se aprofunda: alguns enriquecem como executivos das novas empresas ou fornecedores das mesmas, outros conseguem um ganha-pão como empregados ou terceirizados, mas muitos ficam desempregados, à espera de uma oportunidade, e outros são excluídos de qualquer participação normal na vida económica, ficando relegados a atividades precárias.

5.4. Um desenvolvimento semicapitalista e semissolidário

Mas a era da «flexibilidade», que o capitalismo atravessa, possibilita também o desenvolvimento solidário. Este se relaciona com a flexibilidade da PME, que nem sempre é capitalista e, mesmo quando o é, oferece aos trabalhadores oportunidades de participarem em sua condução. Numa microempresa, com menos de dez trabalhadores, por exemplo, é comum que o patrão e os membros de sua família trabalhem ao lado dos que são empregados, desenvolvendo a mesma atividade. Neste ambiente, não há segredo do negócio. Os empregados em geral conhecem os clientes e o valor do bem ou serviço que lhes é vendido. Podem calcular o valor que produzem e o que lhes é pago.

Os conhecimentos que os trabalhadores adquirem são importantes para o bem do negócio e por isso eles são encorajados a manifestá-los. Em empresas capitalistas típicas, de maior tamanho, a participação dos trabalhadores na condução das atividades que exercem é cada vez mais estimulada e recompensada. Os assalariados são tornados *individualmente* responsáveis pela empresa, pois sua remuneração passa a depender cada vez mais dos resultados obtidos pelo sector da empresa em que trabalham (o que não poucas vezes se transforma em pressão sufocante sobre cada trabalhador).

Surge, assim, um proletariado menos alienado que o da época do fordismo, quando o operário tinha orgulho de sua condição proletária e rejeitava a ideia de colaborar espontaneamente – indo além de seus deveres específicos – com os empregadores. Agora, o trabalhador encontra-se numa empresa menor, em que a relação social de produção com quem lhe compra a força de trabalho se tornou muito menos assimétrica. Quando a microempresa cresce, os trabalhadores mais antigos mantêm um relacionamento mais íntimo com o proprietário e sua família, muitas vezes compartilhando suas tarefas gerenciais. Torna-se mais comum que o trabalhador assalariado aspire a se tornar empresário e tenha habilidade para tanto.

São essas transformações que explicam o surgimento de organizações produtivas, como os distritos industriais, que combinam traços capitalistas com outros típicos da economia solidária. Os distritos industriais foram descobertos inicialmente na Itália, e depois se verificou que existem, em várias formas, nos demais países também. Cada distrito constitui uma comunidade de pequenas e médias empresas, que se dedicam à mesma

5. DESENVOLVIMENTO CAPITALISTA E DESENVOLVIMENTO SOLIDÁRIO

linha de produtos. Na *Terza Italia*, os distritos se especializaram em ramos tradicionais, como tecidos, confeções, calçados, móveis, cerâmica, mas também em ramos modernos, como máquinas-ferramentas e maquinaria agrícola. A população de cada distrito não costuma exceder cem mil habitantes (Carlo Trigilia, 1992, p. 36).

Os distritos industriais italianos tiveram notável sucesso face aos desafios colocados pela reestruturação produtiva.

O que tornou os distritos industriais conhecidos internacionalmente e capturou a atenção de políticos e pesquisadores é seu notável sucesso econômico. Eles penetraram mercados internacionais numa extensão sem precedentes para pequenas empresas. Eles levaram regiões à prosperidade. Eles impeliram Emília-Romana, Toscana, Véneto e outras províncias, da que agora é chamada a «Terceira Itália», da posição medíocre que mantinham há duas ou três décadas ao topo da escada regional de renda. Bolonha, situada no meio de distritos industriais dinâmicos, foi escolhida em 1989 como a cidade em que a maioria dos italianos gostaria de viver. Distritos industriais ajudaram a mover a Itália, como nação, para as fileiras da vanguarda europeia. Seu PIB – tanto agregado como *per capita* – está agora bem à frente da Grã-Bretanha, e o país está em quinto lugar no grupo das sete maiores nações industrializadas do Ocidente [Sengenberger e Pyke, 1992, p. 6].

Qual seria o segredo do sucesso dos distritos industriais? Em primeiro lugar, a cooperação entre as empresas. Em cada distrito há uma divisão de trabalho, em que grupos de empresas se encarregam de diferentes etapas da cadeia produtiva. Embora só algumas empresas tenham acesso direto aos mercados finais – são as que dão o acabamento aos produtos – as que lhes fornecem insumos não se subordinam a elas, como é comum na economia capitalista. Nesta, a empresa que completa o ciclo produtivo é a que projeta o produto e determina o quê e como as empresas subcontratadas devem produzir. Nos distritos industriais, o projeto do produto final é elaborado por todas as empresas envolvidas. Isso permite que as empresas encarregadas das etapas iniciais, assim como as que se responsabilizam pelas etapas intermediárias, possam colaborar, oferecendo o seu conhecimento especializado para aperfeiçoar a qualidade do produto e os processos produtivos em todas as suas etapas.

Este espírito de cooperação permeia todas as relações entre as empresas de cada distrito, assim como entre os distritos. As empresas, em cada mercado, competem entre si, mas sem procurar destruir o concorrente para dominar o mercado. Todos sabem que o êxito de cada empresa depende do êxito de todas. Isso permite a livre troca de informações e ideias, condição básica para a ajuda mútua. As firmas não guardam segredos de seus concorrentes, pois são membros da mesma comunidade de negócios.

Uma prontidão entre firmas para cooperar é outra característica importante de distritos industriais, uma espécie de cooperação que, longe de sufocar a competição, de fato a ajuda. [...] pode haver prontidão para compartilhar informação, assim como ideias sobre novas tecnologias ou produtos, que ajudam todas as firmas no distrito a se tornar mais eficientes por meio de melhor produtividade, qualidade, desenho, etc. Esta partilha de informação pode ser realizada informalmente num nível pessoal ou mais formalmente por meio de instituições especialmente estabelecidas. Tais instituições podem ser associações de empregadores ou trabalhadores, ou centros de serviços oferecendo conselhos «sobre o balcão». A provisão coletiva de serviços e informação torna acessível algo que pequenas firmas de outro modo não poderiam esperar administrar como unidades individuais isoladas. A existência de instituições, e talvez ideologias, capazes de sustentar relações cooperativas coletivas aparece como crucial [Sengenberger e Pyke, 1992, pp. 4 e 5].

Esta solidariedade interfirmas torna o distrito industrial capaz de competir com as grandes empresas, cujo poderio econômico lhes permite comprar os serviços de consultorias especializadas e informações de bancos de dados. A cooperação entre as empresas do mesmo distrito, e mesmo de diversos distritos entre si, permite a empresas pequenas desenvolverem novos produtos e encontrarem formas de aperfeiçoar métodos de produção, que estão fora do horizonte de congéneres e que trabalham isoladas. O distrito industrial é o equivalente a uma grande empresa em rede, com a vantagem de poder organizar a colaboração mútua de dezenas de milhares de pessoas sem imposição e sem subordinação, o que deve dar à colaboração maior qualidade do que a que as grandes empresas conseguem obter de seus empregados e contratados.

Diante dos desafios da reestruturação, que em geral tomam a forma de competição acirrada por parte de empresas localizadas em países de mão de obra barata, as pequenas firmas têm duas alternativas: a «via baixa» e a «via alta», como as denominam Sengenberger e Pyke (1992).

5. DESENVOLVIMENTO CAPITALISTA E DESENVOLVIMENTO SOLIDÁRIO

A via baixa consiste na busca da competitividade através de baixos custos trabalhistas e de um ambiente de desregulação do mercado de trabalho. Supõe-se que o corte de custos irá alçar a produtividade e os lucros e criar novo emprego. [...] O problema com esta abordagem é que [...], de fato, ela acentua o problema. Salários e condições de emprego desfavoráveis impedem a firma de adquirir e manter o trabalho qualificado, requerido para atingir eficiência e flexibilidade; e raramente induzem a firma a «investir» em sua força de trabalho para torná-la mais produtiva. Assim [...] mais cortes de custos podem se tornar inevitáveis, resultando num círculo vicioso de espirais descendentes [p. 12].

A principal alternativa a tal competição «destrutiva» é a «via alta» de competição «construtiva», baseada na promoção da eficiência e da inovação; isto é, através de ganhos econômicos que tornam ganhos salariais e melhoras nas condições sociais viáveis, assim como preservando os direitos dos trabalhadores e provendo padrões adequados de proteção social. A chave para alcançar isso é melhor organização e melhor mobilização e utilização do trabalho produtivo, que então permite um melhor uso da tecnologia (em vez da outra via) [pp. 22 e 23].

As duas vias contrastam de forma transparente a forma capitalista e a forma solidária de desenvolvimento. Pela lógica capitalista, a concorrência de preços deve ser enfrentada por corte de custos, e, em tempos de desemprego, a mão de obra é a candidata natural a se tornar objeto de cortes. A esperança é que a redução dos salários diminua o desemprego, até que o mercado de trabalho retorne ao equilíbrio. Como mostram os autores, o mais provável não é o equilíbrio, mas a reiteração do desequilíbrio pela intensificação da concorrência dos produtos importados, exigindo mais cortes de salário, etc. O círculo vicioso de cortes sucessivos deixa a firma à mercê da grande empresa que a contrata e é a única que lhe pode abrir o caminho para o aumento da produtividade.

A lógica solidária é apostar nas virtudes da cooperação em obter ganhos de produtividade que viabilizem a baixa dos preços para enfrentar a concorrência, sem prejudicar os trabalhadores. O pressuposto aqui é que a cooperação entre patrões e empregados pode ensejar inovações que elevam a produtividade, preservando os empregos e a remuneração dos trabalhadores. A experiência dos distritos industriais confirma a veracidade desse pressuposto. Mediante estreita cooperação entre empregadores e empregados e entre as firmas, as PME foram capazes não só de preservar suas posições nos mercados, mas até de ampliá-las, o que teve como contrapartida a partilha dos ganhos com os trabalhadores, sob a forma de melhoria contínua das condições de trabalho e emprego.

Lauren Benton (1992) estudou as condições de emergência de distritos industriais na Espanha. Há, neste país, como no Brasil e tantos outros, localidades em que a maior parte dos moradores se dedica à mesma atividade manufatureira ou a fases complementares da mesma cadeia produtiva, geralmente organizadas em empresas familiares ou de pequeno porte. Mas isso só não basta para fazer destas localidades distritos industriais. É preciso que os moradores e seus empreendimentos formem uma comunidade cujos laços se fortaleçam a ponto de ficar claro para qualquer um que o progresso dele depende do progresso da comunidade e, portanto, do progresso de cada um dos outros membros dela.

> Precisamos olhar para além das características espaciais de configurações industriais e analisar o carácter destas comunidades – a natureza das relações entre negócios, entre trabalhadores e empregadores, e entre o mundo do trabalho e a vida social fora do lugar de trabalho – se queremos entender como padrões dinâmicos de crescimento evoluem em alguns lugares e como podem ser cultivados alhures. [...] Pesquisas anteriores revelam a importância de várias formas de *cooperação* dentro e ao redor de distritos industriais como um complemento da competição. Estes conjuntos de relacionamentos têm o potencial de transformar configurações destrutivamente competitivas em ambientes férteis para o desenvolvimento de sistemas dinâmicos de produção flexível [p. 49].

Lauren Benton distingue três tipos de cooperação que são cruciais para a constituição de distritos industriais. O primeiro é a cooperação entre firmas, que se inicia pelo relacionamento entre empresas que produzem bens que são complementares. Se todas elas fossem subcontratadas *subordinadas*, este tipo de cooperação não teria condições de se desenvolver, pois em cada elo da cadeia as firmas estariam competindo entre si pelo mercado. Um distrito industrial pressupõe a autonomia das empresas-membros, em relação aos clientes, o que lhes permite cooperar livremente entre elas. O segundo tipo de cooperação é entre patrões e empregados dentro das firmas. Este pressupõe a rutura com a estrutura burocrática hierárquica e o empoderamento dos trabalhadores, principalmente na autodeterminação de suas tarefas e na possibilidade de relacionamento estreito com os clientes.

5. DESENVOLVIMENTO CAPITALISTA E DESENVOLVIMENTO SOLIDÁRIO

Uma 3.ª forma importante de cooperação é representada por alianças locais entre governo, grupos trabalhistas, partidos políticos e associações de empregadores. [...] Esta *cooperação institucional* em si parece ser crucial como apoio da cooperação inter e intrafirmas. Ao subvencionar serviços para pequenas firmas [...], por exemplo, governos municipais ou regionais podem dar sustento vital a associações interfirmas. Relacionamentos dentro das firmas, ao mesmo tempo, podem ser influenciados por políticas que promovem causas como o treinamento de trabalhadores, a formação de cooperativas e o acesso a crédito para trabalhadores qualificados que tentam iniciar novas empresas [pp. 50-51].

Nos diversos estudos de caso, apresentados por Lauren Benton, as firmas estudadas eram todas capitalistas, com um relacionamento digamos «atípico» entre empregados e empregadores. Mas a autora inclui em seus casos um que foge inteiramente a esta regra: o Complexo Cooperativo de Mondragon. Ela justifica sua decisão nos seguintes termos:

Seria uma negligência se em nossa revisão de importantes distritos industriais na Espanha não mencionássemos o interessante caso das cooperativas de Mondragon. [...] Há razões persuasivas para colocar o caso de Mondragon à margem da discussão de distritos industriais na Espanha. [...] Não obstante, o caso merece ser mencionado aqui porque suas características dão claramente apoio aos argumentos feitos em relação a (outros) distritos industriais na Espanha. Especificamente, o exemplo de Mondragon confirma a necessidade de vigorosa cooperação institucional em nível local face a política industrial desfavorável ou simplesmente inefetiva. *O caso também chama a atenção sobre os benefícios a serem ganhos da cooperação inter- e intrafirma e, mais precisamente, aponta para a significação do autogoverno como suporte destes objetivos* [itálico meu, pp. 74-75].

A análise de Lauren Benton permite uma comparação entre distritos industriais e complexos cooperativos. Uma diferença significativa entre eles é que os primeiros são capitalistas, embora «atípicos», e os últimos são socialistas, em sentido estrito. Desse ponto de vista, o relacionamento intrafirmas seria completamente diverso, pois nas PME dos distritos este relacionamento se dá entre duas partes – patrões e empregados –, ao passo que nas cooperativas o relacionamento ocorre entre sócios do mesmo empreendimento. Mas, na realidade, esta diversidade não é tão grande porque a distância entre patrões e empregados nas primeiras é muito menor do que nas empresas «típicas», e a expectativa dominante nelas é de que os papéis sejam revertidos e muitos dos empregados mais qualificados se tornem patrões por sua vez, com o apoio de seus ex-empregadores. Nas cooperativas de Mondragon, os gerentes são escolhidos pela Junta Governativa, esta eleita pelos sócios diretamente. Os gerentes desempenham suas funções e são responsáveis perante a Junta, o que os aparta, no dia a dia, dos operários de linha.

O mais significativo na comparação não é, todavia, a diversidade (em si inquestionável), mas os elementos em comum. Tanto distritos industriais como complexos cooperativos constituem comunidades de empreendimentos e de trabalhadores, unidos pela solidariedade e pela confiança mútua. É o que explica a prática da ajuda mútua em alto grau, nas duas espécies de coletividades. As cooperativas de segundo grau de Mondragon desempenham o mesmo papel que as associações de firmas nos distritos industriais, mas de maneira mais radical. Nas cooperativas de segundo grau, os resultados líquidos das cooperativas singulares são reunidos e repartidos de forma igual entre todas, eliminando assim qualquer diferença de «lucratividade» entre elas; pelo que sabemos, as associações de empregadores dos distritos não têm esta prática, mas não é inconcebível que possam vir a adotá-la.

É discutível se os distritos industriais podem ou não ser considerados protagonistas do desenvolvimento solidário, que, por definição, se limita a modos de produção em que não há distinções de classe: a autogestão e a pequena produção de mercadorias. Mas convém lembrar que é muito forte a presença do cooperativismo na Terza Italia, particularmente na Emília-Romana, inclusive nos distritos industriais. É importante estudar o relacionamento de pequenas firmas capitalistas com cooperativas de produção dentro dos arranjos produtivos locais, que constituem distritos industriais.

5.5. Desenvolvimento misto

Se a economia contemporânea fosse unicamente capitalista, como Marx supôs que acabaria sendo, o desenvolvimento também seria governado pela lógica do grande capital. Se a economia no futuro se tornar completamente solidária (ou socialista), é de se esperar que o desenvolvimento será governado pela lógica da solidariedade. Mas, até ao momento, a previsão de

5. DESENVOLVIMENTO CAPITALISTA E DESENVOLVIMENTO SOLIDÁRIO

Marx não se realizou. O desenvolvimento económico ao longo dos dois últimos séculos não tendeu a eliminar os modos de produção não capitalistas – a pequena produção de mercadorias, a economia social e solidária e a economia estatal – e, nas últimas décadas, reforçou a presença e o papel destes outros modos de produção no seio da formação socioeconómica dominada pelo capitalismo. O desenvolvimento vem tornando a economia mais mista, ou seja, uma combinação cada vez mais complexa de modos de produção.

Esse fato histórico é indubitável, mas não elimina a luta ideológica entre os diversos tipos de desenvolvimento. O fato de o desenvolvimento, em tempos de reestruturação, ter acentuado a liberdade do mercado em detrimento dos controles dos Estados nacionais sobre a dinâmica do capital não anula o outro fato, de que a revolução microeletrónica e telemática contribuiu para que o capital produtivo (não o financeiro) se descentralizasse, abrindo espaço para um desenvolvimento misto de pequenas e médias empresas e de complexos cooperativos, guiado pelos valores da solidariedade.

No plano económico, os diferentes modos de produção competem entre si, mas também se articulam e cooperam entre si. No plano político e ideológico, no entanto, os antagonismos entre as duas lógicas e seus valores opostos só se acentuam. Os fóruns sociais mundiais, os movimentos contra a globalização neoliberal, os ambientalistas, os movimentos pelos direitos humanos e pela economia solidária constituem um rosário de novas forças que lutam por «outra economia» e por «outra sociedade». Diferentemente da velha esquerda, que almejava destruição do capitalismo mediante a ação do Estado nas mãos da vanguarda, o proletariado, a nova esquerda anseia pela destruição do capitalismo por meio da ação direta no seio da sociedade civil, mediante a construção de uma economia solidária e preservacionista e de revoluções culturais diversas, das quais a feminina parece ser a mais adiantada.

BIBLIOGRAFIA

BENTON, Lauren, «The Emergence of Industrial Districts in Spain; Industrial Reestructuring and Diverging National Responses». Em Pyke e Sengenberger, *op. cit.*
JEANTET, Thierry, *L'économie sociale européenne ou la tentation de la démocracie en toutes choses.* Paris, CIEM Edition, 2001.

PYKE, Franke, e SENGENBERGER, Werner (eds.). *Industrial Districts and Economic Regeneration*, Genebra, International Labour Studies, 1992.

TRIGILLA, Carlo, «Italian Industrial Districts: Neither Myth Nor Interlude». Em Pyke e Sengenberger, *op. cit.*

6. ANGÚSTIA ECONÔMICA NO CAPITALISMO E NA ECONOMIA SOLIDÁRIA

6.1. Considerações gerais

A angústia tem muitas vezes por causa a incerteza quanto ao futuro. Pretendo tratar aqui do futuro econômico, ou seja, das expectativas de pessoas, grupos e classes sociais quanto ao que vai acontecer com o seu padrão de vida, trabalho, fontes de renda, valores financeiros, preços, impostos, etc.

A angústia é o estado de espírito de quem alimenta expectativas negativas, ameaçadoras e assustadoras sobre o futuro. A angústia é o produto do pessimismo no plano emocional; o seu oposto seria a euforia produzida pelo otimismo.

6.2. Liberdade e angústia no capitalismo

O capitalismo é filho tardio da economia de mercado, cujas origens se perdem na noite dos tempos. O capitalismo enquanto modo de produção se afirma no mundo a partir da Revolução Industrial do século XVIII. A sua irrupção tomou o espaço, na economia dos países, de outros modos de produção, que persistem em posição subalterna: a pequena produção de mercadorias, a economia doméstica, a economia solidária (contemporânea do capitalismo) e, com menos subordinação, a economia pública estatal e privada (empresas sem fins de lucro).

Com a ascensão do capitalismo, a economia de mercado se generaliza enquanto tendência; verifica-se uma crescente mercantilização de atividades produtivas. Ex.: grande parte da produção doméstica de alimentos, vestuário, roupa de mesa e cama, etc., foi conquistada pelo capitalismo, o que transformou produtos de subsistência em mercadorias; este fenómeno se verificou também na agricultura, na medida em que o campesinato foi substituído por assalariados do agronegócio.

Isso significa que aumenta fortemente a dependência do dinheiro por parte dos mais pobres. O que gera angústia, sobretudo nos que carecem de emprego fixo ou de uma clientela fixa, que lhes garantam um rendimento certo no futuro. Para os mais marginalizados, a incerteza atinge a expectativa de onde virá a próxima refeição para mim e os meus. Na medida em que o tempo passa, sem que a fonte da próxima refeição se defina, não é difícil que a angústia se torne desespero. E é um trauma que se repete diariamente. Não é de estranhar que o que mais almejam as pessoas que vivem nestas condições seja uma renda mensal assegurada.

A economia de mercado é o reino da liberdade econômica para aqueles que possuem riquezas, rendimentos fartos ou ao menos sólidos, emprego seguro. Para os não aquinhoados – pobres, desempregados, biscateiros, extrativistas rurais e urbanos de todas as espécies –, a economia de mercado é o reino da incerteza e portanto da angústia. Quanto mais liberdade houver para os capitalistas e seus agentes, tanto mais angústia haverá para os demais.

A luta histórica dos movimentos operários desde sempre tem sido por proteção contra os males que a própria instabilidade da economia de mercado desencadeia: demissão, despejo, desabrigo, desabono e outros vocábulos que começam por «des» (partícula que denota privação).

Periodicamente a economia de mercado mergulha em crise, seguida por um período de recessão, que vira depressão quando se prolonga além de certo limite.

Crise e recessão trazem a incerteza e a angústia para os assalariados com contrato formalizado de trabalho, para capatazes, gerentes e encarregados e inclusive para diretores e donos de empresas, pois as firmas mais duramente atingidas têm de economizar na folha de pagamentos, demitindo os empregados mais caros. E, se nem isso funcionar, a empresa tem de procurar algum comprador que se disponha a pagar, pelo prestígio da marca ou pelo uso de alguma patente, uma fração do preço que ela valia antes da crise.

Portanto, a crise democratiza a incerteza e a angústia. Quando a economia capitalista não está em recessão, está em alta, com a atividade econômica em expansão e o desemprego em queda. É nestas fases que os sindicatos e os partidos que os representam conseguem erguer redes de proteção para os trabalhadores formalizados contra a velhice, a doença,

6. ANGÚSTIA ECONÔMICA NO CAPITALISMO E NA ECONOMIA SOLIDÁRIA

os acidentes de trabalho, doenças profissionais e a incapacitação profissional. Em muitos países há sistemas de bem-estar social que reduzem ao mínimo a incerteza e, portanto, a angústia econômica para os trabalhadores integrados no sistema. Em certo sentido, estão mais bem protegidos do que os proprietários de empresas, cujas fortunas estão expostas aos vaivéns da sorte nas Bolsas de Valores ou nos mercados em que suas empresas atuam.

Mesmo nas fases de alta dos ciclos de conjuntura, há empresas que abrem falência, fecham as portas ou são encampadas por preços simbólicos por credores. *Portanto, para os capitalistas, a incerteza econômica os acompanha o tempo todo.* Nas fases de alta, a incerteza dá lugar ao otimismo quanto ao futuro que, durante algum tempo, se realiza para a maioria dos empresários. No capitalismo dos tempos de globalização neoliberal, nesta fase, o crescimento do consumo, da produção e do emprego se acelera ininterruptamente, o que por sua vez acelera o aumento do otimismo. Como o otimismo é um sentimento subjetivo, quase não há limite para o seu crescimento. Este otimismo econômico tem consequências: ele acelera o crescimento dos gastos de consumo e de investimento das famílias e das empresas.

É óbvio que, nas fases de otimismo desenfreado, a angústia econômica dos diretores e empresários cai a zero, mesmo quando os azares da concorrência contenham riscos para as empresas. Em compensação, nas fases de baixa, o pânico se apodera do mundo financeiro e contamina a economia real. Os empresários trocam o otimismo exuberante do ápice do ciclo de conjuntura por crescente pessimismo, frequentemente confirmado pelo fato do crédito para capital de giro escassear, o que reduz as vendas aos clientes que necessitam de financiamento. A desaceleração da economia real alimenta por sua vez o pânico das finanças, que passa temer a inadimplência não só dos outros bancos e demais intermediários financeiros, mas também dos devedores da economia real.

6.3. A angústia causada pela intensificação da competição interna às empresas

No capitalismo neoliberal, a competição entre as empresas torna-se muito acirrada, sobretudo quando é travada por meio de inovações tecnológicas em geral dispendiosas. A pressão dos competidores externos faz que cada empresa exija cada vez mais dos seus executivos e dos trabalhadores mais qualificados. A hierarquia das empresas foi achatada com a eliminação de chefias intermediárias e o empoderamento e responsabilização dos que trabalham na base da pirâmide. Estes empregados são obrigados a assinar contratos em que se comprometem a atingir metas cada vez maiores de produção, vendas, produtividade, etc., em prazos relativamente curtos. Os que conseguem fazem jus a elevados prêmios; os que fracassam são despedidos.

Este regime submete os empregados a situações de grande incerteza e angústia. A necessidade de alcançar as metas a qualquer custo faz que os trabalhadores se submetam a jornadas longas de trabalho, que se estendem aos fins de semana, com prejuízos evidentes para a saúde e a vida familiar. A angústia se agrava à medida que o prazo contratual se aproxima e o desempenho não só pessoal, mas da equipa pelo qual o empregado é responsável, como integrante ou dirigente, está abaixo do necessário para que as metas sejam atingidas.

As consequências deste sofrimento contínuo algumas vezes são trágicas: no Japão, mortes de executivos são registradas por excesso de trabalho ou de angústia; novas doenças profissionais surgem entre estes trabalhadores, como dependência de drogas, suicídios e enfermidades psicossomáticas atribuídas ao stresse. Também se registram aumentos da incidência de depressões e enfermidades mentais, além de separações conjugais e suicídios.

6.4. A angústia econômica na economia solidária

Nos empreendimentos de economia solidária (EES) não há distinção de classes, todos os que trabalham também são donos do empreendimento e o administram em conjunto segundo regras democráticas, pelas quais cada trabalhador tem o mesmo direito de voto na tomada de decisões. Nestas condições, nenhum trabalhador corre o perigo de ser demitido. Somente em casos de conflitos graves sócios podem ser excluídos por decisão da assembleia, depois de ampla oportunidade de expor suas razões ou defesa. Estes casos são raros, de modo que *é razoável supor que a angústia, causada pelo temor de perder o trabalho e a renda que ele proporciona inexiste no âmbito da economia solidária.*

Também não existe competição interna nos EES, porque eles não auferem lucros e, portanto, não têm por objetivo maximizá-los. Quando há sobras no fim do exercício, estas têm seu destino definido em assembleia

6. ANGÚSTIA ECONÔMICA NO CAPITALISMO E NA ECONOMIA SOLIDÁRIA

pelos sócios. Se parte delas são distribuídas entre os sócios, os critérios podem ser cada sócio receber o mesmo que os demais ou então por algum critério de desempenho no trabalho e não pelo montante de capital investido no empreendimento, mesmo porque as cotas de capital dos sócios são iguais.

Mas isso não quer dizer que a angústia econômica não existe nos EES. Atuando em mercados competitivos, os EES estão sujeitos às mesmas vicissitudes que os outros concorrentes: elas podem perder mercado para competidores, e os prejuízos serão repartidos entre os sócios trabalhadores da mesma forma que as sobras. Os objetivos econômicos visados pelos EES são manter e melhorar o trabalho, seus resultados e sua remuneração. O fato de não terem alvos de maximização não impede que os EES sintam os efeitos dos esforços de maximização de lucros feitos pelos concorrentes capitalistas. Portanto, os trabalhadores estão expostos à incerteza e à angústia econômica, ainda que não na mesma medida que os empregadores e empregados de empresas capitalistas.

Os EES se defendem das pressões competitivas integrando-se em redes e/ou cadeias produtivas formadas exclusivamente por EES. Redes de EES são autogeridas do mesmo modo que as EES singulares, o que implica que os ganhos de eficiência e de escala decorrentes da integração são repartidos entre os componentes das redes por critérios de justiça adotados por consenso ou por maioria. No Brasil, a formação de redes é relativamente recente de modo que não há ainda dados que permitam avaliar seus efeitos. O exemplo do Complexo Cooperativo de Mondragon (CCM) mostra que a solidariedade dos EES organizados em redes permite robustecer fortemente a competitividade dos mesmos. O CCM completou 50 anos em 2006 e não deixou de crescer em momento algum neste meio século. Mesmo em períodos de crise e recessão graves, o Complexo conseguiu não só sobreviver, mas também preservar a quase totalidade de seus sócios.

6.5. Conclusões

A angústia econômica atinge de forma distinta diferentes classes sociais. As suas principais vítimas são os indigentes. Muitos deles vivem da catação de material reciclável no lixo. Hoje, parte deles estão se organizando em cooperativas contratadas pelas municipalidades com perspectivas de desenvolver o processo de reciclagem por inteiro e não apenas as etapas iniciais de catação, separação e prensagem. A economia solidária se empenha no resgate da população mais excluída como imperativo ético, tanto entre nós como nos outros países.

[Congresso da APOA – Tema: *Angústia,* Porto Alegre, 14.11.2008]

7. ECONOMIA SOLIDÁRIA E SOCIALISMO

7.1. A utopia

O socialismo é uma utopia no sentido estrito do termo: uma visão de sociedade que, atualmente, não existe ainda em lugar algum. Contudo, ele não é fruto da imaginação de alguém (como as «utopias» clássicas), mas das lutas de movimentos sociais e partidos políticos, ao longo dos últimos dois séculos, pelo menos. Neste sentido, trata-se de uma utopia em construção, um alvo unificador de inúmeras lutas que poderíamos chamar de libertadoras ou emancipadoras.

O socialismo pode ser resumido como uma sociedade em que reinam plena igualdade e liberdade para todos os seus membros. Uma sociedade democrática, em que o sufrágio é universal, o governo é representativo e os cidadãos têm os mesmos direitos e deveres e o mesmo acesso aos meios de produção. Em termos políticos, é algo como as democracias modernas, em que a participação indireta e direta dos cidadãos nas decisões do poder está em permanente construção. Em termos econômicos, é uma sociedade em que os produtores têm plena possibilidade de se associarem de forma tão igualitária quanto desejarem.

O que os socialistas desejam obviamente é uma sociedade em que não haja empregadores e empregados, em que os meios de produção não sejam propriedade privada de uma pequena minoria dos cidadãos, enquanto a grande maioria está privada deles e por isso depende dos seus detentores para sobreviver. Mas as experiências do socialismo «real» tentaram impor uma única modalidade de relação social de produção – o emprego em empreendimentos possuídos pelo Estado –, proibindo todas as demais. Desta maneira, uma das liberdades fundamentais do homem, a da livre associação, fora abolida em nome da necessidade de impedir que alguns assalariem outros.

Esta é uma questão crucial. O socialismo só será autenticamente democrático se for o desejo de todos os membros da sociedade. Ele não pode ser imposto pela força ou por lei, mesmo se a maioria quiser que o socialismo prevaleça. Assim como, no capitalismo, nada impede que cidadãos se unam para cooperar de forma igualitária no campo econômico, é essencial que no socialismo esta liberdade seja respeitada. Isso por muitas razões, sendo talvez a mais importante que a chamada livre associação dos produtores (um sinónimo de socialismo) ainda está em experimentação, assumindo atualmente diversas formas. Impedir que no socialismo este contínuo experimentar possa se praticar livremente seria o equivalente a privar a organização das atividades econômicas de qualquer progresso. Seria escolher uma única forma de economia solidária (o socialismo no plano microssocial) enquanto as forças produtivas evoluem e por força de sua mudança certamente requererão mudanças também no terreno das relações sociais de produção[10].

Socialismo, portanto, significa uma economia organizada de tal modo que qualquer pessoa ou grupo de pessoas tenha acesso a crédito para adquirir os meios de produção de que necessitam para desenvolver atividades de sua escolha. Isso implica, evidentemente, a eliminação da pobreza, da exclusão social e, portanto, da necessidade das pessoas acharem um emprego para ganhar a vida. Em princípio, ninguém será coagido a se tornar assalariado, pois todos terão a possibilidade de trabalhar por conta própria, em associação ou isoladamente.

Mas esse direito à autonomia terá forçosamente por contrapartida a necessidade de cada produtor, individual ou coletivo, encontrar quem compre sua produção e se disponha a pagar por ela um preço que supere os custos, sendo o excedente suficiente para permitir aos produtores um padrão de vida decente. A economia socialista será, portanto, de mercado, mas não de livre mercado. O Estado terá de intervir no funcionamento do mercado tendo em vista redistribuir renda, tirando dos que ganham mais e proporcionando a todos uma renda cidadã, que garanta

---

[10] É a isso que estamos assistindo hoje com a revolução microeletrónica. Empresas centralizadas estão sendo desmembradas, o poder da administração está sendo descentralizado, numerosas tarefas são hoje executadas sem que os participantes precisem estar em contato pessoal (presencial), etc. Não por acaso, o socialismo real mostrou-se incapaz de absorver esta revolução.

que ninguém seja privado do consumo de bens e serviços considerados essenciais.

Considerando a economia que conhecemos hoje, parece indispensável a preservação de mecanismos de mercado para a distribuição de bens e serviços[11], exceto os de carácter público, como saneamento, comunicações, assistência à saúde, educação, etc. Isso significa que os produtores terão a responsabilidade pela boa qualidade e pelo baixo preço das mercadorias que ofertam no mercado. Se forem superados pelos concorrentes, terão de recomeçar, possivelmente associados a coletivos mais bem qualificados.

Nestas condições, é bem possível que parte dos trabalhadores prefira o estauto de assalariado, em vez de correr o risco da competição. Se houver, por outro lado, pessoas que queiram assumir tais responsabilidades, sem compartilhá-las com os que trabalham com eles, é possível que formas capitalistas sobrevivam sob o socialismo. A história das transições entre sistemas socioeconômicos nos ensina que esta possibilidade é muito provável. A liberdade de escolha entre socialismo e capitalismo será fundamental para garantir que a opção pelo socialismo seja realmente livre e não uma imposição por falta de alternativas.

7.2. As vias para o socialismo

A visão de socialismo aqui apresentada decorre de valores, sustentados por socialistas desde sempre, e das lições que nos oferecem dois séculos de lutas e tentativas de alcançar o socialismo. Sua premissa básica é que ela é histórica e está sujeita a mudanças, à medida que a evolução do próprio capitalismo altera as condições concretas, sobre as quais o socialismo

---

[11] Há um debate entre os socialistas que acreditam que, através de mercados controlados pelo poder público, os ideais democráticos de igualdade social e económica podem ser realizados e os que acham que só o podem ser por meio de um planejamento democrático (em contraste com o praticado no socialismo «real»). O fulcro da questão gira ao redor da viabilidade prática de um planejamento em plano nacional que tome por base os desejos expressos, e muito variáveis no tempo, de produtores e consumidores. Acho esta viabilidade no mínimo improvável, ao menos enquanto produtores e consumidores se comportarem como o fazem atualmente. É claro que sempre podemos supor que as pessoas, no socialismo, serão mais desprendidas e menos competitivas, mas com essa suposição o socialismo se tornaria mero fruto da imaginação, sem tomar em consideração a humanidade como ela é aqui e agora. O socialismo pelo qual lutamos é para esta humanidade, da qual somos parte. Temos de ganhar para o socialismo as mulheres e os homens com os quais convivemos e não os seus descendentes.

terá de começar a ser edificado. A formulação clássica dessa premissa é que o capitalismo terá que ser *aufgehoben*, ou seja, superado, mas seletivamente incorporado pelo novo modo de produção. A tecnologia disponível no socialismo, por exemplo, dependerá, ao menos por algum tempo, do horizonte de conhecimentos herdado do capitalismo.

Acontece que a luta pelo socialismo produz resultados que modificam o próprio capitalismo. No campo político, a principal conquista socialista é a democracia, que, de formas variadas, é praticada (pela primeira vez na história) na maioria dos países. A prática da democracia permitiu a institucionalização dos movimentos operário e camponês e de libertação da mulher, das raças oprimidas e dos grupos discriminados. Por ela conseguiu-se instituir uma série de direitos sociais, inclusive o de organização sindical e de greve, e de sistemas de segurança social, que hoje em dia são alvo de ofensivas neoliberais.

Algumas conquistas vêm sendo perdidas. No terreno da macroeconomia, a preservação do pleno emprego nas economias industrializadas foi abandonada e, em consequência, ressurgiu o desemprego em massa, que ameaça hoje a existência dos sindicatos operários e muitas de suas conquistas. No caso da Revolução de Outubro e das revoluções que seguiram sua esteira, o socialismo registrou importantes vitórias em todos os continentes, que se revelaram algumas décadas depois como derrotas. O sistema socioeconômico criado por essas revoluções revelou-se econômica, social e politicamente inferior ao capitalismo e por isso foi abandonado pelos países que o haviam adotado. Essa inferioridade do socialismo «real» face ao capitalismo é comprovada pelo fato de o seu abandono se ter dado voluntariamente, sem interferência direta das potências capitalistas.

Por outro lado, a onda neoliberal atingiu em cheio os partidos socialistas, trabalhistas e social-democratas, que, pressionados pela opinião pública, aderiram a ela. Incapazes de se opor à globalização, que permite aos capitais se deslocarem para os países de mão de obra barata, os governos desses partidos acabam por sucumbir às suas exigências para investirem no próprio país, implementando «reformas» que prejudicam os trabalhadores. As lutas do movimento operário hoje são apenas de defesa de conquistas em perigo de serem revogadas ou enfraquecidas, sem qualquer perspectiva de avanço por mais igualdade, a partir da ação do Estado.

Nessas condições, torna-se imperativo rever as noções até agora prevalecentes sobre como chegar ao socialismo. A partir da vitória do marxismo

7. ECONOMIA SOLIDÁRIA E SOCIALISMO

na II Internacional, tornou-se consensual que estas vias teriam de passar necessariamente pela conquista do poder do Estado, tendo em vista mudanças institucionais que levassem à socialização dos meios de produção. O que dividia os socialistas era apenas se a conquista teria de se dar necessariamente pela força ou se poderia ser realizada também pelo voto. Comunistas e social-democratas divergiam a respeito da forma da tomada do poder, mas não sobre a essencialidade desta para atingir o socialismo.

Havia nesta opção estratégica um elemento de autoritarismo, na medida em que a ação de uns poucos, no poder, substitui a ação dos próprios trabalhadores, cujo papel passa a ser apenas o de propiciar a tomada do poder. Uma vez esta consumada, os trabalhadores teriam apenas de assistir à transferência da posse dos meios de produção a eles, o que de fato nunca ocorreu. Tanto nos países em que comunistas tomaram o poder como nos países em que social-democratas chegaram ao governo, os meios de produção expropriados foram entregues a administradores profissionais, dependentes e obedientes ao poder que os nomeou.

A autogestão chegou a ser cogitada em diferentes ocasiões, mas foi descartada com a alegação de que faltavam aos trabalhadores conhecimentos e experiência para poderem se encarregar da gestão dos empreendimentos. Como a autogestão era um aspecto essencial da utopia socialista, a sua negação deve ter sido justificada como provisória. Mas passo algum foi dado no sentido de preparar os trabalhadores para exercê-la, com a notória exceção da Iugoslávia.

A experiência comandada por Tito foi bastante estudada e discutida e dela se tiraram ensinamentos. Mas a ditadura imperante no país viciou a experiência, na medida em que os empreendimentos autogestionários não tinham autonomia face ao planejamento da economia e tão-pouco face ao partido único. A principal lição a tirar da experiência autogestionária iugoslava é que o socialismo, para ser autêntico, tem de estar inserido numa democracia política plena, com crescente participação direta dos cidadãos nas decisões de governo.

A via que hoje se abre aos trabalhadores para alcançarem (na realidade, para construir) o socialismo é a ação direta dos mesmos, no terreno econômico e social. O capitalismo é um modo de produção que não tem qualquer vocação para empregar a totalidade da força de trabalho disponível para ele. As empresas capitalistas descartam não só os tidos como incompetentes, mas todos que, por razões de género, idade, escolaridade, etc., são, a seus olhos, indesejáveis. Resulta daí, como traço estrutural do capitalismo, a ociosidade e o empobrecimento de grande parte da população economicamente ativa, seja na forma de desemprego crónico seja na de exclusão social.

Ora, toda esta gente está em princípio disponível para se inserir na economia como autónomos, membros de empreendimentos familiares ou sócios de coletivos de produção e distribuição de diferentes espécies. Consequentemente, a ação direta dos trabalhadores na construção, no seio do capitalismo, de uma economia solidária vem acontecendo praticamente desde os primórdios do capitalismo industrial. Cooperativas de diferentes espécies vêm sendo criadas e operadas há mais de 200 anos, e os princípios que as regem, pelo menos desde a formação dos Pioneiros Equitativos de Rochdale, em 1844, são explicitamente socialistas: todo poder de decisão pertence aos sócios por igual – cada cabeça um voto; é livre a entrada de novos sócios em qualquer cooperativa, o que significa que ela não está a serviço apenas de seus sócios (como proclama erroneamente a Lei 5764/71, que regula o cooperativismo no Brasil), mas de todos que queiram e precisem integrar-se na economia solidária; o património da cooperativa se divide entre fundos divisíveis, pertencentes aos sócios, e fundos indivisíveis, que pertencem à cooperativa enquanto instituição, mas não às pessoas que compõem o seu quadro social a cada momento. Cada um desses princípios contraria frontalmente os que regem o funcionamento da empresa capitalista.

A ação direta dos trabalhadores não se limita às cooperativas de produção; ela se estende às finanças, à educação, à pesquisa científica, às comunicações, etc., tendendo a abranger todos os campos de atividade. Não há nada que não possa ser feito de forma coletiva e autogestionária. Os produtores individuais e familiares estão descobrindo que também eles podem se unir e ajudar mutuamente, em cooperativas ou associações, o que lhes permite resistir à propensão do capital altamente centralizado de dominar os mercados.

Além disso, detentores de saberes e habilidades que carecem de compradores dos bens e serviços que podem ofertar juntam-se em clubes de troca, concedendo-se crédito reciprocamente mediante a adoção de uma moeda social. Surge assim um sistema de trocas monetárias, do qual os juros estão banidos, e que serve de base para a construção de comunidades autogovernadas. A moeda, como instituição social, recupera a função de laço social e liberta, até certo ponto, os membros dos clubes de troca da dependência da política monetária – frequentemente restritiva – dos guardiões da moeda oficial.

Finalmente, é preciso tomar conhecimento de que a economia solidária esteve dormente durante a longa hegemonia do keynesianismo. As cooperativas não deixaram de crescer e se multiplicar, mas, premidas pela competição capitalista, foram-se equiparando à mesma: profissionalizando suas direções, assalariando os trabalhadores das cooperativas de serviços aos membros, como as de consumo, de habitação, de compras e vendas, etc. A reviravolta neoliberal e a queda dos regimes estalinistas na Europa Oriental levaram a esquerda a rever suas opções estratégicas, em maior ou menor grau, na maioria dos países, e um dos resultados desse processo foi a atribuição de cada vez mais importância à ação direta dos movimentos sociais e ONG, tanto na economia quanto na luta ambiental.

Nota-se um nítido renascimento da economia solidária e da economia ecológica, com viés declaradamente socialista, sobretudo em países da América Latina e no Quebeque, mas também na Europa Ocidental e na Ásia. Estas novas formas de luta pelo socialismo, embora voltadas prioritariamente para a construção de implantes socialistas e ecológicos na economia, não dispensam a luta no campo político e ideológico. No Brasil, governos municipais e estaduais de esquerda desenvolvem políticas de apoio à economia solidária, e o governo federal dá passos no mesmo sentido ao criar, no Ministério do Trabalho, a Secretaria Nacional de Economia Solidária e o Programa Nacional de Micro Crédito Produtivo Orientado.

A novidade está na inversão de prioridades. Agora a luta pelo poder político está subordinada à necessidade de construção e consolidação daqueles implantes, e os protagonistas da libertação do trabalho do jugo do capital terão de ser os próprios trabalhadores.

8. A CONSTRUÇÃO DA ECONOMIA SOLIDÁRIA COMO ALTERNATIVA AO CAPITALISMO

8.1. Prolegómenos

Desde a época aberta pela Revolução Industrial, no final do século XVIII, a noção de socialismo esteve ligada à emancipação da classe trabalhadora assalariada – o proletariado – mediante a apropriação coletiva dos meios de produção por aqueles que sabiam manejá-los e efetivamente se encarregavam de executar o trabalho que dotava a matéria-prima de valor de uso, adequando-a às necessidades humanas. Karl Marx expôs esta ideia em sua mensagem inaugural à direção da então recém-fundada Associação Internacional dos Trabalhadores, em 1864, nos seguintes termos:

> Após uma luta de 30 anos, travada com notável perseverança, o proletariado inglês [...] conseguiu que fosse aprovada a lei da jornada de dez horas. Os imensos benefícios físicos, morais e intelectuais que daí decorreram para os operários das fábricas [...] são agora amplamente admitidos. [...] Mas o futuro nos reservava uma vitória ainda maior da economia política do operariado sobre a economia política dos proprietários. Referimo-nos ao movimento cooperativo, principalmente às fábricas cooperativas, levantadas pelos esforços desajudados de alguns *hands* [operários] audazes. O valor destas grandes experiências sociais não pode ser superestimado. Pela ação, invés de por palavras, demonstraram que a produção em larga escala e de acordo com os preceitos da ciência moderna, pode ser realizada sem a existência de uma classe de patrões, que utilizam o trabalho da classe dos assalariados; que para produzir, os meios de trabalho não precisam ser monopolizados, servindo como meio de dominação e exploração contra o próprio operário; e que, assim como o trabalho escravo, assim como o trabalho servil, o trabalho assalariado é apenas uma forma transitória e inferior, destinada a desaparecer diante do trabalho associado, que cumpre a sua tarefa com gosto, entusiasmo e alegria. [...] Ao mesmo tempo, a experiência do período decorrido entre 1848

e 1864 provou acima de qualquer dúvida que, por melhor que seja em princípio, e por mais útil que seja na prática, o trabalho cooperativo, se mantido dentro do estreito círculo dos esforços casuais de operários isolados, jamais conseguirá deter o desenvolvimento em progressão geométrica do monopólio, libertar as massas ou sequer aliviar de maneira perceptível o peso de sua miséria. [...] Para salvar as massas laboriosas, o trabalho cooperativo deveria ser desenvolvido em dimensões nacionais e, conseqüentemente, incrementado por meios nacionais. [«Manifesto de lançamento da Associação Internacional dos Trabalhadores, in *Marx & Engels Obras Escolhidas*, Rio de Janeiro, Editorial Vitória, 1961, pp. 318 e 320].

Sete anos mais tarde, a recomendação de Marx foi colocada em prática pela Comuna de Paris. Ele comentou a experiência nestes termos:

É um fato estranho. Apesar de toda prosa elevada e toda imensa literatura, durante os últimos sessenta anos, sobre a emancipação do trabalho, tão logo os trabalhadores tomam a questão em suas próprias mãos com vontade, aparece de uma vez a fraseologia apologética dos porta-vozes da sociedade atual, com os seus dois polos do Capital e da escravidão do Assalariamento [...] como se a sociedade capitalista estivesse ainda em seu estado mais puro de virginal inocência, com os seus antagonismos ainda não desenvolvidos, [...] com suas realidades prostituídas ainda não desmascaradas. A Comuna, eles exclamam, pretende abolir a propriedade, a base de toda civilização! Sim, cavalheiros, a Comuna pretende abolir a propriedade de classe que torna o trabalho de muitos a riqueza de uns poucos. Ela visava a expropriação dos expropriadores. Ela queria fazer da propriedade individual uma verdade ao transformar os meios de produção, terra e capital, agora os meios de escravizar e explorar trabalho, em meros instrumentos do trabalho livre e associado. Mas, isso é Comunismo, o «impossível» Comunismo! [...] Se a produção cooperativa não é para ser uma farsa e uma isca; se é para ela superar o sistema capitalista; se sociedades cooperativas unidas devem regular a produção nacional a partir dum plano comum, desta maneira tomando-a sob o seu próprio controle e pondo fim à constante anarquia e às constantes convulsões que são uma fatalidade da produção capitalista – o que mais seria, cavalheiros, do que Comunismo, um Comunismo «possível»? [Karl Marx, *The Paris Commune*, Nova Iorque, Labor News, 1941. Tradução de Paul Singer].

Estas duas citações se propõem comprovar que, durante o século XIX, as principais lideranças do movimento operário na época encaravam o trabalho autogestionário como a encarnação lógica da base econômica do socialismo ou comunismo, ou seja, da sociedade livre e democrática almejada. Convém notar que os dois textos de que as citações foram tiradas são documentos redigidos por Marx para a I Internacional, da qual ele era o secretário para os países de língua alemã e ao mesmo tempo a sua liderança de maior destaque.

Durante o século XX, o século das revoluções, houve numerosas ocasiões em que a visão de Marx e Engels de um socialismo autogestionário poderia ter sido transformada em prática, mas de fato estas oportunidades jamais foram aproveitadas. A Revolução Russa de 1917 talvez tenha sido uma das mais importantes, e, como sabemos, os sucessivos governos bolcheviques efetivamente expropriaram os meios de produção, mas jamais os entregaram à autogestão dos trabalhadores. Os meios de produção passaram a ser controlados pelo Estado, que procurou enquadrar todas as empresas em planos centrais, elaborados por ele. O socialismo passou a ser uma economia centralmente planejada, na qual os trabalhadores eram submetidos aos ditames de administradores, encarregados da magna tarefa de cumprir as determinações dos planos, em seus mínimos detalhes.

8.2. Controvérsias sobre a estratégia da luta dos trabalhadores pelo socialismo, entendido como combinação de autogestão dos trabalhadores com sufrágio universal

O primeiro corpo político que aspirou representar os trabalhadores de todos os países do mundo foi a Associação Internacional dos Trabalhadores, formada em 1864, em Londres, num encontro em que predominavam organizações trabalhistas da Inglaterra e França além de representações de emigrados italianos, alemães, etc. Marx assumiu desde início a liderança intelectual. Sua fala inaugural «incluiu apenas as ideias com as quais os sindicalistas, mas também os proudhonistas e mazzinistas, poderiam concordar»[12]. Desde a primeira Conferência em Londres, em 1865, as diferenças entre os proudhonistas, que constituíam a maioria da delegação francesa, e Marx estavam claras. Daí em diante, em todas as reuniões da Associação, as posições de Marx tinham o apoio da maioria do Conselho

[12] Abendroth, WOLFGANG, *A Short History of the European Working Class*, p. 31.

Geral e sobretudo dos sindicatos ingleses, ao passo que as delegações dos países agrários – Itália, Espanha e inicialmente França – ou de áreas em que predominava a pequena indústria, como a Suíça francesa, eram predominantemente proudhonistas, que depois da Comuna de Paris, em 1871, foram sucedidas pelas ideias de Bakunin.

Estes chegaram a propor no Congresso de Genebra, em 1866, que apenas trabalhadores manuais pudessem ser membros da Associação, o que implicaria a exclusão de Marx. A maioria do Congresso rejeitou a proposta. Marx propôs que fosse reivindicada a melhoria das condições de trabalho de mulheres e crianças e a jornada de trabalho de oito horas por dia. Apesar da oposição dos proudhonistas, que rejeitavam qualquer intervenção do Estado na formulação dos contratos de trabalho, a proposta foi aprovada por unanimidade[13].

As controvérsias giravam ao redor da luta política dos trabalhadores. Para Marx, os partidos operários deveriam lutar por concessões arrancadas do Estado burguês, enquanto não tivessem poderio para aboli-lo. A partir do Congresso de Genebra, os sindicatos e as cooperativas de produção não apoiadas pelo Estado foram considerados pela Internacional as alavancas com as quais a tirania do trabalho assalariado e do capital poderia ser eliminada. [...] Os proudhonistas rejeitavam a luta política dos partidos operários porque procuravam ignorar a questão do poder estatal e excluí-la do desenvolvimento social. Quanto mais eles concordavam com a maioria quanto à necessidade de os ramos monopolistas da indústria, a começar pelas ferrovias, serem nacionalizados, menos acordo havia a respeito da forma que a nacionalização deveria assumir. Como poderiam grandes unidades funcionar se fossem possuídas por pequenas cooperativas descentralizadas, como estava implícito nas posições de Proudhon?[14]

É impressionante como estas questões continuam atuais quase um século e meio depois.

Após o sanguinário fim da Comuna de Paris em 1871, verdadeira caça aos socialistas, representados pela Internacional, foi desencadeada pelos governos da Europa, enquanto as divergências dentro da Internacional se aprofundavam.

---

[13] *Ibidem*, p. 34.
[14] *Ibidem*, pp. 34 e 35.

8. A CONSTRUÇÃO DA ECONOMIA SOLIDÁRIA COMO ALTERNATIVA AO CAPITALISMO

A Conferência de Londres em 1871 adotou uma resolução pregando a formação de partidos legais da classe operária em cada país da Europa como pré-condição da revolução socialista. Para os seguidores de Blanqui e Bakunin isso era inaceitável. [...] Mas tão-pouco para os sindicatos ingleses a nova política correspondia às suas necessidades [...], pois ainda eram demasiadamente fracos para poder atuar como força política independente. Suas esperanças se baseavam na aliança com a ala radical do Partido Liberal, com cujos votos contavam para melhorar as condições sociais dos trabalhadores.[15]

Em 1872, por proposta de Marx e Engels, a sede da Internacional foi transferida para Nova Iorque, onde vegetou por mais quatro anos, longe de sua base social e política europeia, antes de encerrar suas atividades. Depois da partida da I Internacional para a América, nada menos que cinco conferências internacionais de trabalhadores se reuniram entre 1877 e 1888 em diferentes cidades europeias, evidenciando que a colaboração entre os movimentos operários do continente não foi interrompida. Em 1889, reuniram-se em Paris duas conferências de trabalhadores para comemorar o centésimo aniversário da queda da Bastilha: uma de sindicalistas e outra de seguidores de Guesde, ex-partidário de Bakunin, convertido às ideias marxistas. A esta última compareceram delegados dos Estados Unidos e da Argentina, e foram eles que começaram o restabelecimento da Internacional. Ficou decidido que haveria demonstrações em todos os países no 1 de Maio de 1890 pela adoção da jornada de oito horas e que esta demanda deveria ser feita não só aos empregadores, mas ao próprio Estado burguês.[16]

Com o fim da Associação Internacional de Trabalhadores original e a fundação de nova Associação em 1889, a primeira passou a conhecida como a I Internacional e a nova como a II Internacional. Esta herdou naturalmente as controvérsias entre marxistas e anarquistas. Mas, nestes 13 anos, a relação de força entre os dois agrupamentos mudara consideravelmente: os marxistas representavam fundamentalmente o proletariado industrial, majoritário nas hostes dos trabalhadores nos países mais adiantados, ao passo que os anarquistas predominavam nos países pouco ou nada industrializados, onde representavam o artesanato urbano e o campesinato mais

---

[15] Ibidem, p. 39 e 40.
[16] Ibidem, p. 52.

pobre. A partir de 1870, a Alemanha e os Estados Unidos passaram a se industrializar aceleradamente até alcançarem a Inglaterra e eventualmente ultrapassá-la. A industrialização avançou também em outros países europeus, alcançando os Impérios Russo e Austro-Húngaro, a França, a Bélgica, a Holanda e os países mediterrâneos, como a Itália e a Espanha.

Esta extensa mudança econômica acarretou uma profunda alteração na estrutura de classes das nações, com o crescimento do proletariado e o consequente fortalecimento de suas organizações sindicais e partidárias. Isso se refletiu na composição da II Internacional, que em seu Congresso de 1896 decidiu excluir os anarquistas e que daí em diante só fariam parte dela representantes de organizações «que trabalhassem para trocar o capitalismo pelo socialismo e reconhecessem o valor da legislação e da atividade parlamentar»[17].

A expansão demográfica do proletariado, primeiro na Europa e em seguida nas Américas e na Ásia (a começar pelo Japão), trouxe consequências não só socioeconômicas, mas também políticas. Desde o grande movimento cartista na Grã-Bretanha nos anos quarenta do século xix, a classe operária passou a reivindicar os mesmos direitos políticos que as revoluções liberais haviam prodigalizado às classes médias, compostas por pequenos e médios empresários da cidade e do campo e pelas camadas superiores duma crescente burocracia estatal, condicionada pela expansão urbana, desde logo demandante de mais e melhores serviços públicos: transporte, tráfego, iluminação, saneamento básico, rede hospitalar e escolar, policiamento, etc. Embora o cartismo tivesse sido derrotado, o peso crescente do proletariado tornava inevitável que suas demandas de igualdade no gozo dos direitos de votar e ser votado teriam de acabar sendo atendidas, ainda que sob a forma de sucessivas concessões das classes dominantes e de seu estado.

A história da Revolução Industrial na Inglaterra e na Escócia registra uma sucessão quase ininterrupta de grandes campanhas da nova classe operária industrial pelo direito de se organizar em sindicatos e recorrer à greve para conquistar melhores condições de trabalho e de remuneração. A limitação da jornada de trabalho e a criação dos inspetores de fábricas foram conquistas iniciais no campo social às quais se somam avanços sucessivos de extensão do gozo dos direitos políticos a novas categorias

[17] *Ibidem*, p. 53.

8. A CONSTRUÇÃO DA ECONOMIA SOLIDÁRIA COMO ALTERNATIVA AO CAPITALISMO

de trabalhadores. Tendo em vista esta realidade histórica, que acabaria por se estender aos outros países na medida em que iam sendo alcançados pela expansão da indústria, a posição marxista de defesa do envolvimento do movimento operário nas lutas pela democratização era inegavelmente racional. Por isso, seu triunfo sobre a oposição anarquista deve ser visto como natural. O anarquismo, ao ser excluído da II Internacional, não desapareceu pelo simples fato de que nem o artesanato desapareceu das cidades nem o campesinato do campo, cujos interesses e visão ideológica ele expressava.

A luta pelo sufrágio universal atravessou a maior parte do século XIX e só se tornou vitoriosa na maioria dos países depois da Segunda Guerra Mundial, em meados do século XX. Etapas importantes foram a revolução proletária na França, em 1848, que instaurou o sufrágio universal masculino naquele país, e a abolição da escravatura nos Estados Unidos, alcançada ao cabo da Guerra da Secessão, em 1865, que abriu a possibilidade da inclusão dos libertos no sufrágio universal masculino, que já vigorava para os colonos brancos no país, quase desde a independência.

É de notar que esta possibilidade foi bloqueada no Sul do país pela violenta discriminação racial lá implantada pela tradicional oligarquia agrária branca depois do fim da Guerra Civil. A discriminação racial no Sul levou grande parte da população negra a migrar para os estados do Norte, onde se tornaram cidadãos em pleno gozo de seus direitos políticos. Somente na década de sessenta do século XX estudantes descendentes de escravos, educados no Norte, se organizaram nos *Freedom Riders* [Cavaleiros da Liberdade] e, ao lado de colegas brancos, viajaram até aos estados do Sul e conseguiram, após árduas lutas, interditar a prática da discriminação nas escolas e demais serviços públicos, até garantir à população negra o direito de se inscrever como eleitora, de votar e de ser votada. É preciso registrar com tristeza que até hoje o exercício destes direitos pelos negros, nos Estados Unidos, continua sendo contestado ocasionalmente mediante meios fraudulentos.

Para que o sufrágio universal se tornasse completo era preciso que ele fosse estendido às mulheres, o que exigiu ampla mobilização das mesmas e a conquista de direitos civis para que elas efetivamente pudessem se igualar aos homens. O feminismo surgiu nos EUA ainda no século XIX, na esteira da luta pela abolição da escravatura, e levou mais de um século até que gradativamente a revolução feminista se completasse. Neste cenário de gradual emancipação humana de grupos oprimidos – operários, escravos, mulheres, negros não mais escravos –, o Brasil definitivamente não se encontra na rabeira: após a Revolução de 1930, a legislação do trabalho foi sendo sistematicamente implantada até culminar na adoção da Consolidação das Leis do Trabalho, em 1940. E, antes disso, em 1932, foi aprovada legislação que completou o sufrágio universal com a extensão às brasileiras do direito de votar e de se candidatarem a quaisquer cargos eletivos.

8.3. O avanço das lutas populares impõe sucessivas revisões às noções de socialismo como sistema socioeconômico destinado a suceder ao capitalismo
A trajetória das lutas populares, digamos, entre a conquista da independência dos povos das Américas (1776-1830) e a consolidação no mundo da democracia, no após Segunda Guerra Mundial, com a descolonização da Ásia e África (1976), foi marcada por revoluções e guerras, entre as quais se destacam as revoluções de 1848 na Europa, a Guerra da Secessão nos Estados Unidos (1861-65), a Comuna de Paris (1871), a Revolução de 1905 na Rússia Tzarista, a Primeira Guerra Mundial (1914--18), a Revolução Russa de Outubro de 1917, a Guerra Civil Espanhola (1936-39) e as inúmeras revoluções e guerras internacionais e civis que compõem a chamada Segunda Guerra Mundial (1939-1945). Esta, na realidade, não acabou com a rendição do Japão em 1945, como foi convencionado. Basta lembrar os conflitos detonados por esta Guerra Mundial e que prosseguiram após 1945 na China, no Vietname, na Grécia, nas Filipinas e em outros países colonizados do Terceiro Mundo. Todos estes eventos marcaram com violência os avanços das lutas por mais democracia política, para começar, mas também por profundas mudanças sociais e econômicas.

Muitas destas guerras foram iniciadas por regimes que procuravam se fortalecer por efeito das glórias bélicas a serem conquistadas no exterior, mas que acabavam por se enfraquecer na medida em que os conflitos se estendiam no tempo, impondo enormes sofrimentos à massa popular. Revoltas populares ajudaram a pôr fim a regimes autoritários, mesmo onde não chegou a haver revoltas, mas apenas reviravoltas políticas, que abriram caminho para grandes avanços das lutas operárias, feministas, de libertação nacional e de afirmação democrática e socialista. Esta longa

8. A CONSTRUÇÃO DA ECONOMIA SOLIDÁRIA COMO ALTERNATIVA AO CAPITALISMO

experiência histórica soldou nas mentes de muitos socialistas a ideia de que sem violência revolucionária é impossível vencer as resistências ao avanço das lutas populares.

Este foi certamente o caso de Karl Marx e Friedrich Engels, cuja influência sobre as lutas populares, desde o lançamento do Manifesto do Partido Comunista, em 1848, dificilmente pode ser exagerada. Os dois são autores do programa revolucionário socialista mais inspirado, que a partir da II Internacional motivou e orientou um sem-número de movimentos e os dotou duma visão de outro sistema socioeconômico, superior sob todos os aspectos ao capitalismo, sempre considerado como estando à beira de sua crise terminal. Marx e Engels herdaram dos socialistas utópicos a ideia de que a economia socialista teria de ser autogestionária, tendo como modelo as cooperativas de produção de sua época, conforme visto acima nos *Prolegómenos*. Esta ideia predominou na I Internacional, tendo sido partilhada por partidários de Marx e Engels e de Proudhon e Bakunin. A bandeira da livre união dos produtores como diretriz básica de organização das atividades econômicas emergiu na Revolução de 1848, na França, e novamente na Comuna de Paris, 23 anos depois.

Mas, ao lado da visão autogestionária do socialismo, Marx e Engels desenvolveram outra visão: a de que no socialismo o mercado teria de ser abolido e substituído por um planejamento capaz de evitar as crises periódicas, características do capitalismo, assim como a concentração do capital em poucas mãos, condição essencial para a existência do trabalho assalariado e, portanto, da exploração da classe trabalhadora pelo capital. O mercado desenvolvido pelo capitalismo enseja a competição entre as empresas pelo lucro máximo, que passa a ser o único motivo para produzir mercadorias, cujo valor de uso é necessário para que alguém queira comprá-las, mas que não incrementa a taxa de lucro sobre o capital investido e, portanto, não regula a quantidade das mercadorias produzidas. Em outras palavras, no capitalismo a produção não visa a satisfação do consumidor, mas o lucro máximo do capitalista.

Marx estudou intensamente a administração capitalista das empresas guiado pela experiência empresarial de Engels, que dirigia uma fábrica têxtil de sua família. Marx captou a contradição entre a anarquia provocada pela concorrência entre as empresas no mercado e a minuciosa racionalidade aplicada na gestão da empresa para dela extrair o máximo de lucro. Marx e Engels concluíram que, no socialismo, o mercado poderia e deveria ser abolido e, em seu lugar, o ajuste entre oferta e demanda seria construído, no conjunto da economia, por meio dum planejamento centralizado de toda economia, análogo ao que o capitalista realiza em sua empresa. Obviamente, este planejamento não iria visar a maximização do lucro privado, mas o bem-estar dos consumidores. Para que a sociedade possa dar o salto da economia anárquica do mercado à economia ordenada pelo Estado, é preciso que este se aproprie de uma vez de todos os meios de produção. Isso exige obviamente a conquista de todo poder de Estado por uma organização revolucionária e portanto a necessidade da derrubada do governo existente.

A história foi cruel com os pais do socialismo científico ao fazer que sua proposta acabasse sendo aplicada, cerca de 40 anos depois de formulada, na Rússia, então o maior país do planeta. O planejamento geral de toda a economia, centralizado no Estado, foi praticado durante cerca de 70 anos. O modelo foi exportado depois da Segunda Guerra Mundial para numerosos países da Europa, da Ásia e de África e para a Cuba, nas Américas, e um dos seus resultados inegáveis é que o Estado, longe de perecer, como pensavam Marx e Engels, hipertrofiou-se. A aspiração democrática foi deixada de lado, e a vida social foi submetida a uma camisa de forças. Nas palavras de alguém forçado a viver num país imerso no socialismo real: «Aqui tudo o que não é proibido torna-se obrigatório».

O Estado, encarregado de alocar a totalidade do produto social, sem contar com as informações sobre as necessidades e desejos da população que somente o mercado pode fornecer em tempo, resolveu o enigma determinando ele mesmo as necessidades e desejos que cada cidadão e cada coletividade *deveria ter*. Como seria de se esperar, os resultados foram desastrosos. A ditadura manteve a insatisfação popular invisível aos próprios atores durante duas gerações até que ela explodisse tão logo o sistema repressivo começou a ser desmontado por Gorbatchov, a partir de 1985. Em 1989, sem muita violência e nenhuma intervenção externa, o sistema foi repudiado não somente na Rússia, mas pela quase totalidade dos países que o havia adotado. As populações sublevadas optaram por uma volta ultrarrápida ao capitalismo com democracia, da qual tinham vaga ideia por meio da mídia ocidental.

O aspecto que aqui nos interessa é que o planejamento centralizado é incompatível não só com a democracia «burguesa», mas também com o socialismo autogestionário, que tanto entusiasmo havia despertado em

8. A CONSTRUÇÃO DA ECONOMIA SOLIDÁRIA COMO ALTERNATIVA AO CAPITALISMO

Marx e Engels. R. Selucky, que analisou esta contradição com muita perspicácia, concluiu:

> Eu gostaria de meramente sugerir que a rejeição do mercado é, por definição, incompatível com o conceito de sistema econômico socialista autogestionário. Se o mercado é abolido, a autonomia de unidades econômicas desaparece. Se o mercado é abolido, o relacionamento horizontal (isto é intercâmbio) entre unidades econômicas também desaparece. Se o mercado é abolido, a informação vinda dos consumidores (demanda) ou é inteiramente cortada ou ao menos é irrelevante para os produtores. Então, o plano central é a única fonte supridora de informações relevantes aos produtores para a tomada de decisões. Se este é o caso, a estrutura do sistema econômico tem de estar baseada no tipo de relacionamento vertical prevalecente (isto é, subordinação e superioridade), com a tomada de decisões centralizada na agência de planejamento, sem qualquer controle externo das decisões centrais. Um sistema autogestionário, mesmo que formalmente introduzido, é um corpo estranho em qualquer estrutura não de mercado, vertical e centralizada. Mesmo que a autoridade de tomar decisões seja formalmente garantida a órgãos autogestionários, a sua única fonte de informações é o plano central, já que o mercado foi eliminado. Qualquer economia consistentemente não de mercado tem de ser por definição: centralizada; dirigida por um plano de comando; controlada por um punhado de planejadores em vez de pelos próprios trabalhadores; baseada na manipulação dos produtores pela agência de planejamento.[18]

A experiência histórica confirma a tese de Selucky. Em 1930, Estaline resolveu estatizar toda a terra agrícola da União Soviética, transformando os empreendimentos agrícolas em empresas estatais ou em cooperativas. Só que estas últimas eram obrigadas a vender sua produção ao Estado por preços fixados pelo comprador. As cooperativas soviéticas só difeririam das empresas estatais pelo fato de que os trabalhadores destas eram remunerados por salários, como todos trabalhadores empregados pelo Estado, enquanto os cooperados eram remunerados pelo ganho decorrente da venda de sua produção. Enquanto todos os preços eram fixados pelo Estado, a situação dos trabalhadores em cooperativas não se distinguia da dos empregados pelo Estado. Ficou evidente que a autogestão somente

---

[18] SELUCKY, R., «Marxism and Self Management», in VANEK, Jaroslav, *Self-Management; Economic Liberation of Man*, Harmondsworth, Penguin Education, 1975, pp. 57 e 58.

existe se são os cooperados que decidem o que produzir e a quem vender seus produtos e por quais preços.

8.4. Auge e declínio do «socialismo realmente existente» como sistema socioeconômico universal, sem autogestão e sem democracia, e o retorno da autogestão como bandeira dos novos movimentos sociais
Depois da Segunda Guerra Mundial, quando o regime soviético foi estendido a numerosos países da Europa Central e Oriental, não tardou que sucessivos levantes operários em Berlim, Hungria, Polónia e finalmente na Tchecoslováquia, entre 1953 e 1968, desmascarassem o seu pseudossocialismo. Após a invasão russa da Tchecoslováquia, em 1968, para reprimir a tentativa de lá instaurar um socialismo «com cara humana», no mundo inteiro, o regime vigente na União Soviética e em seus satélites passou a ser denominado de «socialismo realmente existente» ou abreviadamente de «socialismo real». A denominação denotava que o «socialismo real» era de fato um regime opressivo que nada tinha em comum com o socialismo pelo qual lutaram muitas gerações de militantes. Numerosos partidos comunistas situados fora do território dominado pela União Soviética se dissociaram publicamente do socialismo real, enquanto os poucos partidos comunistas que não o fizeram perderam a maior parte dos seus eleitores.

> Foi este o grande trauma do comunismo: em dois anos, o PC Italiano perdeu 400 mil filiados e no PC da Grã-Bretanha o número de filiados caiu de 33 095 para 24 900 filiados. Em alguns dos PC menores, como o austríaco, o alemão e o português, os membros leais a Moscou simplesmente se fecharam em copas.[19]

O único país do bloco soviético que tentou construir uma economia socialista autogestionária foi a Iugoslávia, enquanto ela foi governada por Tito, entre 1948 e 1980. Durante a Segunda Guerra Mundial, a Iugoslávia foi ocupada pelos nazistas, e Tito comandou uma guerrilha comunista, que conseguiu efetivamente expulsar os invasores antes que as tropas russas entrassem no país. Foi o único país dos Balcãs que se libertou sozinho, sem depender de ajuda externa, o que lhe conferiu enorme prestígio a ponto de Estaline sentir que Tito ameaçava seu domínio sobre a região.

---

[19] ELEY, Geoff, *Forjando a Democracia; A história da esquerda na Europa, 1850-2000*, São Paulo, Editora Fundação Perseu Abramo, 2005, p. 385.

8. A CONSTRUÇÃO DA ECONOMIA SOLIDÁRIA COMO ALTERNATIVA AO CAPITALISMO

Em 1948, Estaline denunciou violentamente Tito como traidor e o expulsou do Cominform, que na época reunia todos partidos comunistas. Embora não houvesse qualquer razão que justificasse a atitude de Estaline, os demais partidos comunistas se alinharam com ele. Tito, para se proteger dum ataque militar russo, aceitou a oferta de auxílio dos EUA e em seguida promoveu mudanças profundas na economia do país: todas as empresas que haviam sido estatizadas foram transformadas em cooperativas e entregues à autogestão de seus ex-empregados. Houve um restabelecimento dos mercados, em que as cooperativas podiam se abastecer e vender seus produtos por preços livremente determinados pela barganha entre compradores e vendedores. O Estado continuava monopolizando as finanças, e o crédito para investimentos dependia do planejamento estatal.

As cooperativas estavam sob a influência das autoridades nacionais e também das comunidades locais. Para que o sistema pudesse funcionar com certa autenticidade, o partido comunista foi dissolvido e substituído pela Liga dos Comunistas e a repressão às liberdades civis foi consideravelmente atenuada. Apesar da manutenção do regime de partido único, temas econômicos e sociais controvertidos eram discutidos publicamente. Estive pessoalmente no país em 1978 e pude verificar o contraste entre a total ausência de liberdades políticas nos países que compunham o mundo do «socialismo real» e o regime iugoslavo. Infelizmente, depois da morte de Tito, em 1980, os diferentes países que compunham a Iugoslávia entraram em conflitos étnicos e religiosos violentíssimos, que puseram fim à nação e com ela à experiência de autogestão, que até aquela data deveria ser considerada única no mundo.

A experiência da Iugoslávia despertou novo interesse pelo socialismo autogestionário, pois ele foi mais benéfico para o povo do que a economia centralmente planejada, adotada nos países vizinhos. Os interessados eram principalmente intelectuais e estudantes, desejosos de encontrar vias de transição ao socialismo democrático. O socialismo autogestionário havia sido abandonado tanto pelos partidos comunistas como pelos partidos social-democratas ou trabalhistas. Durante as primeiras décadas do após--guerra, estes últimos foram eleitos ao governo, sozinhos ou em coligação com outros partidos, na maioria dos países da Europa Ocidental. Uma vez no poder, estes partidos nacionalizaram os principais serviços públicos: transportes, energia, comunicações, educação e assistência à saúde, além de grande parte da indústria pesada, mas em nenhum país a gestão de empresas estatais foi entregue aos empregados. Uma exceção parcial foi a Alemanha Ocidental, onde as empresas estatais, legadas pelo nazismo, passaram a ser administradas em cogestão por representantes do governo e dos trabalhadores, por exigência das potências ocupantes. Esta decisão foi tomada e efetivada durante o longo governo democrata-cristão de Adenauer, estando a social-democracia na oposição.

A autogestão operária na realidade não constava da ordem do dia da social-democracia. Nesta predominava a pauta de reivindicações dos trabalhadores sindicalizados, cujo atendimento produziu o famoso e na época consensual «Estado de bem-estar social». Nesta pauta, o que mais se aproximava da autogestão operária era a reivindicação de direitos democráticos a serem exercidos no local de trabalho: a criação de conselhos de empresa, compostos por representantes eleitos pelos empregados, com poder de intervir em situações em que algum direito contratual ou legal de empregados estivesse sendo lesado. Cumpre notar que estes direitos foram efetivamente conquistados em diversos países europeus, dando aos representantes eleitos pelos trabalhadores certa capacidade de influir em decisões dos empregadores que afetassem diretamente os interesses de seus representados.

A autogestão voltou com vigor à agenda com a explosão de protestos e lutas dos estudantes de Paris, que rapidamente se espalharam pela Europa, América do Norte e do Sul, no inesquecível ano de 1968. Foi antes de tudo um movimento de jovens, de uma geração que estava sendo educada para atuar num mundo que não só desaprovavam, mas que os indignava pelas flagrantes injustiças que estavam sendo cometidas pelos poderosos, sem que algo fosse feito para impedi-los.

> O radicalismo europeu em 1968 era totalmente internacionalista, inspirado pelos movimentos revolucionários não ocidentais ou pela raiva contra os Estados Unidos contrarrevolucionários. Os estudantes cruzavam facilmente as fronteiras passando de um teatro de radicalismo para outros. O Tribunal Internacional para Crimes de Guerra, instalado pela Fundação Bertrand Russell pela Paz, promoveu este processo, concentrando esforços na Guerra do Vietnam. Em termos práticos, o mundo havia encolhido pelas viagens e comunicações, e, em termos culturais, pelo gosto e pelo estilo.[20]

[20] *Ibidem*, p. 395.

8. A CONSTRUÇÃO DA ECONOMIA SOLIDÁRIA COMO ALTERNATIVA AO CAPITALISMO

Em maio de 1968, a agitação estudantil eclodiu na Universidade de Paris, a Sorbonne. Os estudantes entraram em greve, ocuparam a universidade e em seguida organizaram manifestações nas ruas, sendo violentamente reprimidos pela polícia, o que deve ter despertado a simpatia da população pelos jovens. Deste modo, as lutas estudantis acabaram contaminando a classe operária fabril. Em resposta, o Partido Comunista, que dominava a central sindical mais poderosa, repudiou o movimento estudantil, denunciando os estudantes rebelados como inimigos pseudo-revolucionários da classe trabalhadora.

Mas, à medida que os acontecimentos se desenvolviam, os comunistas da base inevitavelmente se juntaram às manifestações. Sabedores de que nenhum desafio maior ao governo iria acontecer sem eles, a CGT relutantemente combinou com os outros sindicatos uma greve de protesto de um dia a 13 de maio, quando 800 mil trabalhadores marcharam numa maciça validação dos atos dos estudantes.[21]

Em seguida, o governo reabriu a Sorbonne, cedendo aos estudantes.

Mas, no momento em que os estudantes gozavam a liberdade, começaram os abalos secundários, numa mobilização sem paralelo na Europa capitalista desde 1936. A disposição passara dos estudantes para os operários. [...] No fim da semana, a onda de greve avançava, concentrada no cinturão vermelho de Paris, Normandia e Lião. Foram afetadas as indústrias de automóveis, aviação, engenharia, carvão, química e construção naval, além do sector público, com o transporte municipal, ferrovias, gás e eletricidade, os correios, serviços sanitários e a navegação do canal, todos em greve. Os profissionais técnicos, tais como os controladores de tráfego aéreo e o pessoal do rádio e da televisão, também pararam. A 18 de maio, 2 milhões estavam em greve e havia 120 fábricas ocupadas. Na semana seguinte, o número de grevistas chegou a algo em torno de 4 milhões a 6 milhões. No dia seguinte já eram entre 8 e 10 milhões.[22]

A rebelião estudantil, provavelmente sem querer, acabou provocando um imenso movimento de protesto social. Nas universidades ocupadas, os

---

[21] *Ibidem*, p. 401.
[22] *Ibidem*, p. 401.

estudantes trataram de eliminar hierarquias, democratizar a administração e redefinir os currículos.

> Mas os trabalhadores também afirmavam sua ação. Inspirados pelo exemplo dos estudantes, sua audácia tomou de surpresa não somente os empregadores e o governo, mas também os sindicatos. Em Nantes, a ação na Sud Aviation galvanizou um movimento geral de greve, que culminou com a tomada da prefeitura pelo comitê central dos trabalhadores, camponeses e estudantes em greve no dia 27 de maio, afastando o prefeito e o chefe da polícia.[23]

O governo da França se viu coagido a oferecer concessões para poder retomar o controle da situação. A 25-26 de maio, ofereceu aos grevistas um aumento de 35 por cento do salário mínimo, um aumento geral de 10 por cento dos salários e a perspectiva da semana de trabalho ser reduzida a 40 horas. Mas a oferta de acordo foi rejeitada pelos trabalhadores da Renault e de outras empresas.

> Os trabalhadores queriam mudanças que resultassem em melhoria da qualidade de vida: aumento da autoestima, maior participação nas decisões, mais controle sobre a vida diária – *tudo o que implicasse a autogestão*[24] [itálico nosso].

Depois de prolongada resistência nas fábricas e nas universidades, operários e estudantes acabaram tendo de ceder ao governo, que afinal conseguiu restaurar a ordem. Mas, o movimento de maio de 1968 deixou um rico legado, que ainda dá frutos.

> Animar a revolta antiautoritária foi um ideal de autogestão, adotado oficialmente como *autogéstion* pelo novo Partido Socialista (PS) em 1973-75. Previa a democratização da economia – via reivindicação do controle das fábricas pelos seus trabalhadores, cooperativas autogeridas e constitucionalização dos negócios, bem como por meio de tomada participativa de decisões, abertura dos livros, descentralização da gerência e melhoramento geral do local de trabalho.[25]

---

[23] *Ibidem*, p. 402.
[24] *Ibidem*, p. 403.
[25] *Ibidem*, p. 406.

8. A CONSTRUÇÃO DA ECONOMIA SOLIDÁRIA COMO ALTERNATIVA AO CAPITALISMO

O posicionamento do novo Partido Socialista refletia os valores do movimento de maio de 68, que apresentam afinidades significativas com os do movimento da economia solidária no Brasil e em outras nações, 35 anos depois. Vejamos. «Alienação» era a palavra do momento. Ela transmitia uma poderosa acusação: «a sociedade moderna é um truque de confiança que oferece altos padrões de conforto material em troca da escravidão à máquina industrial; o ensino moderno tem como seu principal objetivo a aceitação desta situação. [...]». Como recordava Cohn-Bendit: «Os estudantes queriam saber: porque estamos aprendendo isso? Para fazer o quê? Para assumir que função na sociedade?»[26].

O movimento estudantil que teve o seu epicentro em Paris e se esparramou pela França, em 1968, repercutiu na Itália, na Alemanha e em outros países da Europa, nos guetos negros das grandes cidades dos EUA, no massacre estudantil na Cidade do México, no *cordobazo* argentino e em greves e gigantescas manifestações de rua dos estudantes no Rio e em São Paulo. Em 1968, em plena ditadura militar, as universidades brasileiras estavam em greve pela *reforma universitária*, no fundo protestando contra o golpe que havia fulminado a democracia. Um congresso estudantil clandestino foi denunciado à polícia, e centenas de participantes foram presos. O movimento estudantil foi para a clandestinidade e logo em seguida muitos estudantes aderiram à resistência armada à ditadura, pela qual grande número pagou com a vida, enquanto muitos outros foram presos ou obrigados a se refugiar no exterior.

Em outros países, os estudantes se engajaram no pacifismo, contra a Guerra do Vietname nos EUA, contra o estacionamento de mísseis nucleares na Grã-Bretanha. Na Alemanha, os estudantes radicalizados se engajaram no movimento ambientalista, que mais tarde ensejou a formação do Partido Verde, com réplicas em numerosos outros países. A vertente propriamente autogestionária voltou à tona no episódio da Lip, uma fábrica de relógios em Besançon, perto da fronteira suíça, que entrou em crise, ameaçando demitir a maioria dos seus operários especializados. A crise se estendeu por mais de cinco anos e envolveu as principais centrais sindicais, o governo da cidade, o governo francês, os dois principais partidos de esquerda e a própria indústria relojoeira francesa.

[26] *Ibidem*, p. 406.

Em 1973, os trabalhadores ocuparam a fábrica, mas dois meses depois foram forçados pela polícia a evacuar o prédio. Mas, antes disso, os trabalhadores haviam removido peças do maquinário para continuar a produção em oficinas clandestinas. O governo negociou um plano de recuperação da empresa com as centrais sindicais e industriais «progressistas», que, depois de prolongadas idas e vindas, acabou sendo aprovado pelos trabalhadores. Mas as medidas de racionalização não foram suficientes para garantir a recuperação almejada, e, com a recessão em 1975-76, a direção da Lip requereu em abril de 1976 a falência da empresa, o que levou os trabalhadores a tornar a ocupá-la na esperança de poder contar com a solidariedade da esquerda francesa e da classe operária organizada. Os operários abriram as portas da Lip a visitantes (só em maio foram 60 mil) e a reuniões sindicais e eles mesmos compareceram a reuniões em toda França, com a imprensa, com representantes do governo e com os síndicos da falência, nomeados pelo tribunal. Os operários sobreviviam com o seguro-desemprego e o ganho com vendas de diversos artigos produzidos por eles e vendidos a simpatizantes.

Finalmente, em novembro de 1976, a assembleia dos trabalhadores decidiu formar uma cooperativa que compraria a Lip de seus acionistas. Este passo levou 19 meses a ser dado por razões ideológicas: eles se consideravam assalariados em luta contra proprietários e não para que eles mesmos se tornassem proprietários. Temiam que sua transformação em cooperados implicasse em mudança de sua identidade de classe e, portanto, de suas relações com a classe operária assalariada do país. Convenceram-se, no entanto, de que nas eleições marcadas para março de 1978 a esquerda seria vitoriosa e de que, com um governo de esquerda, uma empresa de propriedade de seus trabalhadores poderia ser um exemplo para outros ocupantes de fábricas. E de fato, em 1974-75, mais de 200 ocupações de fábricas na França se inspiraram no exemplo da Lip. Mas, nas eleições a esquerda, foi derrotada, o que não impediu os trabalhadores de apresentarem um novo plano para assumirem a empresa enquanto cooperativa[27].

---

[27] Martin CARNOY e Derek SHEARER, *Economic Democracy. The Challenge of the 1980s*, pp. 163-169.

8. A CONSTRUÇÃO DA ECONOMIA SOLIDÁRIA COMO ALTERNATIVA AO CAPITALISMO

8.5. A autogestão como reivindicação das lutas operárias no «socialismo real»

O ímpeto autogestionário francês foi no entanto de curto fôlego, e o tema foi por assim dizer suplantado por outros, como o pacifismo, o ambientalismo e o feminismo nas agendas dos novos movimentos sociais. Mas voltou à cena em grande estilo graças às seguidas revoltas operárias na Polônia.

> Greves de massa se seguiram aos aumentos do preço dos alimentos, anunciados inesperadamente primeiro em 1970, no Governo Gomulka, e depois em 1976, em meio de grave crise econômica, no governo Edward Gierek. Nas duas vezes o governo recuou diante da militância da classe trabalhadora – greves, passeatas, protestos formais e ações diretas de saques de edifícios, batalhas contra a polícia e ocupações dos locais de trabalho. Em 1970-71, [...] depois que os tanques invadiram os portos bálticos e Varsóvia ficou sob greve geral, o novo secretário-geral Gierek [...] anunciou o congelamento dos preços por dois anos nos níveis de 1966, tornado possível por um empréstimo soviético. Em 1976, o ciclo repetiu-se com mais rapidez: anunciaram-se os aumentos, os trabalhadores saíram às ruas, e o governo recuou.[28]

Em 1980, começou outra insurreição pelos mesmos motivos: aumentos de preços. O estaleiro Lênin foi ocupado por operários chefiados por Lech Walesa. Mas dessa vez os trabalhadores fizeram uma nova reivindicação: sindicatos independentes. Enquanto o governo negociava com os trabalhadores nas diferentes regiões, em setembro foi fundado o Sindicato Independente Autogerido ou *Solidarnosc* (Solidariedade). No mês seguinte, estourou uma greve geral, e o número de aderentes ao Solidarnosc crescia aos saltos: três milhões em setembro, oito milhões em outubro, chegando a 9,5 milhões, ou seja, mais de três quartos de uma força de trabalho de 12,5 milhões, um ano depois.

Em seu primeiro Congresso, em setembro-outubro de 1981, o Solidariedade abandonou sua postura de sindicato e exigiu uma «república autogerida», atacando o «papel de liderança» do PC. A economia planejada foi rejeitada em favor de empresas autônomas «autogeridas», com sugestões sindicais de uma economia democratizada além da esfera de comando do Partido. Quando o programa

---

[28] ELEY, Geoff, *Ibidem*, p. 494.

declarou que «a vida pública na Polónia exige reformas profundas e abrangentes que resultem na introdução permanente de princípios de autogestão, democracia e pluralismo» estava entrando no terreno da «Primavera de Praga» e deixando para trás a terra do «socialismo realmente existente». O resultado era inevitável. A 12 de dezembro, Jaruzelski [o chefe do governo] decretou a lei marcial, prendeu os líderes do Solidariedade e formou um Conselho Militar de Salvação Nacional.[29]

8.6. A repercussão da revolução do Solidarnosc e a consequente difusão do socialismo autogestionário no Brasil

Apesar de reprimido pela força, o movimento do Solidarnosc teve enorme repercussão nos outros países, particularmente nos que eram palcos da atuação dos jovens estudantes, engajados em movimentos sociais herdeiros dos valores de 1968. No Brasil, a luta do Solidarnosc coincidiu com a fundação do Partido dos Trabalhadores por uma ampla frente de agrupamentos de esquerda, de orientações diferentes, mas com uma significativa representação dos novos movimentos sociais. Entre as lideranças, uma parcela significativa era composta por pessoas que haviam estado exilados na Europa, portanto, conhecedoras das lutas pela autogestão operária dos dois lados da ainda incólume Cortina de Ferro.

Um dos que se engajaram no estudo do socialismo autogestionário foi Cláudio Nascimento, intelectual autodidata e educador popular, que a partir 2003 integraria a equipe da Secretaria Nacional de Economia Solidária como coordenador-geral de formação. Num depoimento autobiográfico, relatava:

> Em 1980, tinha publicado brochuras e ensaios sobre o movimento operário e sindical que tinha surgido na Polónia, o Solidarnosc. Na França participei de estudos e ações de apoio aos exilados de Solidarnosc, que estavam apoiados pela CFDT, onde trabalhava. [...] Muitas entrevistas e conversas em bares da periferia de Paris, com dirigentes operários e intelectuais poloneses [...], reuniões com militantes de Lublin, que vinham como convénio com a Universidade de Louvain La Neuve, na Bélgica, me levaram a escrever sobre esta experiência de autogestão. Fiz pesquisa sobre o movimento de autogestão na Polónia, o Solidarnosc, na França, consultando bibliotecas e centros de documentação. A pesquisa foi publicada em Portugal, pelas edições Base-Fut, do Porto.

---

[29] *Ibidem*, pp. 495-496.

8. A CONSTRUÇÃO DA ECONOMIA SOLIDÁRIA COMO ALTERNATIVA AO CAPITALISMO

Na volta ao Rio de Janeiro, me reintegrei no CEDAC. Com o companheiro da metalurgia Ferreirinha, passei a integrar a equipe de formação sindical da Secretaria Estadual de Formação do RJ. Desde esta época até mais ou menos 1991, viajei por vários estados, desenvolvendo cursos sobre «socialismo autogestionário» para uma camada jovem de operários, estudantes e militantes de movimentos sociais, ávidos por conhecimento sobre uma nova forma de organização da sociedade e de autores pouco ou quase nada conhecidos entre nós: Rosa Luxemburgo, o austro-marxismo, Pannekoek, Mariátegui e experiências históricas de autogestão.

Após 1989, juntos com o ISER, lançamos o Boletim «Vermelho e Branco» (iniciativa de Rubens César Fernandes, que tinha vivido seu exílio na Polônia), com assessoria do jornalista Newton Carlos, para divulgar notícias sobre os acontecimentos do Leste. Ainda com o ISER, IEDS e CEDAC formamos um *pool* para atividades de formação sobre o socialismo. Na equipe estavam Ruben César Fernandes, Pedro Uchoa Cavalcanti, Reginaldo di Piero, Piragibe Castro Alves. Em 1990, um ano após a queda do Muro de Berlim, fundamos no RJ o Centro de Cultura Socialista, para continuar as atividades de formação sobre esta temática.

Na época do CEDAC, constituíamos uma frente político-cultural aglutinando informalmente militantes de várias correntes de esquerda no PT e na CUT [Central Única dos Trabalhadores] para formação em vários estados, onde tínhamos apoios de ONG, em pelo menos oito estados. Este trabalho levou, no Rio de Janeiro e em Santa Catarina, alguns companheiros a formarem uma «tendência» dentro do PT, na linha da autogestão socialista. Este «fechamento» levou a um definhamento das atividades, pois terminou por isolar muitas pessoas. Destas atividades surgiram várias brochuras:

– *A Questão do Socialismo: da Comuna de Paris à Comuna de Gdansk*;

– *Rosa Luxemburgo e Solidarnosc. Autonomia operária e autogestão socialista*, Cedac, Edições Loyola, São Paulo, Brasil, 1988;

– *Polônia 80, um lição de socialismo*;

Com o PACS (colega Marcos Arruda), realizamos muitas atividades sobre esta temática na região sul do país. Era em convênio com a ONG gaúcha CECA, com sede em São Leopoldo. Com o CECA, publicamos as brochuras:

– *Dos Soviets à Burocratização* (tradução da obra do historiador Marc Ferro);

– *Um Programa Socialista Autogestionário* (do tcheco Petrl Uhl, traduzido, mas que não foi publicado);

– *Socialismo e Marxismo na América Latina* (Mariategui, Che e Carlos Fonseca), junto com texto de Michael Löwy;

– *A Evolução do Socialismo Autogestionário* (tradução de texto do iugoslavo), Branko Hovart.

O relato de Cláudio Nascimento mostra que o socialismo autogestionário passou a receber uma divulgação sistemática por um número notável de intelectuais, a partir pelo menos de julho de 1983, quando o autor volta ao Brasil. Na realidade, esta atividade começou antes, conforme ele relata em seu depoimento:

> Em 1978-79, com a volta dos anistiados, tínhamos fundado diversas ONG para levar este trabalho em vários estados da federação: no Rio fundamos a CEDAC [Centro de Ação Comunitária], onde passei a trabalhar. Nesta época, já era assessor da Pastoral Operária Nacional (junto com Frei Beto, Frei Eliseu, sindicalistas como João Pires Vasconcelos, José Ibrahim e intelectuais como Piragibe Castro Alves). Trabalhávamos com oposições sindicais pelo país afora. Esta atividade intensa levou-me mais uma vez a perseguições: após ser seguido durante seis meses, tive o meu apartamento invadido no Rio, em 1980, quando da onda de terrorismo que assolou o país naquele período [...]. Por isto, tive de sair do Brasil, passando três anos na França, trabalhando numa Central Sindical, a CFDT. Este tipo de estágio foi no campo da formação sindical, pois estávamos para fundar a CUT [Central Única dos Trabalhadores] e precisaríamos de pessoas que soubessem como fazer formação em uma central sindical (não tínhamos esta experiência no país devido a constante exclusão e proibição de centrais sindicais.)[30]

O depoimento de Cláudio Nascimento indica que sua incessante atividade intelectual e como educador popular se desenvolveu em estreito contato com ativistas e intelectuais ligados à Igreja Católica, certamente inspirados pela teologia da libertação. Um estudioso atento do tema, Pablo A. Guerra[31], oferece dados significativos a este respeito:

> Nos anos cinquenta, um dominicano francês de nome Louis Joseph Lebret haveria de marcar a fogo um grupo de investigadores de diversos países da América, divulgando no continente uma escola conhecida como «economia humana».

---

[30] Cláudio Araújo NASCIMENTO, *Memorial* (pelo que sabemos, nunca publicado).
[31] GUERRA, Pablo A., *Socioeconomia de la solidariedad*, Montevideo, Editorial Nordan-Comunidad, 2002.

8. A CONSTRUÇÃO DA ECONOMIA SOLIDÁRIA COMO ALTERNATIVA AO CAPITALISMO

Paulo VI, que começa o seu Papado em pleno Concílio, promulgaria logo o seu *Populorum progressio* (1967), onde se volta a mencionar a solidariedade como valor indispensável na busca dum verdadeiro desenvolvimento para os povos:

> Esta linha seria continuada por S.S. João Paulo II, o Papa que mais tem contribuído nesta linha de reflexão, ao ponto de promover, em uma reunião em Santiago de Chile, em 1987, a ideia de «economia da solidariedade», na qual disse «pomos todas nossa esperanças para América Latina».[32]

A forte afinidade dos socialistas cristãos com o socialismo autogestionário ou economia solidária se manifesta também no fato do Complexo Cooperativo de Mondragon, a maior rede de cooperativas do mundo, ter sido fundado sob a iniciativa e liderança do Padre Arizmendiareta, um lídimo socialista cristão e discípulo do Padre Lebret. No Brasil, igualmente a economia solidária passou a ser difundida e organizada em boa parte por entidades da Igreja, como a Pastoral Operária e a Cáritas.

A afinidade do socialismo cristão ou da teologia da libertação com a economia solidária, no Brasil, no ocaso da ditadura militar, é significativa porque compartilha desde cedo um mesmo campo de atuação com a maioria dos novos movimentos sociais que surgiram no país, inspirados pelas insurreições operárias que se levantaram contra a opressão, tanto em Praga como em Paris e Varsóvia. Neste contexto, não deixa de ser significativo o movimento do Solidarnosc ter sido predominantemente católico.

O testemunho de Cláudio Nascimento deixa claro que a pregação do socialismo autogestionário nos anos oitenta do século XX, quando o declínio do regime militar no Brasil já era inegável, teve lugar no seio mesmo do movimento operário, sindical e político. É este movimento operário, que ressurge mutilado por 14 anos de repressão total (1964-1978), que vai gerar o Partido dos Trabalhadores, uma inovação não somente à luz da história do Brasil, mas também da história mundial, pois na mesma época tem lugar o auge da contrarrevolução do neoliberalismo, sinalizado pelas eleições e reeleições de Margaret Thatcher na Grã Bretanha e de Ronald Reagan, nos Estados Unidos.

---

[32] *Ibidem*, pp. 45 e 50-51.

O neoliberalismo surge avassalador, desde 1979-80, ao mesmo tempo que a União Soviética começa a se livrar das amarras estalinistas que sufocaram durante quase 70 anos qualquer iniciativa democrática de sua população. Há os que atribuem a abertura russa à onda neoliberal, hipótese que não encontra qualquer corroboração factual. O que surpreende nos países capitalistas é a quase total incapacidade da esquerda de oferecer resistência à ofensiva neoliberal, produzida pela falta de qualquer alternativa que nem precisaria ser socialista, mas apenas democrática, como a que está sendo *hoje* reivindicada pelos movimentos de jovens, na periferia europeia e nos países árabes. As prolongadas lutas por democracia e socialismo, travadas pelos movimentos operários e seus intelectuais orgânicos, ao longo dos séculos XIX e XX, provam que a essência do socialismo é a democracia sem mais adjetivos, aplicada não só à política, mas à economia, à educação escolar, à assistência à saúde, à ordenação urbana, ao cuidado com o meio ambiente e demais áreas cruciais de interação social.

A fundação do PT no Brasil, em 1980, vai contracorrente do colapso perante o neoliberalismo da esquerda democrática na União Europeia, nos EUA e em países da América do Sul, ao levantar a bandeira da luta por um socialismo humano e absolutamente democrático. No manifesto lançado por ocasião de sua fundação a 10 de fevereiro de 1980, o PT proclama:

> O PT afirma o seu compromisso com a democracia plena e exercida diretamente pelas massas. [...] Lutará por sindicatos independentes do Estado, como também dos próprios partidos políticos. [...] É preciso que o Estado se torne a expressão da sociedade, o que só será possível quando se criarem as condições de livre intervenção dos trabalhadores nas decisões dos seus rumos. Por isso, o PT pretende chegar ao governo e à direção do Estado para realizar uma política democrática, do ponto de vista dos trabalhadores, tanto no plano econômico quanto no plano social. O PT buscará conquistar a liberdade para que o povo possa construir uma sociedade igualitária, onde não haja exploradores e nem explorados.[33]

Na primeira Convenção Nacional do PT, em 1981, Lula discursou dizendo, entre muitas outras coisas:

---

[33] Partido dos Trabalhadores, *Resoluções de Encontros e Congressos 1979-1998*, Diretório Nacional do PT, São Paulo, setembro de 1998, p. 66-67.

8. A CONSTRUÇÃO DA ECONOMIA SOLIDÁRIA COMO ALTERNATIVA AO CAPITALISMO

> [...] queremos com todas as forças, uma sociedade [...] sem exploradores. Que sociedade é esta senão uma sociedade socialista? Mas, o problema não é somente este. Não basta alguém dizer que quer o socialismo. A grande pergunta é: **qual socialismo?** [...] Sabemos que não nos convém, nem está em nosso horizonte, adotar a ideia do socialismo para buscar medidas paliativas aos males sociais causados pelo capitalismo ou para gerenciar a crise em que este sistema econômico se encontra. Sabemos também que não nos convém adotar como perspectiva um socialismo burocrático, que atende mais às novas castas de tecnocratas e de privilegiados que aos trabalhadores e ao povo. [...] O socialismo que nós queremos irá se definindo nas lutas do dia a dia, do mesmo modo como estamos construindo o PT. [Ele] terá de ser a emancipação dos trabalhadores. E a libertação dos trabalhadores será obra dos próprios trabalhadores.[34]

Lula, isto é, o PT, entrega a decisão sobre qual socialismo será edificado aos próprios trabalhadores, como garantia de que as lutas que o definirão serão travadas de modo inteiramente democrático, como sempre foram, desde os dias heroicos da resistência à repressão em São Bernardo do Campo. O compromisso do PT e seu líder fundador é que a democracia vigente no país teria de se tornar cada vez mais participativa, para que o seu destino pós-capitalista possa ser decidido diretamente pelos trabalhadores.

O assunto socialismo e democracia volta a ser tratado, em 1987, no 5.º Encontro Nacional do PT, no item 46 de suas resoluções:

> A ausência de democracia, do direito à livre organização dos trabalhadores é contraditória com o socialismo pelo qual lutamos. Ainda mais quando sabemos, a partir de várias experiências históricas, que essa ausência foi alçada a quase que a um princípio permanente, cujas consequências podem ser vistas hoje, num certo impasse que vivem vários países que fizeram a revolução e que está na base, por exemplo, da luta dos trabalhadores poloneses em torno do Solidariedade, que o PT tem apoiado.[35]

Vale notar que o apoio à luta do Solidariedade polonês implica, se não um compromisso ainda, uma inclinação do PT ao socialismo autogestionário reivindicado por aquele famoso sindicato.

---

[34] *Ibidem*, p. 114.
[35] *Ibidem*, p. 316.

O compromisso foi assumido quatro anos depois, em 1991, no 1.º Congresso do PT. Vale a pena examinar a formulação de três resoluções do Congresso.

98 O PT entende que a diversidade de desejos e ideias é inerente à condição humana, razão pela qual a pretensão de suprimi-la não passa de um projeto de violentação da humanidade. Lutamos por uma sociedade efetivamente plural, mais um motivo para sermos anticapitalistas, pois o capitalismo, ao oprimir e alienar os indivíduos, só admite uma pluralidade restringida pela desigualdade de condições e oportunidades. Mas, motivo também para rechaçarmos a chamada «pluralidade para os partidos operários», ou seja, «para quem pensa como nós que, historicamente, só pode levar a formas de ditadura. [...]

100. Nossa perspectiva, entretanto, não se limita à democratização e à socialização da política a partir do Estado. Visamos construir no socialismo uma esfera pública na qual a política não se restrinja a iniciativas estatais e institucionais, mas que, ao contrário, tenha seu polo dominante nas iniciativas surgidas da sociedade, na perspectiva de que a população organizada se aproprie de funções que hoje são reservadas às esferas estatais e institucionais, exercendo em plenitude uma nova cidadania. Para o PT, o socialismo deve ser também a socialização dos meios de governar, a descentralização do poder e, principalmente, o reconhecimento do direito à diversidade política, cultural, étnica, sexual e religiosa.[...]

103 O PT entende que é preciso estimular o planejamento estratégico e democrático do desenvolvimento, diversificar as formas de propriedade, gestão e controle social, combinando diferentes formas de propriedade (estatal, coletiva, social, pública, particular, mistas), privilegiando as formas de propriedade de carácter social e estabelecendo limites à propriedade individual, de acordo com critérios vários, como sector de atividade, volume de lucro gerado, número de empregados, entre outros; diferentes formas de gestão econômica (autogestão, direção pessoal ou coletiva, mistas) e várias formas de controle social (sindical, popular, estatal), compreendendo que a eliminação das desigualdades herdadas do capitalismo demandará um longo, demorado e conflituoso processo, do qual, no momento, só podemos vislumbrar as formas mais gerais. Até porque os contornos precisos de uma sociedade socialista não podem ser definidos hoje (a não ser como projetos de laboratório, desprovidos de vida), exatamente porque eles serão produtos da própria luta social, política, econômica e cultural. Por isso mesmo, entendemos ser essencial fortalecer o controle da sociedade civil sobre o Estado também no terreno econômico, impulsionando a socialização e a democra-

8. A CONSTRUÇÃO DA ECONOMIA SOLIDÁRIA COMO ALTERNATIVA AO CAPITALISMO

tização do Estado e o desenvolvimento das esferas públicas no âmbito da própria sociedade civil.[36]

Há séculos, a democracia vem sendo experimentada em diferentes lugares e épocas, mas pela primeira vez se tornou uma quase unanimidade mundial, ao menos como ideal político. Estas tentativas democráticas, que se generalizaram após a queda das ditaduras estalinistas, se chocam hoje com a extrema concentração do capital, da riqueza e da renda, que resulta da total liberdade de movimentação do capital, imposta pela hegemonia neoliberal na maioria dos países do primeiro mundo e portanto nos órgãos multilaterais da ONU como a Organização Mundial do Comércio e o Fundo Monetário Internacional.

O Brasil, hoje governado pelo PT e uma coligação de partidos, constitui brilhante exceção, ao lado de um bom número de países da América do Sul e do Extremo Oriente, a este panorama desolador de retrocesso, que ainda prevalece na América do Norte e na Europa. Esta excecionalidade brasileira se deve em grande parte ao Partido dos Trabalhadores, o maior partido do país e que é a matriz, juntamente com ONG e movimentos sociais, deste processo de construção ideológica e política da economia solidária como alternativa viável ao capitalismo em sua atual fase neoliberal.

O PT foi fundado em 1980, quando o regime militar resolveu pôr em prática sua abertura política, mediante a restauração do multipartidarismo. Até então, o regime havia tolerado apenas um único partido de oposição, o MDB [Movimento Democrático Brasileiro], e um único partido da situação. Com a abertura, os militares resolveram possibilitar aos oposicionistas fundar outros partidos, com a esperança de que, ao fazê-lo, as oposições se dividissem. O que efetivamente aconteceu. O MDB teve de se tornar PMDB e em 1988 sofreu uma primeira cisão, com a formação do PSDB, que teve a oportunidade de governar o país entre 1995 e 2003. Os herdeiros de siglas partidárias tradicionais as refundaram e surgiram novos partidos políticos. Hoje o Brasil possui dezenas de partidos, que disputam eleições em nível nacional, estadual e municipal.

O PT disputou a Presidência da República com candidato próprio desde a primeira eleição direta, em 1989, tendo perdido as três primeiras, sempre ocupando o segundo lugar, o que o tornou, desde 1990, o maior partido

[36] *Ibidem*, p. 500-501.

de oposição. O crescimento eleitoral do PT foi inicialmente vagaroso, mas se acelerou a partir de 1988, quando conquistou o governo municipal de São Paulo, a maior metrópole do país, e de mais duas capitais de estados e dezenas de municípios grandes, médios e pequenos. Desde este momento, o PT passou a enfrentar os problemas decorrentes do exercício do poder executivo, sem ter acesso a recursos que lhe permitissem cumprir a maior parte de suas plataformas de governo. É que uma inflação enorme praticamente paralisou as políticas de fomento do desenvolvimento econômico entre 1980 e 1994, mantendo a economia brasileira em semiestagnação durante as duas décadas finais do século xx.

A estabilização dos preços foi alcançada mediante o Plano Real, que foi executado dentro das regras neoliberais, com abertura brutal do mercado interno às importações de bens industriais de países com custos trabalhistas muito menores que os vigentes no Brasil, o que acarretou forte crise industrial, com a perda de milhões de postos de trabalho e uma elevação do desemprego em massa, grande parte dele de longa duração. Nesta conjuntura trágica de empobrecimento e exclusão social, que se agravou durante as duas décadas perdidas, a economia solidária emerge como uma estratégia de sobrevivência à qual recorrem cada vez mais trabalhadores, amparados pelos Projetos Alternativos Comunitários (PAC), implantados pela Cáritas, pelas Incubadoras Tecnológicas de Cooperativas Populares abrigadas por universidades públicas e por um bom número de ONG, em grande parte ligadas à Igreja Católica, com algum acesso a recursos da chamada ajuda internacional.

A economia solidária desde então tem sido viabilizada pelo apoio de movimentos sociais apoiados pelos sectores organizados da sociedade civil: comunidades eclesiais de base, pastorais, sindicatos operários, movimento estudantil atuando em incubadoras ou entidades similares, movimentos de trabalhadores rurais sem terra, catadores de resíduos recicláveis, quilombos, indígenas, mulheres, egressos de manicómios, sem falar da solidariedade entre vizinhos, que faz parte da cultura das classes trabalhadoras de baixa renda.

O apoio do poder público veio inicialmente de prefeituras, quase todas petistas. O movimento político da economia solidária se desenvolve de forma molecular durante os anos oitenta e emerge na cena pública com a realização dos primeiros Foros Sociais Mundiais, a partir de 2001. Há um importante processo de reconhecimento mútuo entre todos os movimentos

8. A CONSTRUÇÃO DA ECONOMIA SOLIDÁRIA COMO ALTERNATIVA AO CAPITALISMO

sociais envolvidos com a economia solidária a partir da segunda metade dos anos noventa, de modo que, quando o primeiro Foro Social Mundial tem lugar, em 2001, em Porto Alegre, cidade governada pelo PT desde 1989, o movimento da Economia Solidária tem presença destacada, provocando considerável interesse entre os milhares de participantes nacionais e estrangeiros.

É importante considerar a estreita afinidade política entre os promotores dos Foros Sociais Mundiais e os militantes e organizadores da economia solidária, pois ambos são inspirados pelo rico legado dos movimentos estudantis que emergem em 1968 e se mantêm ativos desde então. Apesar do crescente apoio dado à economia solidária pelos governos do PT não só municipais mas também estaduais, o partido só a assume pelo que foi visto acima, no 1.º Congresso, em 1991, e na forma de uma cogitação teórica no quadro da discussão do socialismo petista, cuja construção demandaria «um longo, demorado e conflituoso processo».

Em 2000, Lula resolveu promover uma série de debates sobre o socialismo no PT, tendo em vista a nova situação criada dentro partido pela crise mundial do «socialismo real», que vinha sendo abandonado pelos países e partidos em escala crescente. Como seria de se esperar, o socialismo autogestionário, já então sendo identificado como economia solidária, foi objeto de debate pelos dirigentes do partido, que resultou em sua adoção pelo PT, quase sem oposição. Lula foi mais uma vez candidato à Presidência em 2002 e fez questão de incluir em sua plataforma o apoio à economia solidária, que já vinha crescendo com vigor, embora ainda largamente ignorada pela opinião pública. A vitória de Lula foi recebida com enorme entusiasmo pela população, que esperava mudanças profundas na sociedade, a serem efetivadas pelo novo governo.

O movimento de economia solidária, movido pela mesma esperança, encaminhou ao presidente eleito, mas ainda não empossado, missiva em que pedia a criação da Secretaria Nacional de Economia Solidária no Ministério do Trabalho e Emprego. A proposta contou com o apoio do futuro Ministro do Trabalho Jacques Wagner e recebeu a aprovação de Lula. Esta decisão permitiu ao movimento da economia solidária, que até aquele momento ainda não havia assumido carácter nacional, o ensejo e a necessidade de cobrir todo extenso território nacional, o que mudou o seu carácter numa dimensão que só foi possível perceber gradativamente ao longo dos anos seguintes.

A criação da Secretaria Nacional de Economia Solidária SENAES teve de esperar a aprovação da lei que reorganizou o governo brasileiro, por meio da qual a criação de outros Ministérios e Secretarias também foi legalizada. Foi uma espera de um semestre, durante o qual o movimento da economia solidária se empenhou na discussão das políticas a serem desenvolvidas pela SENAES, em duas reuniões plenárias. Quando chegou o dia da instalação da Secretaria, uma terceira plenária foi convocada em Brasília, que acabou sendo a maior de todas, com a presença de 800 delegados de 20 dos 27 estados brasileiros. Nesta reunião foram fundadas duas entidades que acabaram sendo as principais parceiras da SENAES: o Fórum Brasileiro de Economia Solidária, que reúne desde então os empreendimentos de economia solidária de todo o país e todas as organizações da sociedade civil que fomentam a economia solidária; e a Rede Nacional de Gestores Públicos de Economia Solidária, à qual pertencem os responsáveis pelos órgãos estaduais e municipais de apoio e promoção da economia solidária.

A SENAES foi recebida com simpática curiosidade não só pelos servidores do Ministério do Trabalho, mas também pelos dos ministérios responsáveis por políticas sociais e de defesa dos direitos de mulheres, negros, indígenas e outras «minorias» socialmente excluídas e discriminadas, o que levou a Secretaria a organizar cursos para servidores públicos federais de formação e informação sobre economia solidária. De cada vez, o número de matrículas ultrapassava de longe a quantidade esperada de alunos. A satisfação da curiosidade reforçou a simpatia pela economia solidária, o que fez que ao cabo de poucos anos nada menos de 22 ministérios do governo federal desenvolvessem políticas de fomento da economia solidária, em parceria com a SENAES.

Da mesma forma, cresceu incessantemente o número de estados e municípios que realizam ações de difusão e apoio à economia solidária. Na verdade, a economia solidária já vinha aumentando vigorosamente antes da vitória de Lula e da criação da SENAES, de modo que é difícil saber quanto da aceleração deste crescimento deve ser atribuído à ampliação das políticas de fomento devida à criação da SENAES ou à dinâmica própria do movimento. A expansão da economia solidária pelo extenso território brasileiro tornou a economia solidária cada vez mais diversificada culturalmente com a vinda de variadas comunidades tradicionais: quilombolas, indígenas, quebradeiras de coco, seringueiros, pescadores artesanais, marisqueiras, cultivadores peixes e frutos do mar e uma profusão de artesãos, de bordadeiras a apicultores e cultivadores de plantas medicinais, etc.

Esta crescente diversidade cultural vem enriquecendo a economia solidária ao juntar operários de empresas recuperadas, que trazem à economia solidária a experiência recente da luta de classes, com povos que cultuam os valores da economia solidária em função de suas próprias tradições, transmitidas de geração a geração há muitos anos. Havendo respeito pelos diferentes, a diversidade alarga os horizontes dos engajados na economia solidária e os torna mais capazes de extrair dos avanços e recuos, dos ganhos e das perdas os ensinamentos que facilitam a convivência e afiam a inteligência coletiva para o enfrentamento de novos desafios.

Sob nomes diferentes, a economia solidária se desenvolve em muitos países dos cinco continentes e, graças à revolução informática e à troca de experiências, foi facilitada, o que torna possível não só a interação, mas a colaboração efetiva, que permite falar da globalização de uma variedade de alternativas viáveis ao capitalismo neoliberal, que a todos ameaça. O florescer duma profusão de economias solidárias ou sociais ou humanas ou como quer que se denominem é a garantia de sua viabilidade, pois a vocação da humanidade não é a uniformização.

Segunda Parte
ECONOMIA SOLIDÁRIA NO BRASIL

1. TESES SOBRE AUTOGESTÃO E SOCIALISMO NO BRASIL DE HOJE[37]

O tema da autogestão é ainda pouco discutido no Brasil em geral e, inclusive, na Universidade de São Paulo. Estamos começando a criar, na USP, uma Incubadora de Cooperativas Populares que pretende estimular e amparar a formação de empresas autogeridas. E a Incubadora só terá algum êxito neste intento de dar uma oportunidade à população mais pobre, mais excluída da nossa cidade, de se organizar sob a forma cooperativa se efetivamente alunos e técnicos da universidade se motivarem e se mobilizarem para participar desse esforço. Desse ponto de vista prático, acho esse debate altamente oportuno.

O tema que me foi proposto, e que me é extremamente caro, é «Autogestão e socialismo». É um tema antigo, mas nem por isso está esgotado. Em verdade, ele se repõe na medida em que a história vai se desenrolando. E, na medida em que diferentes experimentos socialistas vêm sendo feitos e eventualmente vão fracassando, a questão da autogestão e do socialismo se recolocam sob formas e cores muito diferentes.

Aproveitarei essa oportunidade para apresentar-lhes oito hipóteses sobre a implantação do socialismo via autogestão. Há uma tradição na esquerda de se fazerem teses: «sete teses sobre o subdesenvolvimento», «cinco teses erradas» sobre qualquer coisa. Hoje, aprendemos a ser mais modestos. **Em vez de teses, vou apresentar hipóteses.** A história é probabilística, certas coisas podem vir a acontecer ou não; estou propondo hipóteses que poderão ser verdadeiras ou não, o que vai depender muito de nós próprios.

---

[37] Texto de uma conferência proferida no auditório de História da Faculdade de Filosofia e Ciências Humanas da USP, no fim de 1998, revista e ampliada.

A primeira hipótese é a de que o projeto socialista não se limita à economia. Mas, no que se refere à economia, não há dúvida de que a autogestão é a forma de organização gestada pela experiência histórica que melhor permite alcançar os valores do socialismo, ou seja, igualdade e democracia. Não dá para reduzir o projeto socialista apenas a uma forma de organização da economia, por mais importante que ela seja. A proposta do socialismo vai além da economia: alcança a cultura, a sociabilidade, é um projeto de reorganização de toda a sociedade humana, da infra à superestrutura e, portanto, não deve ser reduzida a uma proposta econômica, como ocorre muitas vezes.

Separando, dentro do projeto socialista, a questão econômica, ou seja, como organizar de uma forma democrática e igualitária a produção e a distribuição – distribuição esta que permite o consumo – de todas as formas imaginadas, a autogestão é a melhor do ponto de vista da experiência histórica. A autogestão não foi inventada por algum teórico, para depois ser colocada em prática. Ela é resultado de uma experiência de um século e meio de tentativas de organização coletivistas, cooperativas e igualitárias da produção. Experiências extremamente diferenciadas, que têm origem nas lutas de Robert Owen, na primeira metade do século XIX, na Inglaterra.

Dessas experiências acabaram-se deduzindo alguns princípios, que dão certo, os quais permitem que, dentro do capitalismo, formas autogestionárias se viabilizem por algum tempo. Podemos, usando a imaginação, inventar muitas maneiras de organizar a economia que, de alguma forma, realizem os valores do socialismo. Mas a autogestão oferecida pela experiência histórica é, provavelmente, a melhor forma de chegar à mais completa igualdade possível dentro da cultura que temos hoje, entre os participantes da produção e da distribuição.

Estou dando muita importância à questão histórica porque não tenho qualquer vocação para socialista utópico, ou seja, parece-me fácil demais inventar esquemas. Não que não seja útil, mas acho que mais importante é pesquisar a realidade histórica e ver o que nos oferece como pista, como indicador do que se poderia realizar como uma economia socialista inserida contraditoriamente na economia de mercado capitalista.

A história nos fornece, e essa é exatamente **a segunda hipótese,** uma série de experimentos que deram certo. Deixando de lado os muitos que deram errado, quais são esses, os que deram certo? Empresas capitalistas falidas ou em processo de falir são assumidas pelos seus trabalhadores,

1. TESES SOBRE AUTOGESTÃO E SOCIALISMO NO BRASIL DE HOJE

que as reabilitam e desenvolvem, e acabam dando lugar a cooperativas de produção, ou cooperativas de trabalhadores, que funcionam relativamente bem durante anos, décadas, às vezes várias gerações. Enquanto preparava este texto, ontem à noite, li um autor, do século XIX, John Stuart Mill. Em seu livro *Princípios de Economia Política*, na sexta edição, de 1865, ele faz um longo relato sobre experiências cooperativistas na França e na Inglaterra, e, com muito entusiasmo, mostra como trabalhadores são capazes de reabilitar empresas que, na mão dos capitalistas, acabaram falindo.

Essa mesma experiência na Europa do século XIX se repete no século XX.

Vou lembrar um caso que ficou mundialmente famoso: a fábrica de relógios Lip, em Besançon, na França. A fábrica, nos setenta do século XX, foi ocupada pelos seus trabalhadores porque ia ser fechada e funcionou meio na marra durante meses e meses, enquanto se mobilizava toda a cidade de Besançon, o movimento operário francês e internacional, tentando viabilizar a passagem do maquinário e do equipamento aos trabalhadores da Lip. Essa luta durou vários anos e foi tão entusiasmante, na época, que cerca de 700 empresas foram tomadas pelos seus trabalhadores, por efeito do exemplo dos da Lip.

Temos hoje, no Brasil, organizadas na Associação Nacional dos Trabalhadores de Empresas Autogeridas (ANTEAG), aproximadamente 41 empresas, que funcionaram durante longos anos como empresas convencionais, mas um belo dia começaram a afundar. Os trabalhadores, representados pelos seus sindicatos, sendo credores da futura massa falida, habilitaram-se a ficar com o património e passaram a operar estas empresas como cooperativas autogestionárias. Há mais empresas autogeridas no Brasil, passando pela mesma experiência nesses anos noventa, mas 41 delas são bem conhecidas porque fazem parte de uma associação e são empresas onde trabalham cerca de dez mil pessoas.

O segundo tipo de experiência que diria ser muito exitosa é o das cooperativas agrícolas que decorrem de lutas pela reforma agrária, em toda a América Latina. Também em outros países há lutas de trabalhadores que ocupam áreas de latifúndios, geralmente improdutivas ou pouco utilizadas, e procuram obter acesso à propriedade dessas áreas para poder cultivá-las. Atualmente, no Brasil, esta luta está sendo levada principalmente pelo MST. Pois bem, o MST, ao conseguir que se realize alguma reforma agrária no nosso país, ao transformar acampamentos em assentamentos, organiza cooperativas.

E isso não só por valores socialistas, mas por razões práticas também. As famílias assentadas recebem terra em geral ruim e empréstimos de capital inicial muito parcos para terem boas possibilidades de êxito trabalhando sozinhas. A autoajuda mútua torna-se essencial a elas. O mínimo que têm de fazer para aumentar sua competitividade é organizar-se em cooperativas de comercialização, comprando insumos e vendendo a produção em conjunto. O máximo seria o que o MST chama de «cooperativas agropecuárias», em que todos os lotes são cultivados coletivamente e os capitais iniciais são reunidos para a montagem de agroindústrias e a aquisição de tractores, etc. A CONCRAB, Confederação das Cooperativas de Reforma Agrária no Brasil, reúne aproximadamente cem mil famílias. Portanto, é uma massa humana ponderável. Reúne todo tipo de cooperativa, sendo o modelo mais coletivista o mais novo. Há uma certa dinâmica em que se aprende a trabalhar junto, e as famílias, muitas vezes, se transferem de cooperativas de simples comercialização a cooperativas de produção.

E não há dúvida de que esse tipo de economia solidária tem amplas perspectivas de desenvolvimento. Há pouco tempo tive oportunidade de assistir a um vídeo interessantíssimo de uma experiência em Honduras. Uma área conquistada pelos camponeses foi transformada numa grande agroindústria de óleo de palma. É uma cooperativa que reúne cerca de cinco mil trabalhadores que plantam palma, produzem e exportam óleo. Conseguiram com isso não só trabalho permanente, mas também casas decentes, assistência à saúde, escola para os filhos, etc. Em Honduras há outras cooperativas agroindustriais igualmente exitosas.

Um terceiro exemplo são os *kibutzim* em Israel. Em Israel, jovens vindos da Europa Oriental acabaram se transformando em pioneiros que ocuparam o solo, tentaram praticar agricultura e reinventaram a cooperativa. Houve muitas tentativas de como fazer isso coletivamente e sobreviver em condições extremamente difíceis. Isso começou em torno de 1910, e o que eles acabaram acertando foram formas extremamente coletivistas de produção e consumo. Os *kibutzim* são cooperativas integrais. Durante várias gerações, funcionaram segundo o princípio: «a cada um segundo sua necessidade; de cada um segundo sua possibilidade». Todos os membros capazes trabalhavam nas plantações e indústrias do *kibutz*, e todas suas necessidades eram atendidas pelos bens e serviços adquiridos coletivamente. Dentro da comunidade não circulava dinheiro.

1. TESES SOBRE AUTOGESTÃO E SOCIALISMO NO BRASIL DE HOJE

Há vários tipos de assentamentos agrícolas no país, não só *kibutzim*, mas também *moshavin ovdim*, que são cooperativas em que a produção é individual, combinada com vendas e compras em comum. Nas últimas décadas, vivem em *kibutzim* mais de 120 mil pessoas num país de cinco milhões de habitantes. Hoje muitas destas comunidades estão em crise, introduziram dinheiro eletrónico para «disciplinar» o consumo, e alguns chegaram a diferenciar os ganhos conforme o trabalho realizado. Outros *kibutzim*, no entanto, timbram em se manter fiéis às práticas comunistas tradicionais.

Outro exemplo é o grande complexo cooperativo de Mondragon. Essa experiência acontece numa cidade do País Basco, Espanha, desde 1956. Vejam que são experiências de longo período; essa de Mondragon tem 42 anos e tem tido muito êxito econômico. São mais de cem cooperativas interligadas e complementares, um «complexo cooperativo» organizado ao redor de uma politécnica e de um banco, o Banco Laboral Popular. Algumas são cooperativas de produção, outras de comercialização, algumas são multinacionais que empregam, segundo os últimos dados que obtive, aproximadamente 35 mil pessoas.

E, finalmente, há um grande número de cooperativas agrícolas, inclusive em nosso país. Essa é a forma mais frequente de autogestão, no mundo. A cooperação agrícola é extremamente importante no Brasil, na Argentina, em outros países da América Latina e sobretudo na Europa, no Canadá e nos Estados Unidos. Existe, também, autogestão em serviços. A experiência de escolas autogeridas, e de hospitais e outros equipamentos de saúde autogeridos, é extremamente importante e está ressurgindo atualmente com muito vigor, em função mesmo da crise do «Estado de bem-estar social».

Esses exemplos, que se limitam ao pouco que consegui levantar até agora, dão uma ideia de que há uma prática contínua de autogestão desde há um século e meio, no mínimo. Muitos datam seu início a contar da famosa cooperativa de Rochdale, que é de 1844, mas é perfeitamente possível começar a contar antes, com as cooperativas formadas na Inglaterra por inspiração de Robert Owen, na década de vinte do século passado. O que fundamenta nossa segunda hipótese: há uma série de experiências dentro do capitalismo que surgem e se desenvolvem em função das contradições do mesmo. São economias indiscutivelmente não capitalistas, cujos valores permitem considerá-las anticapitalistas.

Cada uma delas é uma economia em que não há capitalistas, apenas trabalhadores, em que os trabalhadores associados são os seus empresários e em que o trabalhador não é apenas operário coletivo, mas também empresário coletivo. As sociedades cooperativas se administram em forma democrática; o património é possuído pelos sócios, todos com a mesma quota, de onde deriva a regra: «cada cabeça um voto». Todo poder é exercido pela assembleia dos sócios, que delega atribuições e competências a diretoriais e comitês eleitos, cuja composição deve ser rodiziada entre todos os sócios. As decisões econômicas são tomadas desta forma, o que não impede que estas empresas se ampliem, progridam, cresçam e proporcionem resultados econômicos algumas vezes bastante bons, outras nem tanto, e há alguns casos em que fecham, como qualquer outra empresa.

A terceira hipótese é a seguinte: os casos em que a autogestão teve mais êxito do ponto de vista tanto econômico como social e político foram aqueles em que se formou uma forte, embora pequena, economia autossuficiente, como em Mondragon e nos *kibutzim*. Toda experiência mostra que a pequena cooperativa isolada é algo muito frágil, e tem enorme probabilidade de fracassar. Ela exige uma abnegação, um sacrifício, um desprendimento que não é provável ser sustentado, por muito tempo, por todos. Assistimos o tempo todo ao surgimento de comunidades de cinco, dez ou quinze pessoas, que, para sobreviverem, exigem sacrifícios imensos, e cujos membros demonstram extraordinária força de vontade.

Infelizmente, não podemos generalizar tais experiências, pois não faz sentido impor tais sacrifícios, em nome de um futuro socialista, ao conjunto dos trabalhadores. Se, em algum momento, a economia autogestionária tiver de ser uma alternativa viável (e competitiva) ao capitalismo, ela terá de ter vigor econômico e oferecer aos seus membros condições, no mínimo, comparáveis às que eles teriam como trabalhadores assalariados numa empresa capitalista.

Mas não quero ser mal entendido: isso não significa que se devam menosprezar essas pequenas iniciativas. Temos em São Paulo, em Santa Maria – estou falando de lugares que visitei – muitas pequenas cooperativas lutando bravamente para sobreviver. O que a minha hipótese diz é que ou ajudamos essas cooperativas a saírem dessa situação muito rapidamente, para se unirem, se fortalecerem, se robustecerem economicamente, ou elas vão, evidentemente, fracassar.

A quarta hipótese é: a autogestão deve ser implantada pela formação de comunidades inicialmente isoladas. A visão tradicional era que os

1. TESES SOBRE AUTOGESTÃO E SOCIALISMO NO BRASIL DE HOJE

socialistas conquistariam o poder do Estado, expropriariam os capitalistas e entregariam as empresas em autogestão aos trabalhadores. Entre numerosas revoluções que expropriaram os meios de produção, uma única seguiu esse enredo: a iugoslava de Tito. A experiência foi prejudicada pelo monopólio do poder exercido pela Liga dos Comunistas. Mas o pior foi que as empresas autogestionárias iugoslavas não instauraram relações de igualdade e fraternidade entre elas e entre as nacionalidades que formavam o país. Após a morte de Tito, a federação se desfez em meio a uma forte crise económica e de ferozes lutas interétnicas.

Essa hipótese é a mais controvertida, politicamente falando. Ela diz, em última análise, que a tomada do poder, por trabalhadores – coisa que aconteceu numerosas vezes nesse século, a partir da Revolução de Outubro –, em geral, não leva à autogestão, mesmo quando está no programa. Não levou na Rússia, nem na Polónia, na China, na Coreia do Norte, etc. Algumas vezes, são criadas entidades com o nome de «cooperativas», mas não são autênticas, isto é, democráticas, livres e autogestionárias.

Mesmo na Iugoslávia, isso não ocorreu, embora efetivamente os meios de produção fossem entregues aos trabalhadores, numa economia de mercado socialista. Havia competição entre essas empresas, e a economia cresceu. Foi uma experiência longa, que começou em 1950, aproximadamente, e foi até à década de noventa. A experiência iugoslava foi prejudicada pelo fato de não haver democracia no país. A Iugoslávia, de todos países em que reinava o «socialismo realmente existente», era o mais livre, comparativamente falando. Havia pouca perseguição, havia bastante liberdade de crítica, mas jamais se fez uma eleição com mais de um partido. Consequentemente, essa experiência, embora importante, acabou sendo travada pela ausência de alternativas. O fato é que não mostrou ser viável tomar o poder primeiro e só depois criar, de cima para baixo, uma economia autogestionária livre.

O que a quarta hipótese sustenta é que uma grande parte da construção do socialismo tem de ser realizada ainda sob hegemonia capitalista. O conjunto da economia solidária assim constituída deve ser considerado como uma vasta escola de capacitação socialista. Para que o modo de produção socialista algum dia se torne hegemónico, a instituição de uma supraestrutura política, jurídica e cultural socialista terá de ser precedida da conquista de competência gerencial e domínio da tecnologia por parte de numerosos trabalhadores socialistas.

No fim da vida, Lenine reconheceu que a capacitação socialista proporcionada pela experiência do cooperativismo era altamente relevante para a construção de uma nossa sociedade. Em artigo publicado no *Pravda*, de maio de 1923, ele escreve:

> De fato, desde que o poder político está nas mãos da classe trabalhadora, desde que este poder político possui todos os meios de produção, a única tarefa que nos resta é organizar a população em sociedades cooperativas. Com a maioria da população organizada em cooperativas, o socialismo, que no passado era legitimamente ridicularizado e desprezado pelos que estavam corretamente convictos de que era necessário travar a luta de classes, a luta pelo poder político, etc., alcançará o seu objetivo automaticamente [«Sobre a cooperação» em *Questions of the Socialist Organization of the Economy*, Moscovo, Progress Publishers, s/d, p. 359].

Infelizmente, a ordem dos fatores alterou o produto. Quando os bolcheviques se apossaram dos meios de produção, não dispunham nem da competência técnica nem da capacidade de gestão democrática para instaurar relações de produção socialistas. Recorreram ao taylorismo e aos métodos capitalistas de gestão, submetendo os trabalhadores à ditadura da nova burocracia gerencial. Este malogro repetiu-se nas demais revoluções, com exceção da iugoslava. Daí a quarta hipótese: o desenvolvimento de uma economia solidária vigorosa, extensa e multiforme é um pré-requisito para que a revolução social socialista possa ter sucesso.

A minha **quinta hipótese** é que o malogro de experiências como a iugoslava e o êxito relativo de experiências como as anteriormente relatadas indicam que o desenvolvimento da autogestão não pode se dar de cima para baixo, por iniciativa do poder estatal. Esse desenvolvimento tem de se dar por um processo de livre aprendizado, em que cada autogestor tenha a possibilidade de abandonar a experiência e se inserir em outro modo de produção. A tentativa iugoslava de construir um socialismo de mercado malogrou-se porque o país explodiu por fim numa guerra civil trágica, com enormes genocídios, como todos sabem. Se depois de quarenta anos uma tentativa de criar uma sociedade socialista se acaba assim, não se pode aplicar outro qualificativo além de «malogro».

Desse modo, não acredito no socialismo que começa com uma conquista de poder por medidas de força política, tentando impor aos trabalhadores e aos cidadãos uma nova forma de se relacionar. A essência da ideia

1. TESES SOBRE AUTOGESTÃO E SOCIALISMO NO BRASIL DE HOJE

socialista exige a sua espontaneidade, exige adesão voluntária. E adesão só é voluntária se você pode desfazê-la. Senão vira prisão: você adere, mas depois não pode desistir. Assim como o capitalismo é capaz de sobreviver tolerando experiências socialistas em seu seio, o socialismo tem de ter a mesma capacidade. No mínimo, ser tão liberal e tão robusto a ponto de aguentar a competição com outros modos de produção. E não proibi-la! A autenticidade das cooperativas e a autenticidade das experiências autogestionárias provêm dessa absoluta liberdade de opção que todas elas usufruem.

Por uma questão de honestidade intelectual, devo contar-lhes como cheguei a essa hipótese: em 1985, estava num *kibutz* em Israel formado por brasileiros da minha geração, que ainda falam português. O *kibutz* já estava sendo dirigido pelos filhos, e os netos estavam voltando do exército. Perguntei-lhes a que atribuíam o êxito não só daquele *kibutz*, mas de todo o movimento kibutziano. Houve muitas respostas, entre elas o nacionalismo sionista, claro. Mas a resposta que mais me convenceu foi esta: «A qualquer hora você pode pedir o seu desligamento do *kibutz*, receber uma certa quantidade de dinheiro e tentar a sua vida no mundo capitalista». O fato de a porta estar sempre aberta dá ao *kibutz* uma qualidade essencial. Se quisermos, um dia, chegar ao socialismo, terá de ser por profunda convicção, e essa convicção terá de ser livre, ou não é convicção: é coação.

Sexta hipótese: o desenvolvimento da autogestão equivale à transição ao socialismo no terreno da produção e da distribuição. É inútil especular a respeito de como a economia socialista irá se reproduzir se um dia for o modo de produção dominante, mas parece-me provável que ao lado dela haverá, sempre, modos alternativos de produção. Pelo menos enquanto a procura do novo e o anseio de volta ao passado forem comportamentos humanos frequentes. O que importa é que o socialismo não pode, de modo algum, proibir outros modos de produção, inclusive o capitalismo, sem perder a sua essência libertadora. Essa tolerância de outros modos de produção, obviamente, exclui a escravidão.

Com essa hipótese, pretendo dizer que: o capitalismo está cheio de contradições, sendo o desemprego e a exclusão social, provavelmente, as mais importantes delas. É dessas contradições, do desemprego e da exclusão social que a autogestão se alimenta. O que dá um paralelismo interessante com a própria história do capitalismo. O capitalismo nasce com a exclusão social em massa praticada pelo regime anterior ao capitalismo, que surge como uma atividade clandestina fora das cidades: é a manufatura de tecidos, praticada pelos camponeses, por encomenda de mercadores capitalistas. Ela violava a prerrogativa monopolista das corporações de ofício, mas que só podia se impor no âmbito urbano. Também as primeiras fábricas, movidas pela força hidráulica captada nos rios, se localizavam no campo.

O capitalismo industrial se nutriu e se desenvolveu, no final do século XVIII e no começo do seguinte, na medida em que rompeu com as regras da exclusividade e do preço justo das corporações. Ele foi, clandestinamente, criando uma economia alternativa à oficial, que ainda predominava nas cidades. Até o momento em que essa economia alternativa se tornou, na Inglaterra, mais forte e passou a ser o modo de produção dominante. Não dá para saber se o caminho para o socialismo será análogo, mas o paralelismo da crise do trabalho durante a primeira Revolução Industrial e na atualidade é sugestivo.

Nesta quadra da história do capitalismo, no mundo inteiro, bem como no Brasil, os jovens não têm perspectiva alguma a não ser o desemprego ou a de ficar se educando durante grande parte da vida para um trabalho que, talvez, jamais surja. E os velhos, então? No nosso país, uma pessoa com mais de quarenta anos que perde o emprego, e não são poucas, tem certeza de que não vai conseguir outro. Porque as empresas preferem e podem escolher pessoas mais jovens.

Esse material humano desperdiçado é, na realidade, o que nos permite ter esperança no surgimento de uma economia alternativa. É óbvio para mim que a autogestão não é meramente um remédio para o desemprego. É muito mais do que isso. Mas, para que ela seja mais do que isso, tem de começar a ser um bom remédio para essa enorme contradição social que o capitalismo não consegue superar. Se, nos diferentes países, conseguirmos, em resposta ao desemprego e à exclusão social, construir empresas tecnologicamente avançadas de grande porte, democraticamente geridas e que igualizam, na medida do possível, todos os seus participantes, ao lado de cooperativas de consumo, de produção, de serviços, tendo toda uma estrutura político-cultural ao seu lado, aí, sim, falar de transição ao socialismo deixa de ser meramente um sonho.

A sétima hipótese: o desenvolvimento da autogestão como modo de produção alternativo e competidor no seio do capitalismo não estará desligado das demais lutas dos trabalhadores. Lutas por melhores condições e mais direitos nas empresas capitalistas, para a extensão da democracia

1. TESES SOBRE AUTOGESTÃO E SOCIALISMO NO BRASIL DE HOJE

às demais instituições públicas – escolas, hospitais, serviços públicos, etc. –, pelo direito de consumidores e, inclusive, pela eleição de governos e maiorias parlamentares representativas de trabalhadores. Mas o mais provável é que o modo socialista de produção, como equivalente à autogestão, tornar-se-á dominante menos em função de uma vitória política dos trabalhadores do que pelo fato de a gestão da produção e distribuição estar se tornando cada vez mais complexa e por isso cada vez mais participativa, como exigência das novas técnicas com elevado teor científico.

Temos de parar de apostar apenas na luta política, por mais que seja importante. Eleições para o executivo, criação de maiorias parlamentares, avanço dos direitos humanos, dos direitos dos trabalhadores, do direito dos consumidores e mil outras lutas políticas são passos igualmente importantes se um dia quisermos outro tipo de sociedade. Mas a luta política tem de andar em paralelo com a autogestão. Não se pode condicionar a autogestão à vitória política. Antes pelo contrário, há boas razões para supor que, se criarmos uma autogestão protegida pelo Estado, ela jamais será competitiva e não será eficiente. Na primeira derrota política das forças progressistas, o novo governo retira a proteção às empresas democráticas, as quais tenderão ou a sucumbir economicamente ou a abrir mão de seus valores solidários. Por isso, é essencial que as cooperativas sejam capazes de competir em igualdade de condições com as empresas convencionais.

A **oitava hipótese**, finalmente, é a de que com a terceira Revolução Industrial há nas empresas capitalistas mais progressistas uma redução das hierarquias, uma redução do autoritarismo capitalista na própria empresa e um aumento da responsabilidade e autonomia dos trabalhadores de linha. Isso pode indicar uma mudança estrutural na grande empresa capitalista, que tende a assumir a forma de uma grande rede multiforme de unidades de produção, de distribuição, de pesquisas de novos métodos e de novos produtos, muitas das quais poderão passar a ser geridas em conjunto pelos seus trabalhadores. Esta possibilidade será tanto maior quanto mais desenvolvida estiver a cultura autogestionária no país. Hoje, esta mudança em direção à descentralização democrática é muito mais provável em países como Espanha, Itália, Suécia, Dinamarca ou Canadá, onde o individualismo ainda predomina sem ser desafiado.

Se for verdade que as novas forças produtivas, desenvolvidas pela revolução microeletrónica, exigem mudanças igualmente revolucionárias nas relações de produção, no sentido de maior participação e democracia nas empresas, a predição de Marx de que o socialismo se imporá por exigência do desenvolvimento das forças produtivas será mais uma que se mostrará verdadeira.

2. A ECONOMIA SOLIDÁRIA COMO INOVAÇÃO NO BRASIL NO FIM DO SÉCULO XX

Em 1981, o Brasil foi colhido pela grande crise financeira que a partir dos EUA se irradiou pelo mundo. O seu impacto foi particularmente violento na América Latina, onde assumiu a forma de «crise do endividamento externo», com forte queda do gasto público e consequente baixa da atividade econômica, provocando no Brasil a primeira experiência de desemprego em massa e gigantesca exclusão social da nossa história.

Milhares perderam seus empregos, e grande parte das famílias assim atingidas teve de passar a morar em favelas ou então nas ruas. Estávamos em regime militar, que se mostrou incapaz de acudir às vítimas desta tragédia social. Foi então que a Cáritas, entidade beneficente da Igreja Católica, saiu a campo para oferecer aos excluídos uma estratégia de sobrevivência, baseada na solidariedade e, portanto, na ajuda mútua.

Contando com recursos doados pelas Cáritas de outros países, a Cáritas brasileira começou a organizar os desempregados em Projetos Alternativos Comunitários – PAC. Estes eram, a princípio, pequenos grupos de produção à procura de qualquer oportunidade de ganho através de trabalho associado. Todos contribuíam para a tarefa comum do modo que lhes era possível, e a soma obtida era repartida entre todos em proporção da necessidade de cada família. À medida que atuavam juntas, as pessoas foram se conhecendo e criando laços de confiança mútua. A Cáritas foi percebendo que as pessoas iam se emancipando da dependência do emprego assalariado. Resolveram denominar a sua ação de «solidariedade que liberta», atestando que os PAC eram muito mais do que apenas saídas emergenciais.

A crise que estourou em 1981 se prolongou até o início do século XXI, o que deu tempo a que milhares de PAC, espalhados pelo Brasil, se transformassem em assentamentos de reforma agrária (principalmente do MST), em cooperativas de produção de mel e própolis, de fitoterápicos, de artesanias variadas, de serviços urbanos, sobretudo de reciclagem de resíduos sólidos. De todas estas inovações nasceu a economia solidária. Não há dúvida de que, no Brasil dos anos oitenta, o cooperativismo de trabalho tornou-se importante tecnologia social, até então desconhecida no país. As primeiras cooperativas de trabalho penaram para encontrar alguém que tivesse conhecimento desta modalidade cooperativa. O que havia em certa profusão era cooperativas agrícolas e cooperativas de consumo. Nos anos noventa, enfim, começou-se a reconhecer a importância das cooperativas de trabalho.

Além da Igreja, os sindicatos descobriram que, se os trabalhadores de uma empresa em crise se organizassem em cooperativa, eles teriam grande chance de assumir a direção da massa falida e de prosseguir na produção até recuperá-la economicamente, evitando que seus membros ficassem desempregados por muito tempo. Daí surgiram as empresas recuperadas por trabalhadores.

Por essa mesma época, a Universidade Federal do Rio de Janeiro inventou a Incubadora Tecnológica de Cooperativas Populares – ITCP –, outra inovação social. Hoje há mais de 80 delas em igual número de universidades espalhados pelo país. Formadas predominantemente por estudantes, as ITCP acolhem grupos de pessoas sem trabalho e que almejam se associar para atuarem na economia solidária. Eles os instruem nos princípios da autogestão, prática universal do cooperativismo, e os assistem e acompanham num processo de aprendizado mútuo, em que os trabalhadores apreendem a praticar a democracia econômica e os estudantes aprendem o que são os modos de vida da maioria dos brasileiros de pouca renda e os caminhos possíveis de resgatá-los da pobreza.

O cooperativismo foi uma inovação social, na passagem do século XVIII ao XIX, inventado para enfrentar a degradação do trabalhador, proletarizado pela Revolução Industrial na Grã-Bretanha, França e demais países europeus. Redescoberto no Brasil dois séculos depois, a ele se agregaram mais inovações sociais, como os clubes de troca, que introduziram no país a experiência das moedas sociais, hoje emitidas pelos bancos comunitários. A moeda social é um instrumento de troca que circula em comunidades urbanas, sendo aceites apenas pelo comércio local. Isso faz que a produção local ganhe a preferência dos vizinhos, viabilizando o seu desenvolvimento porque é protegida da concorrência dos produtos que vêm de fora e não podem ser adquiridos com a moeda social.

2. A ECONOMIA SOLIDÁRIA COMO INOVAÇÃO NO BRASIL NO FIM DO SÉCULO xx

A economia solidária hoje é praticada em todos os continentes e em cada país adquire formas próprias, em parte pela diversidade das culturas, em parte pela diversidade das economias locais. Tendo de enfrentar a concorrência de empresas capitalistas, algumas poderosas, a economia solidária é obrigada a se reinventar para se tornar resiliente, ou seja, capaz de reagir a ameaças. Uma fonte fecunda de inovações é certamente o comércio justo e solidário, hoje organizado num sistema brasileiro. Graças a ele, a solidariedade não é praticada apenas dentro das cooperativas, mas entre elas, através da formação de distintas redes de cooperativas, muitas sendo autênticas inovações. São exemplos notáveis a «Justa Trama», a Agência de Desenvolvimento Solidário da CUT e a sua Conexão Solidária.

Esta história mostra que a economia solidária foi uma inovação social em sua origem e logo se tornou fonte de outras inovações sociais. Isso só acontece quando a inovação mãe é fecunda e seus princípios induzem a criação de mais inovações. No caso da economia solidária, a novidade está na solidariedade praticada na economia, quando esta se encontra sob o domínio do capitalismo, cujo princípio reitor é a competição, encarada como o oposto da solidariedade. Na competição pelo domínio dos mercados, a prática da colaboração entre concorrentes é proibida como delito. Como a competição sempre produz ganhadores e perdedores, ela é fonte inesgotável de desigualdade. Como o ideal dos que fazem a economia solidária é uma sociedade de iguais, fica evidente que entre ela e o capitalismo não há conciliação possível. Por isso, ela está sendo conhecida também como a **outra economia**.

3. A ECONOMIA SOLIDÁRIA NO BRASIL

3.1. Histórico

Em 1981, o Brasil foi atingido pela grave crise financeira que se irradiou dos Estados Unidos ao Terceiro Mundo e com maior intensidade à América Latina, cujos países estavam pesadamente endividados. Com a queda do comércio internacional, estes países ficaram impossibilitados de atender as exigências dos serviços de suas dívidas públicas externas, o que os deixou potencialmente inadimplentes. Os credores condicionaram a rolagem das dívidas a rigorosas medidas de «austeridade» com cortes radicais das despesas públicas, o que mergulhou a economia brasileira (assim como outras economias latino-americanas) em recessão profunda, que acabou se prolongando, no caso brasileiro, pelas duas décadas finais do século XX.

Pela primeira vez desde os anos trinta, o Brasil enfrentou uma situação de desemprego em massa, com o empobrecimento de milhões de famílias, muitas das quais perderam suas residências, sendo obrigadas a se abrigar em favelas ou se resignar a morar nas ruas. O Brasil, na época, estava submetido a uma ditadura militar, que não estava preparada para acudir às famílias subitamente privadas de qualquer meio de subsistência.

Quem primeiro se mobilizou para auxiliar as vítimas da crise foram as igrejas, em particular a Cáritas, o braço de assistência social da Igreja Católica. Ela contou com a ajuda internacional das Cáritas de países menos afetados pela crise. Com este dinheiro, a Cáritas brasileira financiou milhares de pequenos projetos que receberam o nome de Projetos Alternativos Comunitários – PAC. Estes projetos ofereceram aos beneficiários oportunidades de se organizarem em grupos de produção coletiva, que acabaram se tornando as sementes do que em seguida seria a economia solidária.

O exemplo da Igreja Católica inspirou outras igrejas e outros sectores sociais: os sindicatos começaram a organizar os associados em perigo de perderem os empregos, em empresas em vias de encerrarem suas atividades. No começo dos noventa, surgiram as primeiras cooperativas de ex-empregados, que puderam arrendar a massa falida de seus ex-empregadores e assim recuperar as empresas sob a forma de cooperativas de trabalho, dando início à formação do que seria em poucos anos a economia solidária brasileira. Na mesma época surgiu o Movimento dos Trabalhadores Rurais sem Terra – MST –, que passou a organizar milhares de famílias carentes para ocuparem terras não cultivadas. De acordo com a Lei de Terras em vigor, terrenos não utilizados podiam ser desapropriadas para serem entregues a trabalhadores sem terra, o que – com o fim da Ditadura Militar em 1985 – ensejou o início da reforma agrária. Ainda nos anos oitenta, o MST decidiu que as famílias assentadas formariam cooperativas de produção agropecuária. Em poucos anos, eram dezenas de milhares de famílias assim organizadas e que desta forma deram origem a um notável movimento de cooperativas de agricultura familiar que continua se desenvolvendo em diferentes regiões do país.

A mobilização em prol das vítimas da crise atingiu as universidades, em que professores e alunos se uniram em Incubadoras de Cooperativas Populares, que passaram a organizar e assessorar centenas e depois milhares de grupos de homens e mulheres que se uniram em cooperativas de trabalho para enfrentar a penúria. Muitas destas cooperativas formadas por mulheres se dedicam à produção artesanal de vestes, ornamentos, alimentos, plantas medicinais e diversos outros produtos. As cooperativas formadas em sua maioria por homens se dedicam à produção agrícola nos assentamentos de reforma agrária e à indústria, sobretudo nas cidades em que se localizam empresas recuperadas.

Outro grupo social que se organizou em cooperativas foram os catadores de lixo – pessoas em geral muito pobres, moradores nas ruas ou em Lixões. Os resíduos sólidos catados servem de matéria-prima para um avultado número de artesãos produzir uma prodigiosa quantidade de objetos, em geral bonitos e atraentes. Atualmente, o Movimento Nacional de Catadores de Material Reciclável estima em cerca de 800 mil a um milhão de pessoas que vivem da cata, dos quais cerca de 10 por cento estão organizados em cooperativas, em que diversas são contratadas pelas prefeituras para separar os resíduos sólidos recicláveis, limpá-los e preparar sua venda às indústrias de reciclagem. A receita assim obtida é o pagamento recebido pelos catadores pelos serviços prestados à higiene ambiental da cidade.

3. A ECONOMIA SOLIDÁRIA NO BRASIL

Durante os anos oitenta e início dos noventa, o movimento da nascente economia solidária era praticamente ignorado pela opinião pública brasileira. A mobilização crescente de igrejas, sindicatos e universidades ficou circunscrita ao âmbito restrito destas entidades. A crise econômica continuou fazendo estragos, desde 1981 sob a forma de enorme inflação cuja repressão concentrava todos os esforços governamentais, frustrando qualquer perspectiva de retomada do desenvolvimento. A estabilidade dos preços foi finalmente recuperada mediante a abertura do mercado interno à importação de produtos industriais baratos da Ásia, o que fragilizou ainda mais a indústria nacional, com a perda adicional de milhões de postos de trabalho.

A retomada do desenvolvimento apenas se deu a partir de 2004, já no governo de Lula. O colapso do socialismo realmente existente na URSS e na Europa Oriental induziu o Partido dos Trabalhadores a repensar os caminhos ao socialismo, como também fizeram outros partidos de esquerda da América Latina. Os debates conduziram os participantes a considerar os avanços do movimento operário e da sociedade civil, na luta contra os efeitos da tragédia social que a crise mundial havia detonado no Brasil. Começou-se a reconhecer o potencial socialista da economia solidária a ponto de ela ser incluída no programa de governo de Lula como candidato à Presidência da República, nas eleições de 2002, das quais saiu vencedor.

3.2. A economia solidária e seus princípios

A economia solidária é a herança atualizada do cooperativismo operário que surgiu como reação do proletariado industrial às condições desumanas de trabalho e de vida instauradas pela Revolução Industrial na Grã-Bretanha, a partir do século XVIII, e depois, nos séculos seguintes, em outros países da Europa e da América do Norte e, mais recentemente, nos outros continentes. Os princípios da economia solidária se inspiram nos princípios da Cooperativa dos Pioneiros Equitativos de Rochdale, fundada em 1844, e depois adotados com poucas alterações, em 1895, pela conferência de fundação da Aliança Cooperativa Internacional – ACI –, entidade que até hoje representa o cooperativismo mundial. Desde então, a Aliança aperfeiçoou estes princípios em diversas conferências internacionais sem alterar sua essência.

O mais importante destes princípios é o que determina que a propriedade do capital da cooperativa de trabalho tem de ser dos trabalhadores a ela associados e exclusivamente deles. Este princípio exclui a possibilidade de a cooperativa ter «sócios capitalistas», isto é, sócios que contribuam para o capital da cooperativa, mas não trabalham nela, obviamente porque têm outras fontes de renda. O princípio de que os meios de produção sejam propriedade unicamente dos trabalhadores é a garantia da **autonomia da cooperativa**, que não deve depender de ninguém que não seja trabalhador associado a ela.

Deste princípio segue logicamente que a administração da cooperativa deve ser exercida democraticamente pelos trabalhadores, cada um deles dispondo de um voto na assembleia de sócios que constitui o órgão supremo de decisão sobre os assuntos de que dependem os rumos da cooperativa. É a **autogestão** operária que garante a autenticidade desta comunidade de trabalho e, por extensão, da economia solidária.

Outro princípio importante da economia solidária é o da **porta aberta**. Ele afirma de que ninguém deve ser coagido contra sua vontade a entrar na cooperativa ou a ficar nela. Como o ambiente de trabalho na cooperativa é completamente diferente do ambiente nas empresas capitalistas, os que entram na cooperativa passam por um estágio probatório de alguns anos para verificar se se amoldam a ele e se os seus colegas estão certos de que ele se integrará no coletivo.

Em períodos de crise, é possível que parte dos sócios fique sem trabalho, mas este jamais será motivo para que eles sejam demitidos. É normal que os trabalhadores sejam solidários uns com os outros, de modo que nenhum sócio será individualmente prejudicado por uma evolução adversa do mercado. As cooperativas resistem bem às crises porque os que têm possibilidade de ganhar fora da cooperativa (que passageiramente está sem possibilidade de vender toda sua produção) espontaneamente aceitam se afastar dela, até que as condições do mercado se normalizem. A resiliência da economia solidária às crises é cada vez mais reconhecida. Como não visa lucros, mas algo que hoje é chamado de **bem viver**, a economia solidária faz jus a seu nome, na medida em que ela permanece fiel a seus princípios.

Outro princípio que é indispensável à autogestão é o da **transparência**. Ao contrário da empresa capitalista, que cultiva o **segredo do negócio**, a cooperativa deve praticar a **transparência** em relação a tudo o que acontece de importante em seu seio. Se cada trabalhador é parte dum coletivo que é responsável pelas decisões que definem os seus rumos, é indispensável que ele esteja informado de tudo que afeta este coletivo e

3. A ECONOMIA SOLIDÁRIA NO BRASIL

por isso entende o porquê das decisões adotadas. Isso fica claro se imaginarmos como seria uma cooperativa em que os membros do Conselho de Administração guardassem para si as informações que os levam a adotar determinadas decisões. Esta atitude obrigaria os demais trabalhadores que não têm assento no Conselho a aceitarem as decisões, mesmo se sua consciência os fizesse desejar o contrário. A intransparência tornaria a autogestão uma farsa.

Outro princípio da economia solidária é possibilitar a cada trabalhador associado o acesso ao conhecimento. Neste caso não se trata do conhecimento dos fatos que afetam o colectivo, mas do conhecimento científico necessário para que os empreendimentos de economia solidária obtenham por sua produção um pagamento digno e justo pelos esforços despendidos em seu trabalho. Os Pioneiros de Rochdale já haviam adotado o princípio de que uma parte dos ganhos da cooperativa deveria ser usada para aprimorar a educação dos trabalhadores associados. Em nossa época, em que os conhecimentos proporcionados pela ciência progridem cada vez mais depressa, este princípio ganha importância crescente.

Outro princípio decorrente da mesma realidade é o do rodízio nos cargos de direção. Os trabalhadores que exercem estes cargos têm oportunidades de aprender em função dos problemas com que se defrontam, oportunidades que os demais trabalhadores não têm. Os dirigentes que mantêm contacto com clientes, fornecedores, gerentes de bancos, representantes de outras cooperativas, dirigentes de cooperativas de segundo grau ou de redes de cooperativas, etc., têm oportunidades exclusivas de aprendizado. Esta diferença de acesso ao conhecimento acaba destruindo a igualdade de direitos que é essencial à prática da democracia no seio da cooperativa. Por isso, o princípio do rodízio nos cargos de direção é tão importante. Em muitas cooperativas este princípio está explicitado no estatuto, que limita o número de vezes em que a mesma pessoa pode ser reeleita para o mesmo cargo.

É paradoxal verificar que não poucas vezes o princípio do rodízio deixa de ser observado. Em cargos de muita responsabilidade ou de muita autoridade, não é incomum que a mesma pessoa seja reeleita excessivamente, muitas vezes contra a sua vontade. É que a pessoa saiu-se bem no exercício do cargo, e por isso a maioria não quer que alguém menos experiente a substitua. Além disso, a maioria dos outros trabalhadores, que nunca participaram do Conselho de Administração da cooperativa, tende a não aceitar substituir alguém que já participa durante anos do Conselho por não querer assumir uma responsabilidade para a qual não se acha capacitado. A permanência prolongada das mesmas pessoas em cargos de direção fere gravemente o princípio de igualdade de direitos e deveres de todos os trabalhadores associados.

3.3. As políticas públicas de economia solidária no Brasil

Luiz Inácio Lula da Silva assumiu a Presidência da República a 1 de janeiro de 2003 e, pouco tempo depois, enviou ao Congresso um Projeto de Lei reorganizando o Governo Federal, como usualmente fazem os presidentes quando são empossados. Entre os dispositivos do Projeto de Lei, um determinava a criação no Ministério do Trabalho e Emprego – MTE – de uma nova secretaria: a Secretaria Nacional de Economia Solidária. O Projeto de Lei tramitou pela Câmara dos Deputados e pelo Senado e depois voltou à Câmara, onde foi finalmente aprovado. A nova Secretaria, conhecida hoje como SENAES, foi oficialmente inaugurada a 26 de junho de 2003.

O Ministério do Trabalho e Emprego já existia desde 1932 e tinha como missão defender os direitos dos empregados e, portanto, cuidar da observância da Consolidação das Leis do Trabalho que regem o trabalho assalariado. Em 2003, cerca de metade dos trabalhadores brasileiros eram assalariados formais, ou seja, tinham sua carteira do trabalho devidamente assinada pelo empregador, onde constavam datas e quantias que resumiam direitos e deveres que constituíam o seu contrato de trabalho. A outra metade da população economicamente ativa era constituída por trabalhadores por conta própria, empresários, desempregados e um número avultado de trabalhadores de fato assalariados mas informais, ou seja, trabalhavam para alguém que lhes pagava um salário, mas sem registro em carteira do trabalho e provavelmente nem na documentação da firma do empregador.

Como naquele momento o desemprego era muito grande, muitos trabalhadores se submetiam à informalidade por falta de alternativa. A informalidade facilitava aos empregadores descumprirem seus deveres, já que o empregado informal teria muita dificuldade de comprovar seus direitos na hipótese de recorrer à Justiça do Trabalho. O MTE tem, entre outras secretarias, a Secretaria de Inspeção do Trabalho – SIT –, cuja missão é fiscalizar empresas para fazer que cumprissem suas obrigações trabalhistas. Uma de suas tarefas é multar as empresas que empregam trabalhadores não registrados.

Para evitar as multas, as empresas obrigavam os trabalhadores contratados a se registrarem como membros de falsas cooperativas, criadas pelos próprios empregadores, para deixar de cumprir a legislação do trabalho. Naquela época, a lei considerava sócios de cooperativas de trabalho trabalhadores autónomos, ou seja, por conta própria. Eles faziam jus a uma retirada mensal, que lhes era paga por intermédio da falsa cooperativa, e nada mais. O pagamento de férias, horas extra, salário mínimo, o Fundo de Garantia de Tempo de Serviço [equivalente a 8 por cento do salário] e demais benefícios jamais era feito, o que significava que o trabalhador era espoliado em cerca de 50 por cento do salário que lhe era legalmente devido.

Obviamente, a recepção da SENAES por parte dos colegas do Ministério e sobretudo dos auditores fiscais do trabalho era de total desconfiança: o que vinham fazer aqui no MTE estes sujeitos encarregados de fomentar, proteger e apoiar cooperativas de trabalho quando sabidamente **são todas falsas** e só servem para espoliar os pobres trabalhadores? Só nós sabíamos que grande número de cooperativas era autêntica, inclusive muitas que prestavam serviços a empresas capitalistas se faziam pagar, sempre que possível, por valores que correspondiam a todos seus direitos legais. A total ignorância da economia solidária nos deixava espantados, até que nossa colega secretária de Inspeção do Trabalho, uma pessoa notável pela inteligência e pela dedicação à justiça para o trabalhador, nos alertou de que a única oportunidade que ela e seus fiscais tinham de lidar com cooperativas era quando elas eram objeto de denúncias. Nestas condições, não era de se espantar que eles acreditassem que qualquer cooperativa de trabalho só podia ser falsa.

Felizmente para nós, da SENAES, havia um numeroso movimento de economia solidária que se mobilizou para festejar a criação da SENAES. Por ocasião da posse, realizou-se a III Plenária de Economia Solidária em Brasília com o comparecimento de 800 delegados de todo o país. Propusemo-nos apoiar todos os esforços para erradicar as falsas cooperativas, desde que evidentemente as verdadeiras fossem poupadas. E organizamos cursos especialmente para funcionários dos demais ministérios do governo federal sobre o que é economia solidária, os seus princípios e sua realidade. A curiosidade pelos recém-chegados era de fato muito grande, e gradualmente conquistamos o apoio da grande maioria dos colegas de nosso próprio e demais ministérios.

Uma de nossas primeiras políticas foi dar pleno apoio ao Fórum Brasileiro de Economia Solidária, que reúne a totalidade das cooperativas e entidades de apoio e fomento da economia solidária no Brasil, tendo sido fundado na III Plenária que se realizou em Brasília, juntamente com a inauguração da SENAES. Depois disso, não tivemos mais descanso pela avalanche de pedidos de ajuda e apoio por parte tanto das cooperativas, bem como pelas numerosas entidades não governamentais que prestavam e ainda prestam apoio aos empreendimentos de economia solidária que estavam e estão se formando por todo o Brasil.

Desde o seu início, a SENAES estabeleceu como prioridade de suas ações o combate à pobreza. Este também era o principal compromisso do governo de Lula, que começou lançando o Programa Fome Zero. A realização deste Programa estava a cargo de um ministério especialmente criado para este fim. O MTE se engajou nesta luta ao lado de outros ministérios com responsabilidades na área social. A sua meta na luta contra a fome era reduzir o desemprego. Neste sentido, duas secretarias se engajaram: a de Políticas Públicas de Emprego procurou fomentar a criação de mais empregos formais por parte de empresas capitalistas e empresas públicas, enquanto a SENAES tratou de fomentar o autoemprego coletivo de trabalhadores associados a cooperativas. Como já foi visto, havia no país numerosas cooperativas formadas por trabalhadores sem trabalho, por trabalhadores rurais sem terra frequentemente ocupando terras pouco ou nada cultivadas de latifúndios, às vezes ameaçados de despejo por ordem judicial, e agrupamentos informais de homens e mulheres residentes em áreas urbanas em busca de oportunidades de trabalho para ao menos garantir sua sobrevivência. A SENAES passou a partir de 2004 a dispor de recursos do orçamento do governo federal e com eles tratou de apoiar estas cooperativas e agrupamentos, constituídos por gente muito pobre e além disso totalmente sem acesso às fontes convencionais de crédito.

A ação da SENAES consistia em aplicar seus recursos tanto no apoio direto a coletivos solidários de trabalhadoras e trabalhadores como no apoio a entidades da sociedade civil sem finalidade de lucro, dedicadas ao fomento e suporte a empreendimentos de economia solidária. Para tornar mais efetivas suas políticas, era necessário que a equipe da SENAES conhecesse melhor as condições e possibilidades reais destes empreendimentos. Para tanto, a SENAES, atendendo a pedidos, convocou em 2004 o I Encontro Nacional de Empreendimentos de Economia Solidária em Brasília. O atendimento a esta chamada foi muito além do esperado: nada menos de 1400 representantes de empreendimentos compareceram ao encontro, vindos de todos os recantos do Brasil. Pela primeira vez, vimos no mesmo salão reunidos camponeses, operários, artesãos, pescadores, indígenas, quilombolas, costureiras, representantes de grupos incubados por universitários, criadores de abelhas e uma grande variedade de pessoas pertencentes a movimentos sociais em luta contra a opressão de diferentes sectores da sociedade brasileira.

Este encontro foi de fundamental importância para possibilitar a crescente inserção da SENAES na realidade econômica, social, cultural e política do país. Foi pouco depois do I Encontro de empreendimentos que a SENAES decidiu que a economia solidária poderia se tornar um instrumento válido para promover o desenvolvimento local de comunidades pobres. Para tanto, iniciou-se um primeiro experimento com quilombos, que são comunidades rurais de descendentes de escravos que permaneceram isoladas durante gerações, mas passaram a ser reconhecidas a partir da Constituição de 1988 como titulares do direito à posse coletiva do solo, direito idêntico ao reconhecido também às comunidades indígenas.

A estratégia de desenvolvimento local pela qual a SENAES optou foi a do endodesenvolvimento, ou seja, o desenvolvimento produzido pelo esforço coordenado dos membros da própria comunidade, sem depender de investimentos externos, provindos de fontes públicas ou de fontes privadas. A estratégia repousava na ação de agentes locais de desenvolvimento, escolhidos pela própria comunidade e submetidos a uma formação em economia solidária e endodesenvolvimento a cargo da SENAES. Cada agente de desenvolvimento tinha por encargo mobilizar a comunidade e organizar com ela planos de desenvolvimento econômico à base da formação de cooperativas. Os agentes estavam em perene contato com coordenadores estaduais e podiam contar com o apoio de agências do governo federal, além da própria SENAES, para apoiar a comunidade em luta pelo seu desenvolvimento. Cada agente elaborava um relatório mensal de suas atividades que era enviado ao seu coordenador e a uma equipe de desenvolvimento local da SENAES. Posteriormente, o programa foi desdobrado em diferentes sectores: etnodesenvolvimento tendo por alvo comunidades tradicionais indígenas e quilombolas; desenvolvimento feminista visando o fomento de cooperativas formadas por mulheres e o desenvolvimento de comunidades formadas por jovens.

Como um dos desafios fundamentais ao desenvolvimento da economia solidária é a falta de acesso a capital, uma das políticas públicas que alcançou melhores resultados até o momento tem sido a de promoção das finanças solidárias. Estas são constituídas por três tipos de entidades: bancos comunitários de desenvolvimento, fundos rotativos solidários e cooperativas de crédito. Cada um destes tipos de entidades é autogestionário. O banco comunitário é formado em geral pela população de um bairro ou de uma vizinhança, formada por centenas ou milhares de famílias, em geral pobres. O banco se especializa em financiar iniciativas de economia solidária de autoria de membros da comunidade à qual pertence o banco. Para dispor de meios para fazer os financiamentos o banco comunitário emite uma moeda social. Esta moeda circula no comércio do bairro ou vizinhança; sua circulação é estimulada pela concessão de descontos nos preços a serem pagos pelos compradores desde que utilizem a moeda social. Este procedimento faz que os moradores do bairro e também da redondeza prefiram fazer suas compras no bairro em que opera o banco comunitário. Esta preferência estimula o desenvolvimento de cooperativas de produção e de serviços no território de atuação do banco. Por isso ele faz jus à denominação de Banco Comunitário de Desenvolvimento.

Fundos rotativos solidários são formados por famílias ligadas por laços de amizade e/ou parentesco. Cada família associada ao Fundo coloca nele mensalmente uma certa quantia. Quando o Fundo atinge um determinado valor, definido pelas associadas, o dinheiro acumulado é sorteado entre as famílias; a família contemplada passa a ter um certo capital com o qual pode construir uma cisterna se for moradora na região semiárida do Brasil ou adquirir sementes para plantar ou animais para iniciar uma criação. Nos períodos seguintes de acumulação de poupanças, as famílias já contempladas continuam contribuindo com suas quotas de poupança ao fundo solidário, mas não entram mais nos sorteios até que todas famílias tenham sido contempladas. Esta é uma modalidade de financiamento comunitário tradicional que é praticada por pobres em todos os continentes e é muito efetiva. Coletivizando pequenas poupanças e as distribuindo ao acaso a uma família após a outra, cada uma tem sua oportunidade de deixar de ser pobre, o que acaba por constituir um processo de desenvolvimento solidário que beneficia toda coletividade e preserva os laços de solidariedade entre as famílias participantes. Entre todos os benefícios auferidos, a preservação dos laços é provavelmente o mais importante.

Finalmente, cooperativas de crédito são intermediários financeiros legalmente formalizados e supervisionados pelo Banco Central. Seus sócios abrangem muitas vezes uma área maior e são em geral famílias em melhores condições econômicas do que as dos bancos e fundos. No Brasil, atualmente, grande parte das cooperativas de crédito solidário são formadas por agricultores familiares, em geral proprietários das terras em que produzem. Formam redes em que oferecem aos associados clientes os mesmos serviços financeiros que são fornecidos pelos bancos comerciais privados. Sua importância para os agricultores mais pobres é vital porque lhes fornecem os créditos públicos subsidiados do PRONAF – Programa Nacional de Fortalecimento da Agricultura Familiar.

O relato das políticas públicas de economia solidária aqui apresentado se limita às políticas desenvolvidas pela SENAES, nas quais temos envolvimento direto. Outras políticas de economia solidária são desenvolvidas por 22 outros ministérios, com os quais a SENAES tem acordos de cooperação. Faltam-nos no momento fontes de informação que permitiriam um relato sobre as mesmas; além disso, o espaço disponível certamente não seria suficiente para apresentar a mesmas neste texto.

A título de informação complementar, devo acrescentar que políticas públicas de economia solidárias são igualmente desenvolvidas por centenas de governos municipais e por mais de metade dos governos estaduais do Brasil.

4. A experiência brasileira nas políticas públicas para a economia social e solidária

4.1. Políticas públicas para a ESS

Políticas públicas para a ESS visam amparar o desenvolvimento de uma economia caracterizada pela propriedade coletiva dos meios de produção, pela gestão participativa democrática do processo econômico de produção e distribuição e pela repartição da renda gerada pelo empreendimento segundo critérios de justiça distributiva definidos em conjunto pelos participantes do mesmo. Os empreendimentos que atuam segundo os princípios da economia social e solidária – ESS – constituem um modo de produção que se desenvolve em economias nacionais, nas quais o capitalismo está presente há mais tempo e se caracteriza por relações sociais de produção baseadas na propriedade privada dos meios de produção, sendo o trabalho executado por assalariados, cuja participação na renda gerada no empreendimento é definida contratualmente entre empregador e empregados, a partir da contradição entre seus interesses, pois quanto maior a folha de pagamento dos trabalhadores, tanto menor será o montante de lucro auferido pelos donos do capital. E vice-versa.

A propriedade privada do capital se concentra normalmente numa pequena fração da população economicamente ativa. A maioria não proprietária de meios de produção só tem acesso a ele mediante a venda de sua capacidade de produção aos capitalistas por valores determinados pela relação entre oferta e demanda de força de trabalho. A repartição da renda entre salários e lucros se define num contexto dominado pelo antagonismo entre as classes sociais, em geral regulado pela legislação do trabalho vigente e pela capacidade de luta das organizações sindicais de assalariados e de empregadores em confronto.

Diante do fato de o capitalismo ser o modo de produção mais antigo e dominante, a cultura que prevalece na sociedade tende a considerar normal a subordinação dos que executam o trabalho aos que determinam as normas que regem o trabalho e o destino das mercadorias por ele produzidas. Esta divisão de atribuições e poderes entre patrões e empregados condiciona a subordinação dos últimos aos primeiros. A ESS surge como reação de trabalhadores contra esta subordinação e visa precisamente eliminá-la através da propriedade coletiva do capital pelos trabalhadores, entre os quais deve prevalecer total igualdade de direitos de participação nas decisões que definem a divisão do trabalho e dos rendimentos que dele decorrem.

Nos sectores da economia dominados pelo capitalismo, verifica-se a concorrência entre os empreendimentos, que naturalmente tende a concentrar a propriedade do capital nos mais poderosos, o que não pode deixar de aprofundar a subordinação dos trabalhadores aos seus patrões. Nos sectores dominados pela ESS, a concorrência entre os empreendimentos tende a ser evitada, pois os seus donos – os trabalhadores – não almejam maximizar seus ganhos mas fortalecer seus empreendimentos, inclusive associando-os em redes ou em cooperativas de segundo e terceiro grau formadas pelas cooperativas singulares. Quando empreendimentos capitalistas e solidários se encontram no mesmo mercado, a concorrência entre os mesmos torna-se inevitável: os empreendimentos capitalistas têm mais facilidade

3. A ECONOMIA SOLIDÁRIA NO BRASIL

em dispor de capital em comparação com os empreendimentos solidários, cuja vantagem relativa decorre da solidariedade entre seus trabalhadores--proprietários, assim como entre os próprios empreendimentos solidários.

Em cada país, a disputa entre capitalismo e ESS é um fato da vida, que se trava tanto no plano propriamente econômico quanto no plano político e ideológico. O capitalismo tende a ser dominante econômica e socialmente, mas seus frutos tendem a ser rejeitados pela maioria da população, que raramente se beneficia deles. Por isso, é cada vez mais comum que a ESS seja fomentada por governos democraticamente eleitos. Assim sendo, a luta de classes se desenrola em diferentes planos: patrões e empregados se confrontam dentro dos sectores da economia que são capitalistas. Na economia como um todo, pode haver confrontos entre os diferentes modos de produção; no plano político, eventualmente na disputa pela apropriação de fundos públicos e/ou pelo espaço de crescimento que a legislação, que regula a tributação da renda auferida por empresas capitalistas e empreendimentos solidários e oferecida a um e outro modo de produção.

É neste contexto que se definem as políticas públicas de ESS. Em muitos países, tais políticas sequer existem, em outros surgem como modalidades de assistência social, visando proteger e eventualmente reinserir social e economicamente as pessoas e famílias que as crises do capitalismo periodicamente marginalizam ou chegam a arruinar. Mas neste seminário nos interessam os países que adotam a ESS como modo preferencial de produção e que por isso estão determinados a promover a sua expansão quantitativa e o seu fortalecimento econômico e institucional.

Para simplificar a exposição, vamos adotar a hipótese de que o governo que deseja fomentar a ESS não limita suas políticas ao apoio aos mais pobres, mas as estende também aos empreendimentos solidários que dispõem de capital próprio, mas sem praticar políticas que transformam empreendimentos capitalistas não em crise diretamente em empreendimentos de ESS. Esta hipótese se aplica à experiência brasileira dos últimos oito anos, que constitui a base empírica deste ensaio. Ela combinou o apoio a empresas capitalistas com o fomento de empreendimentos da ESS. Esta postura do governo respeita as opções livremente adotadas pelos cidadãos, sejam empreendedores ou trabalhadores, por um ou outro modo de produção.

As políticas de ESS têm frequentemente como objetivos: 1. transmitir conhecimentos a trabalhadores e trabalhadoras que possam estar interessados em optar pela ESS, para habilitá-los a fazer esta opção, conscientes das vantagens e desvantagens que ela implica; e 2. capacitar as pessoas já decididas a tentar a sorte na ESS a darem os passos necessários a uma inserção efetiva na ESS, seja mediante a associação com outros trabalhadores que fazem a mesma opção para formar novos empreendimentos solidários seja pela entrada em empreendimentos solidários já em funcionamento.

As políticas que perseguem o primeiro objetivo têm carácter educativo, pois visam difundir conhecimentos sobre a realidade da ESS no país e as diversas modalidades que seus empreendimentos assumem conforme as características das regiões em que se situam e os ramos de produção de que participam. Uma parte destas políticas se dirige aos educandos dos sistemas de ensino profissional desde o nível elementar até o universitário. No Brasil, as pessoas que não puderam cursar a escola quando jovens têm a oportunidade de recuperar seu atraso através do programa EJA – Educação de Jovens e Adultos –, que é realizado mediante convénios entre o governo federal e entidades da sociedade civil sem fins de lucro. No EJA, a economia solidária é ensinada em todas as modalidades.

No ensino superior, a economia solidária é matéria que pode ser oferecida em cursos de graduação e pós-graduação. Além disso, ela se destaca nas atividades de extensão universitária, sob a forma de incubadoras de cooperativas populares, que atuam em cerca de uma centena de universidades federais, estaduais e comunitárias. As incubadoras são formadas por professores e alunos das mais diferentes áreas da universidade, o que lhes confere carácter interdisciplinar. Elas incubam agrupamentos de trabalhadores que cogitam de se associar em cooperativas. A incubação é realizada por formadores, em sua maioria estudantes de graduação, que recebem conhecimentos que os habilitam a ensinar aos trabalhadores os princípios da economia solidária e as formas de sua aplicação às práticas econômicas associativas.

A incubação consiste não só de ensino, mas também de acompanhamento das cooperativas em formação, durante o qual os estudantes participam de atividades em que se decidem os passos que a cooperativa deve dar para alcançar seus objetivos. Os estudantes aprendem a enfrentar os desafios que cooperativas populares, isto é, formadas por gente pobre, têm de superar. Neste processo, os estudantes conseguem muitas vezes assessorar as cooperativas, inclusive oferecendo acesso a tecnologias sociais, de que os estudantes tomam conhecimento por meio de contatos com professores, pesquisadores e técnicos que trabalham na universidade.

3. A ECONOMIA SOLIDÁRIA NO BRASIL

A incubação é um processo de aprendizagem mútua entre universitários e trabalhadores. Os formadores estudantis transmitem conhecimentos que recebem na condição de alunos, mas também na de agentes de fomento da ESS. Cada cooperativa em incubação provoca intensa troca de conhecimentos entre os incubadores estudantis, na medida em que enfrentam desafios e aproveitam oportunidades que diferem entre as cooperativas em incubação porque decorrem das circunstâncias específicas em que cada uma delas se desenvolve. Na incubadora da Universidade de São Paulo, que pude coordenar desde sua fundação por cerca de cinco anos, havia reuniões semanais dos formadores estudantis com os professores e técnicos, em que as experiências vividas nos processos de incubação eram intensamente discutidas. Nestas reuniões, o aprendizado mútuo era evidente, e a produção de novos conhecimentos a partir das experiências vividas era vital para o aperfeiçoamento dos processos de incubação.

O Proninc – Programa Nacional de Incubadoras de Cooperativas Populares – fomenta a formação de incubadoras nas universidades e nos Institutos Federais de Educação Tecnológica – IFET –, em que ainda não existem. Deste programa participam nada menos que oito ministérios do governo brasileiro, que realizam políticas de ESS em parceria com incubadoras. Estas políticas visam, em geral, o desenvolvimento de novas atividades econômicas, mediante o fomento a empreendimentos de ESS nas áreas em que estes ministérios atuam. Um exemplo significativo é o do Ministério da Justiça, sob cuja jurisdição se encontra o sistema penitenciário nacional. A grande maioria dos que cumprem penas no Brasil é formada por homens jovens de baixíssima escolaridade, muitos já tendo mulher e filhos, que sustentavam com ganhos obtidos por meio de atividades delituosas. Uma vez cumprida a pena, os egressos das prisões voltam à sociedade, com mínimas possibilidades de encontrar emprego, não só pela falta de qualificação, mas também pelo estigma de terem sido condenados. Consequentemente, as taxas de reincidência no crime são altíssimas. Tendo em vista reduzir a reincidência, o Ministério da Justiça entrou no Proninc e, em parceria com a Secretaria Nacional de Economia Solidária – SENAES –, executa um programa de desenvolvimento econômico das regiões em que é grande a presença do crime e da violência, por meio do fomento de empreendimentos da ESS, com a participação de incubadoras. O programa prevê também a criação de cooperativas de trabalho nas penitenciárias, com o objetivo de facilitar a inserção socioeconômica dos egressos, uma vez cumprida a pena. O programa prevê a conexão das cooperativas em penitenciárias com as cooperativas localizadas nas áreas em que vivem as famílias dos condenados, de modo a garantir que os egressos possam prosseguir em seu trabalho cooperativo depois de cumprida a pena.

    O exemplo da política de fomento da ESS pelo Ministério da Justiça é apenas uma de diversas políticas de ESS, promovidas por vários órgãos do poder público. O Brasil é um país semidesenvolvido, em que grande parte da população é pobre por ter sido marginalizada dos processos de desenvolvimento. O capitalismo é um modo de produção dinâmico, que se expande a maior parte do tempo, mas se contrai quando entra em crise. Nestas ocasiões, as oportunidades de emprego praticamente somem, e muitos trabalhadores que estavam empregados perdem esta condição e por isso se tornam pobres. Quando a crise finda e a economia capitalista volta a crescer, uma parte dos trabalhadores que foi excluída pelo desemprego consegue se reinserir, mas nem todos têm esta sorte, seja porque durante o tempo em que ficaram desempregados não puderam se atualizar profissionalmente seja porque estão velhos demais para conseguir disputar empregos com outros à flor da idade.

    Como é sabido, o capitalismo dificilmente emprega a totalidade de pessoas que almejam um emprego, sendo normal a existência de um exército industrial de reserva. Quando ocasionalmente a demanda por mão de obra tende a exceder a oferta, a tendência dos salários é para subir, o que poderia comprimir os lucros, se as empresas não pudessem repassar o aumento de seus custos com a folha de pagamentos aos preços dos produtos que vendem. Como quase sempre este repasse é feito, os momentos de pleno emprego são acompanhados de pressões inflacionárias, que têm o condão de se reproduzir ampliadamente. O temor à inflação induz os governos a adotarem políticas de contenção do crédito e de redução do gasto público, para reverter a conjuntura. O resultado quase sempre é a queda das vendas e dos investimentos, que ocasionam a redução da demanda por força de trabalho e a reconstituição do exército industrial de reserva, ou seja, a exclusão social e o aumento da pobreza.

    A presença da pobreza nos países em que a economia é capitalista não é, portanto, casual, mas uma condição essencial para que a exploração da mão de obra ocorra «normalmente». Para dar oportunidade a todos de participarem do desenvolvimento e deste modo erradicar a pobreza, torna-se indispensável desenvolver, ao lado das empresas capitalistas, empreendimentos de ESS que não visam o lucro e por isso não promovem a disputa pela renda entre o capital e o trabalho em seu seio. É claro que empreendimentos solidários também precisam produzir um excedente para ser investido na expansão da capacidade produtiva e no aperfeiçoamento da mesma. Os sócios de cooperativas limitam suas retiradas mensais para que uma parte da receita, que eles consideram adequada, possa ser colocada em diversos fundos de inversão. Este «sacrifício» de ganho é aceito pelos trabalhadores porque sabem que os recursos poupados para serem investidos continuam sendo deles e serão aplicados para melhorar seu padrão de vida. A autogestão torna a poupança coletiva perfeitamente aceitável para os sócios, pois eles sabem que ela não passa de um adiamento do consumo que será vantajoso para eles no futuro.

A situação é totalmente diferente nas empresas capitalistas porque a) o excedente toma a forma de lucro e é apropriado inteiramente pelos empresários e b) a decisão de eventualmente ampliar o excedente é tomada unilateralmente pelos empregadores e só chega ao conhecimento dos trabalhadores pela leitura do balanço anual, quando a decisão já foi implementada e o aumento do lucro pode ser comparado com o montante de salários pagos aos empregados. Coisas assim ocorrem normalmente nas empresas capitalistas e dão lugar a lutas conduzidas pelos sindicatos que visam o aumento dos salários para recuperar a participação dos trabalhadores na receita resultante do seu trabalho. Os empregadores resistem às reivindicações dos empregados porque visam a obtenção de uma taxa de lucro comparável à usufruída pelos capitais concorrentes. Sendo a taxa de lucro extraída da empresa considerada insuficiente pelos dirigentes da mesma, eles não hesitarão em fechá-la no lugar em que está para reabri-la em outra localidade, eventualmente em outro continente, em que os salários e/ou os tributos são menores, de modo a alcançar a taxa de lucro almejada.

Podemos concluir, portanto, que, se a redução da pobreza é um objetivo prioritário do governo, torna-se necessário que ele promova o desenvolvimento da economia nacional por meio do fomento da ESS. Isso requer diversas políticas públicas que visam distintos objetivos: 1.º disseminar entre a população trabalhadora a convicção de que o emprego assalariado não é a única nem necessariamente a melhor opção para ganhar a vida de forma digna; de que há outras opções entre as quais se destaca o exercício por conjuntos de trabalhadores associados de atividades por conta própria;

2.º oferecer aos trabalhadores que dão preferência a esta opção oportunidade de adquirirem meios de produção e as habilidades profissionais necessárias para utilizá-los eficazmente e administrá-los coletivamente; 3.º estimular o desenvolvimento de sistemas financeiros solidários cujos serviços são necessários para que os empreendimentos produtivos cooperativos possam desenvolver plenamente suas potencialidades.

4.2. Política pública de desenvolvimento local por meio da ESS

Uma política que no Brasil se mostrou importante é *a promoção do desenvolvimento local por meio da ESS*. Em vez de limitar as políticas de ESS ao apoio a trabalhadores que já decidiram se associar para desenvolver autonomamente atividades econômicas, é possível contatar comunidades em bolsões de pobreza e oferecer-lhes a oportunidade de desenvolverem suas economias através da criação de empreendimentos cooperativos, viabilizados pela ação de *agentes de desenvolvimento*. Uma vez a comunidade tendo decidido se integrar ao Programa de Desenvolvimento Local de ESS, ela é convidada a designar entre os seus membros uma pessoa que será o agente de desenvolvimento. Este terá por encargos: I) motivar todos componentes da comunidade para que tomem parte ativa no processo, de modo que todos participem das tomadas de decisões e da criação de empreendimentos solidários; II) se integrar na rede de agentes, que em cada estado é dirigido por um coordenador diretamente ligado à direção nacional do Programa. A função da rede de agentes é conectar cada comunidade em desenvolvimento às políticas públicas municipais, estaduais e federais que serão imprescindíveis para o desenvolvimento: banco comunitário, educação pública, saúde pública, saneamento básico, infraestrutura de energia, transporte, comunicação, armazenamento, etc., etc.

A política de desenvolvimento local solidário decorre do reconhecimento de que o desemprego, a miséria e a exclusão social não são situações individuais, mas coletivas. Ao contrário do que supõe a ideologia individualista, que atribui à pessoa que sofre uma destas situações a culpa de se encontrar nela, a ESS percebe que esta culpa o mais das vezes deriva da estrutura de classes em que a sociedade capitalista se divide e da conjuntura cíclica que rege a dinâmica da economia de mercado. Logo, reverter tais situações exige ações comuns de todas as vítimas, que sejam concomitantes para que se possam apoiar mutuamente. Se numa favela ou num povoado, em que todos são pobres, um ou dois moradores decidem iniciar algum negócio, é quase certo que ele estará condenado ao fracasso por causa da falta de poder aquisitivo dos moradores, que se traduz em demanda insuficiente pelas mercadorias que os negociantes colocarem à venda.

Agora, se uma parte grande da favela ou povoado resolver iniciar uma série de negócios que possam satisfazer as necessidades básicas dos moradores *ao mesmo tempo*, todos estarão produzindo e vendendo mercadorias e, portanto, ganhando dinheiro, o que torna possível que todos os que estavam ociosos – condição frequente em comunidades pobres – passem a produzir e comercializar, o que viabiliza os negócios e a satisfação das necessidades básicas de todos. O que se verifica, portanto, é que o desenvolvimento solidário objetiva resgatar da pobreza todos ao mesmo tempo, o que é eticamente aconselhável e economicamente indispensável.

Cumpre notar que o desenvolvimento local capitalista é completamente diferente. Ele, em geral, é desencadeado por iniciativa de alguma grande empresa privada, que investe em alguma exploração agrícola ou em extração mineral, vegetal ou animal, visando vender a produção no mercado mundial, ou então por alguma grande empresa pública encarregada de realizar obras de infraestrutura, em geral de grande monta e longa duração. Nestes casos, é inegável que há benefícios, mas que atingem a uma fração só da comunidade: parte dos moradores consegue emprego, os negócios que servem aos novos assalariados vendem mais, lucram mais e se expandem. A arrecadação fiscal do município aumenta, o que permite à prefeitura eventualmente fazer investimentos e expandir serviços.

Mas, como estes benefícios são só para alguns, o efeito total do processo é aumentar a desigualdade, apesar da quantidade de pobres se ter reduzido em número absoluto e relativo. É que a distância em termos de rendimento monetário e de padrão de vida entre ricos e pobres se amplia a olhos vistos, por efeito do desenvolvimento capitalista. O ganho dos que ocupam cargos de direção nas novas empresas é notavelmente maior do que o que ganhavam os «ricos» antes do desenvolvimento ter lugar. Nas comunidades pobres, pouco ou nada desenvolvidas, os poucos que não são pobres, em geral, usufruem rendas modestas em relação ao que ganham ricos em comunidades desenvolvidas, mas bem maiores do que o povo ganha em geral. Quando alguma destas comunidades passa por um desenvolvimento capitalista, surge uma nova elite, em geral vinda de fora, cujos membros têm proventos semelhantes aos da elite em sociedades desenvolvidas.

Desenvolvimento solidário e desenvolvimento capitalista não só são bem diferentes enquanto processos de transformação social e econômica, como produzem sociedades distintas. O resultado do desenvolvimento realizado por meio da ESS tende a ser uma sociedade em que simplesmente não há pobres e ricos, mas trabalhadores em empresas não hierárquicas, nas quais os desníveis de ganhos ou inexistem ou são controlados por dispositivos estatutários. Observando as cooperativas atuais, verifica-se que os ganhos maiores equivalem, em geral, cinco ou seis vezes aos ganhos menores. Importa lembrar que estes intervalos são decididos em geral em assembleias de todos trabalhadores do empreendimento, em que a maioria se situa no extremo inferior da distribuição. Eles poderiam facilmente decidir que os ganhos de todos sejam iguais, o que de fato é praticado em algumas cooperativas. Não obstante, ao que parece, na maioria das cooperativas há alguma desigualdade de ganhos, adotada pela maioria por critérios de justiça: os trabalhadores estão convictos de que determinados sócios, seja pelos serviços que prestam ao coletivo ou pelo que sabem e poderiam ganhar alhures, *merecem ganhar mais*. São sociedades sem classes, em cuja base econômica reina a democracia: nela ninguém manda e ninguém obedece.

Não resta dúvida de que as sociedades capitalistas são caracterizadas não só por enormes desníveis entre ricos e pobres, mas pela tendência destes desníveis aumentarem ao longo do tempo. Esta tendência está estatisticamente comprovada, apesar de que hoje a maioria das sociedades capitalistas serem democracias políticas. Após a Segunda Guerra Mundial, a vitória dos países democráticos sobre o nazi-fascismo inaugurou um período de hegemonia «social-democrática», em que os Estados nacionais instituíram o chamado Estado de bem-estar social, durante o qual a desigualdade foi nitidamente reduzida através da previdência social e da legislação trabalhista, que garantia ao assalariado um padrão de vida considerado «digno». Mas, nos últimos 30 anos, grande parte destas conquistas foi revogada em consequência da voga do neoliberalismo. Durante este período, houve intenso crescimento da produtividade do trabalho e, portanto, aumento correspondente da produção de riqueza nas economias do capitalismo democrático. Este aumento foi apropriado em grande medida pelos capitais aplicados na intermediação financeira e na especulação nas Bolsas de Valores e pelos que administram estes capitais. Tudo indica que os principais beneficiários do progresso das últimas três décadas são o famoso um por cento da população que é denunciado pela rebelião dos Indignados, acampados (desde o dia 15 de outubro de 2011) junto aos centros financeiros das metrópoles e cidades de muitas dezenas de países.

4.3. Conhecimentos necessários para o desenho e gestão de políticas públicas para a economia social e solidária

Desenhar e gerir políticas públicas corresponde a um processo contínuo de ensaio e erro, no qual políticas tentativas são aplicadas em escala piloto e depois são cuidadosamente avaliadas para que o conhecimento assim gerado permita aplicar melhoramentos a ela. No caso em discussão, trata-se de políticas públicas que visam implantar as bases de «outra economia». Antes de sua formulação, cada política pública deve responder a certa problemática que as políticas existentes não solucionam ao todo ou o fazem de uma forma que deixa muito a desejar. O conhecimento de que se necessita é obviamente o da problemática que a política a ser formulada cumpre resolver ou resolver melhor do que a(s) política(s) existente(s).

Este conhecimento de que se necessita não pode ser descoberto ou inventado de uma vez por todas, simplesmente porque a problemática a resolver tão-pouco é um fato dado de uma vez por todas. A problemática-alvo decorre de um processo de transformação econômica e social que avança ou recua o tempo todo, o que faz que a problemática alvo seja um alvo sempre em deslocamento. Logo, o conhecimento necessitado é *um fluxo de problemas* sujeito às ações dos que precisam encontrar soluções para eles; estas ações prefiguram a política, embora de forma imperfeita, porque as tentativas de solução aplicadas podem afetar a problemática-alvo, sem resolvê-la.

Não dá para caracterizar o conhecimento necessitado antes de tê-lo, por causa da problemática em fluxo, que assume novas formas, na medida em que os conflitos travados entre diferentes interesses e ideologias ao redor das soluções propostas desembocam em vitórias de uns e derrotas de outros. A única maneira de obter o conhecimento necessitado é estudar o processo de transformação, de onde provém a problemática, e procurar entender as forças sociais e econômicas em presença que impelem o processo de transformação ou, pelo contrário, procuram contê-lo ou no mínimo retardá-lo.

Em suma, o conhecimento necessitado começa por identificar os agrupamentos econômicos, de classe, político-partidários, ideológicos, culturais, religiosos, étnicos, de género e orientação sexual, ubiquados no tempo e no espaço, ou seja, situados na história e na geografia do país, do continente e do mundo. O conhecimento necessitado pode ser gerado de duas maneiras: *uma é a acadêmica*, que se baseia em fontes secundárias – atas de reuniões, congressos etc., leis e projetos de lei, programas eleitorais e de governos, estatísticas, resoluções, entrevistas, depoimentos, etc.; *a outra é a prática*, que consiste no envolvimento do investigador diretamente com as forças em presença e em conflito, que representam interesses, ideologias, culturas e eventualmente tradições diversas.

Cada uma delas tem vantagens e defeitos. A acadêmica tem a vantagem de ser rigorosa e se submeter ao controle de uma comunidade profissional, que persegue o mesmo tipo de conhecimento e é capaz de detetar erros, omissões, enganos, contradições lógicas e assim por diante. O seu defeito é que ela só trabalha com informações pretéritas, de episódios já encerrados, sendo incapaz de captar o momento presente do processo, pois o acadêmico pretende ser um observador e analista neutro, que não se imiscui nos conflitos em marcha. O defeito de uma é a vantagem da outra: a abordagem prática consiste na participação do investigador no processo enquanto militante, na medida em que o processo de transformação almejado é um processo político, impulsionado pelos partidários da ESS e presumivelmente obstado pelos partidários do *status quo* e quem sabe também por partidários de outros projetos alternativos ao capitalismo.

Na realidade, não dá para abrir mão nem de uma e nem da outra das duas maneiras de gerar o conhecimento necessitado. O órgão de governo encarregado da formulação das políticas de ESS tem de promover tanto o estudo acadêmico – sobretudo do pano de fundo histórico da problemática em questão – quanto o envolvimento no que está agora sendo chamado de pesquisa-ação, que consiste no levantamento da situação objetiva das populações envolvidas na problemática e ao mesmo tempo de suas disposições subjetivas sob a forma de reivindicações, plataformas, bandeiras de luta. A combinação dos resultados das duas abordagens, que pode ser levada a cabo através de oficina, seminário ou conferência, não dá ainda exatamente o conhecimento necessitado, mas já representa um grande passo em sua direção. O outro passo seria a formulação provisória de uma primeira versão da política almejada, a ser aplicada em escala piloto, para submetê-la a uma primeira experiência prática e assim verificar o quanto se pode esperar que ela atinja os objetivos colimados. Este passo deveria

3. A ECONOMIA SOLIDÁRIA NO BRASIL

ser a continuação da pesquisa-ação, que ofereceu fundamentos à formulação provisória da política.

Até aqui, tratamos do conhecimento necessário à formulação e gestão de políticas públicas singulares de ESS. Acontece que o conjunto destas políticas públicas deve formar um todo razoavelmente coerente e consistente, já que todas almejam a mesma transformação socioeconômica. Para garantir esta consistência, é indispensável que o órgão encarregado da ESS disponha de duas fontes contínuas de informações: uma sobre o que está acontecendo no movimento da ESS (no singular ou no plural) e outra sobre o que está acontecendo na realidade socioeconômica e política da própria ESS, enquanto parte integrante da realidade social e econômica do país.

A primeira fonte deveria consistir numa conexão viva alimentada por periódica troca de ideias e propostas entre o órgão do governo e a(s) direção(ões) do(s) movimento(s) de ESS. Esta conexão seria não só uma importante fonte de informações e ideias, mas, mais do que isso, um espaço de coordenação política entre o Estado e a sociedade civil no que concerne a ESS. A outra fonte poderia consistir num mapeamento sistemático periódico da ESS no país através de levantamentos de campo de todas entidades – desde empreendimentos até órgãos sem fins de lucro da sociedade civil que fomentam a ESS – em todo o país. No Brasil, a SENAES vem promovendo o mapeamento da economia solidária desde 2005. Este tipo de levantamento oferece dados preciosos para a avaliação das políticas que estão sendo realizadas, mas sobretudo permite acompanhar a problemática da construção do novo modo de produção, o que oferece um conhecimento essencial para poder julgar o processo de transformação em marcha e de que forma ele vem afetando o povo mais carente de atenção e apoio, que sobrevive naquilo que no Brasil chamamos de economia popular.

Hoje, o mapeamento da economia solidária está sendo tentado em diferentes países. Seria desejável que a metodologia destes mapeamentos fosse padronizada, na medida do possível e do conveniente para todos participantes, pois os estudos comparativos da ESS em escala internacional seriam de valor inestimável para dissipar o denso clima de ceticismo que ainda cerca o debate sobre a viabilidade futura da ESS e, portanto, da sua relevância para um possível (e desejável) mundo pós-capitalista.

5. REFLEXÕES SOBRE A EXPERIÊNCIA BRASILEIRA COM A ECONOMIA SOLIDÁRIA

Nos anos oitenta do século XX, o capitalismo, com a eleição de Margaret Thatcher na Grã-Bretanha e depois de Ronald Reagan nos Estados Unidos, entrou numa nova fase de sua história. Até então, o capitalismo, tendo sobrevivido ao cataclisma da Primeira Guerra Mundial e da Grande Crise dos anos trinta, havia aprendido a domar o ciclo de conjuntura mediante a receita keynesiana de políticas anticíclicas combinadas com ondas de inovações tecnológicas que acabaram conduzindo o mundo à terceira Revolução Industrial, que proporcionou excecional aumento da produtividade do trabalho. A fase keynesiana permitiu à humanidade usufruir meio século sem guerras mundiais e a construção de um sistema previdenciário ampliado, de carácter universal, garantindo mesmo aos mais pobres acesso aos serviços públicos de saúde e a todos níveis de escolaridade. O capitalismo democrático keynesiano perdurou dos anos trinta aos oitenta e rivalizou com êxito com o comunismo soviético, que, após suas vitórias na China, na Indochina, em África, etc., chegou a abarcar mais de metade da humanidade.

A fase neoliberal do capitalismo teve início quando um número crescente de países, inspirados pelas políticas de Thatcher e Reagan, passou a desregular os controles instituídos pelas políticas keynesianas. Instauraram o livre comércio e a plena liberdade de movimentação dos capitais privados sobre todas as fronteiras nacionais. Estas duas «revoluções» produziram a globalização da economia mundial, que enfraqueceu os governos nacionais, os quais perderam o poder de regular o comércio de seus países com o resto do mundo, assim como o poder de limitar a concentração do capital financeiro, industrial, comercial, agrícola e extractivista no plano global. Surgiram empresas transnacionais sediadas nas maiores potências capitalistas, que construíram um espaço global de especulação financeira e comercial, em que os poderes reguladores das entidades intergovernamentais, como o FMI e o Banco Mundial, perderam a vontade de limitar a concentração do capital, dando ensejo ao surgimento de bancos globais «grandes demais para se deixar quebrar», o que colocou efetivamente o governo de cada um destes países a serviço dos «seus gigantes transnacionais».

A contrarrevolução neoliberal abriu ao capital privado os mercados de trabalho da China e da Índia, que acabaram se tornando as oficinas do mundo na indústria e nos serviços de informática. A transferência de sectores inteiros das economias do Primeiro Mundo para a Ásia e, em proporção menor, para a América Latina e para os países ex-comunistas, liberados após as revoluções desencadeadas na Europa pela Glasnost + Perestroika na URSS e pela queda do Muro de Berlim em 1989, destruiu o proletariado industrial nos EUA e na Europa, onde o que sobrou foram ruínas industriais e enorme desemprego estrutural e uma expansão da pobreza que as gerações da segunda metade do século xx jamais imaginaram vir a sofrer e a testemunhar.

Na fase neoliberal do capitalismo, renasceram as crises de conjuntura, que haviam desaparecido durante o meio século de fastígio da união do keynesianismo econômico com o reformismo social-democrático na Europa e rooseveltiano nos EUA. Esta regressão econômica e social não impediu que a democracia política se expandisse pelo mundo. Nos mesmos anos oitenta, em que emergiu a contrarrevolução neoliberal, caíram as ditaduras militares na América Latina e na Europa (na Península Ibérica e na Grécia).

Na década seguinte, caíram as ditaduras eestalinistas na Europa e Ásia. O estupor ocasionado pela destruição do proletariado industrial e dos seus sindicatos no Ocidente e pelo colapso do pretenso socialismo real estalinista deixou a esquerda mundial numa situação paradoxal: o neoliberalismo, ao desgraçar amplas camadas da população dos países capitalistas e democráticos, abria ampla avenida de oportunidades para engendrar nova onda de reformas capaz de conduzir estas sociedades nacionais a algo como uma nova espécie de socialismo democrático.

Só que os partidos de esquerda que venceram eleições e assim foram guindados ao governo haviam perdido suas bases sociais e com elas suas convicções ideológicas, tanto marxistas quanto keynesianas. A grande crise econômica de 2008, que fora enfrentada com políticas keynesianas, pôs à prova governos social-democratas em vários países do Sul da Europa, e

5. REFLEXÕES SOBRE A EXPERIÊNCIA BRASILEIRA COM A ECONOMIA SOLIDÁRIA

(com a exceção da Islândia) todos eles se vergaram às exigências do capital financeiro globalizado e impuseram aos seus povos políticas de austeridade sumamente ruinosas, sendo em seguida derrotados nas urnas, em Espanha, Portugal e na Grã-Bretanha. Nestes países, eles foram substituídos nos governos por partidos de direita, que, uma vez no poder, intensificaram ainda mais as políticas de austeridade, mobilizando a juventude destes países a manifestar sua indignação mediante a ocupação das principais praças em numerosas cidades, da qual poderão nascer forças constituintes de uma nova esquerda.

O desarmamento moral da esquerda se deu na Europa e de forma mitigada nos EUA de Barak Obama, mas não na América do Sul. Explica-se esta diferença de comportamento pelo fato de a globalização não ter aqui os efeitos arrasadores sobre o proletariado industrial que foram tão amplos no ex-Primeiro Mundo. Especificamente no Brasil, a ditadura militar não aderiu à onda neoliberal, como ocorreu na Argentina, no Chile e no Uruguai. No Brasil, a ditadura sustentou o chamado «milagre econômico», que resultou do prosseguimento de políticas desenvolvimentistas, que aceleraram a industrialização e assim fortaleceram econômica e politicamente o proletariado. Este, a partir de 1978, reconquistou o direito de greve e assim pôde acelerar o processo de redemocratização que os militares iniciaram e depois não tiveram forças para deter. A Constituição de 1988, elaborada ainda sob o regime militar, mas hegemonizada pela esquerda, abriu espaço para o fortalecimento dos movimentos sociais de trabalhadores, estudantes, mulheres e demais sectores populares, que ressurgiram com mais ímpeto tão logo os militares foram substituídos no governo por civis.

Não obstante, o Brasil, durante as duas últimas décadas do século XX, sofreu uma crise de inflação aguda, que paralisou o processo de desenvolvimento e só foi superada por políticas econômicas neoliberais a partir de 1994, as quais escancararam o mercado interno à importação de produtos industriais da Ásia, lançando a indústria nacional em forte crise e levando o desemprego a níveis nunca atingidos anteriormente. A estabilização dos preços representou um alívio para os mais pobres, mas a exclusão social atingiu as massas trabalhadoras de forma tão violenta que a Cáritas começou a organizar grupos de produção como estratégia de sobrevivência, sob o lema «A solidariedade que liberta». Ao mesmo tempo, nos anos noventa, os sindicatos começaram a organizar os trabalhadores de empresas em crise para se apropriar da massa falida, de que eram credores, na forma de arrendamento, de modo a recuperar estas empresas transformadas em cooperativas de trabalho.

As universidades também se mobilizaram para auxiliar as vítimas da tragédia desencadeada pela estabilização neoliberal, organizando incubadoras de cooperativas populares, tanto nas cidades como no campo. Cabe também mencionar o movimento dos trabalhadores sem terra, que, apoiados pela Pastoral da Terra, passaram a ocupar terras pouco ou nada cultivadas e que, pela nova Constituição, podiam ser repartidas pela reforma agrária entre as famílias que delas precisavam para poder sobreviver. A partir dos anos oitenta, centenas de milhares de famílias puderam ser assentadas em terras de latifúndios desapropriadas.

Este breve histórico deve deixar claro que a economia solidária surge no Brasil por diversas iniciativas de sectores organizados da sociedade civil, empenhados de um lado em aliviar o sofrimento de centenas de milhares de famílias excluídas pela crise da produção social e por outro engajados em construir nos interstícios da economia capitalista, resultantes das crises que periodicamente a acometem, uma economia inteiramente diferente – igualitária, democrática –, possível semente de um futuro socialismo a ser conquistado pelo movimento operário.

Embora inicialmente não estivessem coordenadas, todas estas iniciativas acabaram por confluir nas características da nova economia que estavam criando; ela se compunha de empreendimentos possuídos pelos que neles trabalhavam e que administravam suas atividades conjuntas de forma inteiramente autónoma e democrática. Esta surpreendente coincidência só se explica pela tradição cooperativa que foi introduzida no país originalmente por trabalhadores imigrantes anarquistas e por missionários cristãos no início do século xx, nos alvores da industrialização do país.

Com o auge da industrialização capitalista que se dá a partir da Revolução de 1930, o cooperativismo original foi suplantado, provavelmente por mudanças domésticas decorrentes da crescente demanda da nova indústria e serviços correlatos – energia, transporte, comunicações, etc. – por mão de obra assalariada, às quais se somaram mudanças ideológicas na esquerda, que ocorreram no plano internacional por efeito da Revolução Russa de 1917, da fundação da III Internacional, que foi correspondida no Brasil pela fundação do Partido Comunista do Brasil em 1922, por lideranças operárias que originalmente haviam sido anarquistas.

5. REFLEXÕES SOBRE A EXPERIÊNCIA BRASILEIRA COM A ECONOMIA SOLIDÁRIA

Quando a Revolução de Outubro, vitoriosa, expropriou as empresas capitalistas, o partido bolchevique se dividiu a respeito do que fazer com a economia. O governo chefiado por Lenine e Trotsky decidiu, de acordo com a ortodoxia marxista então prevalecente, entregar a gestão das empresas estatizadas a gestores designados pelo governo, aos quais os trabalhadores deveriam prestar total obediência. Em contraposição a esta decisão, surgiu a Oposição Operária, composta por lideranças sindicais e intelectuais, que defendiam a entrega da chefia das empresas estatizadas à autogestão dos trabalhadores. O embate não durou muito, sendo resolvido a favor da gestão autocrática das empresas pelos delegados do poder estatal, que se propunha planejar a partir de um centro único toda a economia russa.

A partir do desenlace desta polêmica, o comunismo soviético tornou-se totalitário, não tolerando – seja dentro ou fora do partido governamental – qualquer divergência a respeito de um assunto tão fundamental. Certamente contribui para esta evolução a longa guerra civil que opunha vermelhos a brancos e que terminou com a vitória dos primeiros apenas em 1921. A derrota da Oposição Operária na Rússia certamente se refletiu no Brasil, onde anarquistas e socialistas cristãos haviam implantado sementes socialistas em contraposição aos comunistas, que em 1935 tentaram, através de um *putch* nas forças armadas, tomar o poder, mas que não tiveram apoio militar suficiente para prevalecer, tendo sido rapidamente derrotados. O Partido Comunista foi colocado na ilegalidade, de onde emergiu apenas em 1945 para um curto período de legalidade, que findou em 1948, quando o PCB voltou a ser colocado fora da lei, e os parlamentares que havia elegido foram cassados pela maioria parlamentar.

Durante o período de hegemonia keynesiana-social-democrática, entre 1933 e 1980, nos países capitalistas democráticos, a esquerda acabou se unindo numa plataforma que condicionava a construção do socialismo em qualquer país à conquista do poder político por partidos que o usariam para expropriar as empresas privadas, entregando-as à gestão de agentes do poder público. Esta posição era adotada pelos comunistas que tomavam por modelo a economia «socialista realmente existente» do bloco soviético e pelos social-democratas e trabalhistas, que tinham por modelo as economias europeias governadas por partidos desta tendência e nas quais os sectores de base – indústria pesada, transporte, energia, comunicações, etc. – haviam sido estatizados e também eram administrados autocraticamente por gestores nomeados pelo governo.

Em suma, a social-democracia, embora condenasse a ditadura política que prevalecia no bloco comunista, tão-pouco praticava o socialismo autogestionário que tanto Marx como Engels haviam preconizado quando lideravam a I Internacional, entre 1864 e 1872. Esta contradição entre sua posição política de apoio decidido à democracia enquanto a economia é capitalista e sua posição de recusa à democratização da economia estatal já fora notada e deu lugar a polêmicas entre alas dos partidos social-democráticos, que acabou sendo resolvida por inércia pelo paulatino abandono por estes partidos de qualquer pretensão de superar o capitalismo por meio da eliminação da propriedade privada dos meios de produção. Quando a fase keynesiana do capitalismo foi abandonada pelos partidos de centro, políticos social-democráticos eleitos para governar aderiram sem alarde às posições neoliberais.

Para facilitar a exposição, convém adotar a expressão *socialismo autogestionário* para designar o que no Brasil e de forma geral na América Latina denominamos por *economia solidária ou social ou ainda social e solidária*. Depois que tanto o socialismo real como o socialismo democrático da social-democracia europeia entraram em colapso e no momento pelo menos carecem de suporte eleitoral e social, o que se apresenta como alternativa não utópica ao capitalismo é *a economia solidária ou o socialismo autogestionário*.

A economia solidária realmente existente tem como baluartes as amplas redes de cooperativas de produção filiadas ao Complexo Cooperativo de Mondragon, no País Basco espanhol e no Quebeque, no Canadá, onde o sistema de cooperativas de crédito Desjardins proporciona apoio financeiro e tecnológico a uma ampla rede de cooperativas locais. Face às incessantes crises financeiras, que reduzem à miséria amplas camadas da classe operária nos países mais desenvolvidos da Europa e também em outros continentes, enquanto a economia solidária exibe surpreendente resiliência à crise, ela começa a despertar a atenção dos sectores progressistas, ganhando cada vez mais apoio de entidades intergovernamentais ligadas às Nações Unidas, e o mesmo começa a acontecer por parte dos movimentos de jovens que protestam contra as políticas neoliberais de austeridade que os atingem diretamente, como é o caso dos Indignados, em Espanha. Começam a surgir sinais de ressurgimento de uma nova esquerda em diversos países, que observa com interesse o que a economia solidária logra realizar na América

5. REFLEXÕES SOBRE A EXPERIÊNCIA BRASILEIRA COM A ECONOMIA SOLIDÁRIA

Latina, na América do Norte e em vários países europeus, da Oceânia e de diversos pontos do grande continente asiático. A resiliência da economia solidária se explica pelo fato de que os trabalhadores são os proprietários das empresas em que trabalham, onde não visam maximizar lucros, mas assegurar condições de trabalho decente, no sentido que a OIT dá a esta expressão. Se a cooperativa enfrenta dificuldades em vender seus produtos ou serviços por efeito do encolhimento dos mercados, os prejuízos são repartidos entre os sócios, que podem contar com a ajuda solidária de outras cooperativas menos afetadas e também de vizinhos e fornecedores. Empresas capitalistas geralmente não se mantêm ativas se os lucros diminuem, pois os donos não querem correr riscos e não têm interesse em investir em negócios que não dão lucros. Já os cooperados estão vitalmente empenhados em preservar a fonte de seu trabalho e ganho, mesmo que este último esteja transitoriamente em baixa.

6. A ECONOMIA SOLIDÁRIA NO COMBATE À POBREZA E POR DEMOCRACIA

1. O objetivo maior do futuro governo da presidenta Dilma Rousseff é erradicar a miséria do Brasil até o fim do seu mandato, em 2014. Em outra época esta proposição teria sido vista como um despropósito face à extensão da miséria e a brevidade de um mero quatriênio para extirpá-la. Hoje, no entanto, a erradicação da miséria em quatro anos é vista como factível graças ao êxito do governo Lula em reduzi-la significativamente com políticas sociais e econômicas coerentes, para as quais a futura presidenta Dilma Rousseff como ministra contribuiu decisivamente.

A erradicação da miséria do Brasil no próximo mandato pode ser alcançada, mas fazê-lo não será fácil porque a miséria a ser combatida é remanescente daquela que o governo Lula começou a reduzir há quase oito anos. As políticas que o governo Lula inventou para resgatar dezenas de milhões de brasileiros da miséria deram os resultados almejados, mas não foram suficientes para impedir que ainda outras dezenas de milhões permanecessem em extrema pobreza. É provável que não bastará aplicá-las por mais quatro anos para que a miséria desapareça do país. Será necessário continuar inovando, a partir de diagnósticos mais apurados das causas da miséria remanescente, para que sua erradicação seja alcançada.

A contribuição da economia solidária ao enfrentamento deste novo desafio poderá ser significativa, dada a experiência de combate à pobreza acumulada pela SENAES desde 2003. Entre as famílias que ainda permanecem na miséria, é provável que muitas vivam em desvantagem social e econômica por causas diversas: retardo mental resultante de desnutrição na infância, sofrimento psíquico decorrente de doença mental, cultura hereditária de pobreza por parte dos integrantes de comunidades tradicionalmente discriminadas como quilombos, comunidades indígenas, de seringueiros, pescadores artesanais e outros extrativistas, cujos meios de vida estão ameaçados pelo avanço inexorável de monoculturas promovido por grandes firmas de capitais globalizados.

Cooperativas sociais, uma inovação italiana da década dos setenta, foram introduzidas no Brasil por meio de acordo de cooperação entre a Coordenação de Saúde Mental do Ministério da Saúde e a SENAES, em execução desde 2004, tendo em vista possibilitar a reintegração social de centenas de milhares de egressos de manicómios. Hoje estão em atividade 440 cooperativas sociais formadas por este público, e a mesma estratégia está sendo empregada pela SENAES em parceria com o Ministério da Justiça para, no âmbito do PRONASCI, promover ações de prevenção da violência em territórios «perigosos» nas periferias metropolitanas, mediante a formação de cooperativas de trabalho com apenados em diferentes regimes de cumprimento de pena, egressos de penitenciárias e seus familiares, além de jovens internados em instituições socioeducativas.

A SENAES promove ações análogas de desenvolvimento comunitário com quilombolas, indígenas e distintos tipos de comunidades tradicionais no âmbito de um programa de etnodesenvolvimento que está em execução há mais de seis anos. Muitas destas ações contam com a cooperação de outros ministérios e com a inestimável colaboração de Incubadoras Universitárias de Cooperativas Populares, que são projetos de extensão de cerca 100 universidades brasileiras, apoiadas por um Programa Nacional de Incubadoras PRONINC, coordenado pela SENAES, de que participam oito ministérios, além da Fundação Banco do Brasil, Coepe, Banco do Brasil e a entidade dos Pró-Reitores de Cultura e Extensão das Universidades.

No combate à pobreza, a SENAES fomenta a criação de mais de 150 bancos comunitários e dá apoio a centenas de Fundos Rotativos Solidários, promove a realização de centenas de feiras em âmbito local, regional, nacional e até internacional, além de dar formação política e técnica a cerca de 40 mil trabalhadores, gestores públicos e formadores e de oferecer assistência técnica a grande número de empreendimentos de economia solidária.

2. A economia solidária é um programa de organização de todo tipo de atividades econômicas que tem por base a plena igualdade de direitos de todos participantes na produção, comercialização e distribuição de bens e serviços. Na economia solidária, os meios de produção são propriedade

6. A ECONOMIA SOLIDÁRIA NO COMBATE À POBREZA E POR DEMOCRACIA

coletiva dos sócios, que os administram em autogestão: cada trabalhador tem direito a um voto, e as decisões são tomadas por consenso ou – quando este não é possível – por maioria de votos. Funções de direção e coordenação são exercidas por sócios eleitos para mandatos de poucos anos, e o rodízio no preenchimento destes cargos é frequentemente obrigatório por dispositivo estatutário.

Historicamente, a economia solidária é a resposta do movimento operário à enorme concentração de riqueza e poder acarretada pelo capitalismo mediante a generalização da economia de mercado, em que predomina a concorrência, na qual vencem os que possuem mais capital; como a experiência demonstra, a livre concorrência provoca a ruína da maioria dos disputantes em benefício de uns poucos que acumulam sempre mais dinheiro, ao passo que a grande maioria dos agentes, por não possuírem mais meios de produção, é obrigada a se assalariar para poder participar da produção social e assim ganhar a vida.

A economia solidária, que surgiu na época da primeira Revolução Industrial sob a forma do cooperativismo operário e camponês, demonstrou que, se os pequenos produtores familiares ou individuais se associam, eles são capazes de enfrentar a concorrência dos grandes empreendimentos capitalistas mediante o exercício da solidariedade e desenvolver uma florescente democracia econômica nos muitos interstícios que as crises econômicas sempre deixam em seu rastro. Esta experiência acabou se repetindo no Brasil a partir das duas décadas perdidas (entre 1981 e 2003) por iniciativa de entidades da sociedade civil, inicialmente de cunho religioso e sindical, e depois por todo tipo de movimentos sociais que visam lutar contra a exclusão social e a consequente miséria, que o desemprego em massa e de longa duração não deixam de produzir.

A carta dirigida à presidenta eleita Dilma Rousseff, pedindo a criação do Ministério da Economia Solidária, foi subscrita por 80 entidades representativas de grande parte da economia solidária brasileira, das quais 15 são entidades de assessoria leigas e outras nove são instituições religiosas, várias de abrangência nacional, como a Rede de Incubadoras Tecnológicas de Cooperativas Populares, a Cáritas Brasileira, o Conselho Nacional de Igrejas Cristãs, a Pastoral Operária Nacional, a Articulação Nacional de Agroecologia, entre outras. Subscreveram ainda a carta 13 movimentos sociais, dos quais cerca da metade é feminino: Rede Economia e Feminismo, Marcha Mundial de Mulheres, Articulação de Mulheres Brasileiras, Ação dos

Cristãos pela Abolição da Tortura – ACAT –, Casa da Mulher do Nordeste, Fórum de Mulheres da Amazônia Paraense, entre outros.

A representatividade de muitas das entidades que subscreveram o pedido de criação do Ministério de Economia Solidária dá uma ideia da importância que a economia solidária vem ganhando em nosso país, inclusive entre as comunidades mais tradicionais e mais pobres: assinam o pedido a CONAQU – Coordenação Nacional de Articulação das Comunidades Negras Rurais Quilombolas –, a Apina – Conselho das Aldeias Wajapi – e a Associação de Arte Indígena.

Desde a sua criação, em 2003, a Secretaria Nacional de Economia Solidária – SENAES – vem demonstrando, através de suas ações de apoio à economia solidária, que a multiplicação de empreendimentos de economia solidária constitui uma forma eficaz de reinserção social de populações que vegetam em bolsões de pobreza tanto rurais como urbanos. Este fato permitiu que a Secretaria celebrasse acordos de cooperação com nada menos que 22 ministérios, bancos públicos como o BNDES, o Banco do Brasil, a Caixa Econômica Federal e o Banco do Nordeste do Brasil, além da crescente cooperação com estados e municípios. Atualmente, 18 estados e cerca de 300 municípios desenvolvem políticas de fomento da economia solidária.

Ao longo dos dois mandatos do presidente Lula, ações de sustentação ao desenvolvimento local e regional por meio da economia solidária tiveram tal expansão que a economia solidária se tornou verdadeiramente uma política transversal em grande parte do governo federal e num número crescente de governos estaduais e municipais.

Apesar de significativa expansão das políticas da SENAES, elas não chegam a atender as demandas duma economia solidária em ritmo de expansão ainda maior. Nas duas Conferências Nacionais de Economia Solidária, realizadas em 2006 e em 2010, apareceu uma crítica persistente ao governo federal por «não priorizar as políticas de economia solidária», apesar dos esforços em sentido oposto de nosso governo.

Não se trata apenas da necessidade de mais recursos para que as ações de apoio possam atender a maior parte das carências de acesso a crédito, a canais de comercialização e a conhecimentos legais, administrativos, financeiros e tecnológicos dos empreendimentos de economia solidária, mas da necessidade da própria SENAES de dispor de um corpo de funcionários qualificados bem maior do que o atual para acompanhar e avaliar

6. A ECONOMIA SOLIDÁRIA NO COMBATE À POBREZA E POR DEMOCRACIA

adequadamente dezenas de convénios sendo executados em numerosas regiões espalhadas pelo vasto espaço do território brasileiro, além de coordenar numerosas políticas, muitas desenvolvidas em parceria com diferentes ministérios, bancos públicos, governos estaduais e prefeituras.

[(*) Embora o presente texto tenha sido assinado apenas por Paul Singer, secretário nacional de Economia Solidária, ele foi elaborado com a ativa participação dos membros do Comitê Gestor da SENAES, cujas convicções ele reflete.]

7. É POSSÍVEL LEVAR O DESENVOLVIMENTO A COMUNIDADES POBRES?

7.1. Comunidades pobres no capitalismo do século XX

Graças à globalização, os ricos e, em menor grau, a grande e ubíqua classe média adquirem o mesmo padrão de vida e o mesmo modo de ser, na grande maioria dos países. Mas o mesmo não se dá com os pobres, que resultam de processos socioeconômicos muito distintos e estão resguardados da padronização cultural avassaladora pela sua relativa exclusão dos padrões dominantes de consumo.

Por hipótese, comunidades pobres podem ser classificadas pelo seu grau de integração ao mercado global. Há as excluídas desde há muito tempo e que vivem em economia de subsistência, de forma quase autossuficiente, como os remanescentes de quilombos, por exemplo. E há as recém-excluídas, como o cinturão da «ferrugem» (a região do ABC, em São Paulo, por exemplo), cujos moradores foram empregados de indústrias, que encolheram ou desapareceram em função da abertura do mercado interno e do progresso tecnológico. Estas últimas comunidades sobrevivem com rendas precárias, nas formas de auxílio a desempregados e aposentadorias dos mais velhos. Enquanto as primeiras são pobres porque não ganham o dinheiro que precisariam para comprar no mercado exterior (à comunidade) bens e serviços que satisfazem suas necessidades básicas, as últimas sofrem pela ociosidade de muitos membros e pela insuficiência das transferências de renda.

Muitas comunidades pobres se encontram entre estes dois extremos. Elas conseguem vender ao exterior produtos artesanais, extrativistas, de origem vegetal e animal, etc., mas que alcançam preços baixos, porque sua oferta tende sempre a superar a demanda por larga margem. São muitos os pobres que vivem da venda de produtos, que em geral são adquiridos por uma elite cultural relativamente pequena. Do desequilíbrio entre oferta e demanda emana uma pressão perene de baixa das remunerações dos que vivem deste tipo de produtos.

O grau de integração é estratégico porque os pobres o são em grande parte pela privação de bens e serviços «modernos» que lhes são essenciais para conservar a saúde, viajar, ter acesso à alfabetização digital, a informações veiculadas pela mídia, a filmes, livros, revistas, educação e assim por diante. Uma parte destas «essencialidades» serve primordialmente para dar acesso ao que chamamos de «padronização cultural avassaladora».

É muito discutível se esta padronização é ou não desejável, mas não resta dúvida de que os pobres em geral a desejam. Tão logo eles conseguem aumentar sua renda monetária, tratam de adquirir tais essencialidades. Bens modernos dão prestígio a quem os consegue, em comunidades pobres, a ponto de serem encontrados eletrodomésticos em moradias sem energia elétrica. A escala de prestígio é o mais seguro indicador do que a comunidade deseja.

Desenvolver uma comunidade pobre é aumentar-lhe a renda monetária, com a qual possa adquirir bens e serviços vendidos fora dela. Ora, a única maneira não casual nem ilegal de uma comunidade pobre aumentar o dinheiro que seus membros ganham é vender para fora mercadorias mais caras, em quantidades crescentes, sem que o seu preço caia (ao menos no curto prazo). Encontrar tais mercadorias é, portanto, condição essencial, mas não suficiente, para dar partida ao processo de desenvolvimento.

7.2. O desenvolvimento solidário

O desenvolvimento aqui almejado é o da comunidade como um todo, não de alguns de seus membros apenas. Por isso, ele não pode ser alcançado pela atração de algum investimento externo à comunidade. O investimento necessário ao desenvolvimento tem de ser feito pela e para a comunidade toda, de modo que todos possam ser donos da nova riqueza produzida e beneficiar-se dela. Não se trata, tão-pouco, de estimular pela competição o «empreendedorismo» individual, que inevitavelmente traz consigo a divisão da comunidade em ganhadores e perdedores.

Desenvolvimento comunitário significa o desenvolvimento de todos os seus membros conjuntamente, unidos pela ajuda mútua e pela posse coletiva de certos meios essenciais de produção ou distribuição. Conforme a preferência dos membros, muitos ou todos podem preservar a autonomia de produtores individuais ou familiares. Mas os grandes meios de produção – silos ou armazéns, frotas de veículos, edificações e equipamentos para processamento industrial, redes de distribuição de energia, etc. – têm de ser coletivos, pois, se forem privados, a comunidade se dividirá em classes sociais distintas e a classe proprietária explorará a não proprietária.

Portanto, a procura pela especialização produtiva que eleva o rendimento da comunidade não pode prescindir desta condição: os novos ramos produtivos têm de permitir que todos deles participem, enquanto produtores e enquanto gestores do processo produtivo. Os que demonstram mais habilidade e maior proficiência devem naturalmente – porque é benéfico a todos – ajudar os que têm menos facilidade de desenvolver estas qualidades. Estes valores têm óbvia justificação ética, mas também prática.

O desenvolvimento comunitário tem de ser financiado com juros generosamente subsidiados e longos períodos de carência; o custo da assistência ao crédito tem de ser coberto por recursos públicos, a fundo perdido, ao menos nas etapas iniciais do desenvolvimento. Seria politicamente inaceitável o Estado subvencionar deste modo o desenvolvimento comunitário para resultar no eventual enriquecimento de alguns e a submissão dos demais como empregados ou fornecedores dos primeiros.

7.3. A brecha de mercado

O desenvolvimento exige, portanto, que a comunidade encontre (com a assistência dos agentes de desenvolvimento) uma brecha de mercado que permita que seus membros produzam algo que lhes proporcione «boa remuneração». Esta brecha pode ser criada mediante: 1) acentuada melhora da qualidade de produtos tradicionais; 2) invenção de produtos novos ou seminovos; 3) deteção de demanda nova ou em forte expansão por algo que a comunidade pode vir a produzir; 4) ou ainda a aplicação de processos de produtividade mais elevada em atividades antigas (para poder vender os seus produtos mais baratos).

Comunidades, principalmente no Nordeste e Norte, desenvolveram carnavais fora de época, festivais religiosos, folguedos tradicionais, etc., que atraem grande número de visitantes, com cujos gastos conseguem aumentar a sua renda monetária. Na medida que esta opção depende apenas de inventividade e capacidade administrativa, ela está sempre disponível, embora em algum momento o crescimento da demanda por este tipo de peregrinação/turismo deva encontrar seus limites. Outras comunidades se desenvolvem à base dos chamados «arranjos produtivos locais», que são muito variados.

A maioria dos produtos já tem a produção ou a distribuição concentrada em determinadas localidades, o que torna arriscado tentar criar um novo arranjo produtivo local. Mas o incessante progresso tecnológico cria novos produtos, alguns com demanda em rápida expansão. São exemplos recentes o celular, o DVD, o patinete, o equipamento para surf, para pesca submarina, para outros esportes de alto risco e assim por diante. Cabe aos agentes de desenvolvimento (dos quais trataremos adiante) abrir à comunidade o leque de alternativas de desenvolvimento disponíveis e deixar que a comunidade faça sua escolha. Para tanto, é preciso que a comunidade aceda às informações pertinentes para a escolha, o que provavelmente demanda a assistência dos agentes externos. Como a comunidade deve escolher uma entre muitas possibilidades, parece-nos essencial que ela mesma se apodere dos conhecimentos que lhe permitam escolher da forma mais consciente possível.

Talvez não seja recomendável abreviar esta etapa do desenvolvimento, pois nela se dá um aprendizado essencial. Este aprendizado deve ser de todos, dos mais e dos menos instruídos, das mulheres e dos jovens e dos homens e dos velhos, dos desinibidos que falam bem e dos tímidos que não ousam levantar a voz.

Trata-se de aprender como a economia de mercado funciona, ou melhor, de como nós interpretamos o seu funcionamento. E também aprender de como se discutem alternativas e se tomam decisões democraticamente. Estes aprendizados são imprescindíveis para que o desenvolvimento não degenere, com a perda de seu carácter democrático e solidário.

7.4. Os agentes de desenvolvimento

O processo de desenvolvimento requer um relacionamento simbiótico entre a comunidade e os profissionais que estamos denominando *agentes de desenvolvimento*. Estes representam bancos públicos, serviços públicos (como o SEBRAE ou o SESCOOP), agências de fomento da economia solidária, ligados à Igreja, sindicatos, universidades ou então movimentos sociais.

A missão inicial dos agentes é levar à parte da comunidade mais esclarecida ou mais inconformada com a situação a consciência de que o

7. É POSSÍVEL LEVAR O DESENVOLVIMENTO A COMUNIDADES POBRES?

desenvolvimento é possível pelo esforço conjunto da comunidade, amparado por crédito assistido e acompanhamento sistemático (incubação).

Esta consciência é levada então ao conjunto da comunidade, o que deve desencadear um processo educativo ou de educação política, econômica e financeira de todos os membros. Trata-se de capacitação adquirida no enfrentamento dos problemas reais, à medida que eles vão se colocando.

No decorrer do processo, instituições vão surgindo por meio das quais a comunidade se organiza para promover o seu desenvolvimento: assembleia de cidadãos, comissões para diferentes tarefas, empresas individuais, familiares, cooperativas e associações de diferentes naturezas. O poder público local poderá se associar ao processo e se fazer representar, quando necessário, em comitês mistos público-privados.

A participação do banco ou serviço público na busca da brecha de mercado pode ser essencial, desde que ele possua ou levante as formações relevantes sobre os mercados – locais, regionais, nacionais ou mundiais – cogitados pela comunidade para se especializar. A própria comunidade deve se capacitar no manejo e interpretação das informações, pois do contrário ela terá de se conformar com as propostas e recomendações dos agentes de desenvolvimento.

O relacionamento entre a comunidade e os agentes deve se tornar crescentemente igualitário, mediante a contínua troca de saberes. Nesta troca, os membros da comunidade recebem ensinamentos e os oferecem aos agentes, num processo de ação política mútua. A experiência das incubadoras universitárias de cooperativas populares atesta que este tipo de processo é real e essencial para que o desenvolvimento solidário possa se dar.

Os agentes de desenvolvimento terão de ser preparados para sua tarefa árdua e delicada ao mesmo tempo. O ideal é que a preparação se faça em equipa, composta por profissionais ligados a diversas entidades. Também aqui a pedagogia da capacitação será possivelmente a mais adequada: treinamento teórico entremeado por idas à comunidade, onde a luta com os problemas reais levantará novos temas a serem destrinchados depois, no estudo teórico.

Conviria criar um centro nacional de preparação de agentes de desenvolvimento, em que os conhecimentos gerados pelas experiências de desenvolvimento comunitário, nas diversas regiões do país, possam ser reunidos e sistematizados. Deste trabalho deverão resultar métodos de promoção de desenvolvimento comunitário, mas sem a pretensão de oferecer um caminho único ou a «melhor prática», pois cada comunidade é única em suas potencialidades. Os métodos devem servir para prevenir erros e enganos e minorar angústias, decorrentes de impasses e conflitos, muito comuns no decorrer de transformações sociais de grande amplitude.

7.5. A coordenação do desenvolvimento comunitário

O pequeno tamanho da comunidade pobre e o seu relativo isolamento fragilizam suas possibilidades de se desenvolver por meio do próprio esforço (com apoio público). Um centro nacional de preparação de agentes de desenvolvimento poderia promover o entrosamento das comunidades com a mesma especialização ou com especializações complementares, fortalecendo-as.

Uma federação de comunidades com a mesma especialização, seja ela agricultura, artesanato, turismo ou o que for, configura o que hoje se conhece como Arranjo Produtivo Local (APL), em que desenvolvimento tecnológico, compra de insumos e *marketing* de produtos podem ser feitos em comum. A proximidade geográfica tem sido decisiva para os APL clássicos, mas com o desenvolvimento da iIternet talvez seja possível construir Arranjos, com atividades coordenadas à distância. O centro nacional poderia colocar as comunidades, com possibilidades de se federar, em contato, e os agentes de desenvolvimento as assistiriam na construção de APL. Também comunidades com especializações complementares – tecidos e confeções, produtoras de rações e criadoras de animais, etc. – teriam boas razões para se federar e coordenar esforços de desenvolvimento para o benefício de todas. O centro nacional de preparação poderia criar espaço de negociação para todas as comunidades, tendo em vista constituir uma divisão geográfica de trabalho que compatibilizasse o desenvolvimento conjunto de todas as comunidades.

7.6. A organização do desenvolvimento local

Poderia parecer lógico concentrar a atividade da União em prol do desenvolvimento local num único centro. Neste momento, ele está sendo promovido por diferentes ministérios: de Integração Nacional, de Desenvolvimento, Indústria e Comércio Externo, de Segurança Alimentar (CONSAD) e de Desenvolvimento Agrário, pelo menos. Sem falar do SEBRAE, dos bancos públicos, do Ministério do Trabalho e Emprego (SENAES), do Ministério das Cidades, do Turismo, da Pesca e da Piscicultura e do de Minas e Energia.

7. É POSSÍVEL LEVAR O DESENVOLVIMENTO A COMUNIDADES POBRES?

No interesse da autonomia das comunidades, o desenvolvimento comunitário deveria ser deixado para a iniciativa das autoridades municipais e estaduais. O apoio dos órgãos da União deveria ser coordenado, para evitar duplicação de esforços e disputas por competências e para centralizar a preparação dos agentes de desenvolvimento e a promoção do entrosamento das comunidades na construção de seu desenvolvimento. Mas esta coordenação deveria ser feita por um grupo de trabalho interministerial que preservasse a autonomia dos diversos órgãos em sua ação. Para não perder a riqueza da diversidade de abordagens, o melhor seria que cada comunidade pudesse contar com o apoio dos vários ministérios que tivessem afinidade com suas características e aspirações. Como foi argumentado acima, o trabalho direto com a comunidade deveria ficar a cargo de agências de fomento ou de movimentos sociais, que já realizam este tipo de atividade, têm conhecimentos acumulados e possuem credibilidade. Desenvolvimento comunitário já está acontecendo no Brasil há décadas, portanto, não se está partindo do marco zero. A novidade seria a amplidão do apoio federal sistematizado e coordenado, mas sem qualquer intenção de padronizá-lo, pelas razões já aventadas.

8. CONTRIBUIÇÃO AO DEBATE SOBRE O SOCIALISMO PETISTA

8.1. Em busca de um novo conceito de socialismo

Ao designar o socialismo de que cogitamos de «petista», ele passa a exprimir a experiência histórica de um determinado partido num certo país, no caso o Partido dos Trabalhadores no Brasil. Isto significa que o conceito de socialismo deixa (ao menos no momento) de ser universal, de ser necessariamente o mesmo para toda a humanidade, o que não era o consenso reinante na esquerda até mais ou menos recentemente. Discordava-se a respeito do que se entendia por socialismo (ou comunismo), mas cada facção afirmava que o seu conceito se aplicaria por igual em todos países. O consenso implicava que o «mesmo» socialismo, fosse qual fosse, sucederia ao capitalismo no mundo inteiro.

Devemos a Marx a ideia de que a expansão do capitalismo por todos os países acabaria por uniformizá-los econômica e socialmente. E a história vinha confirmando esta hipótese ao longo do século XX. Era lógico supor que a superação do capitalismo se daria de maneira semelhante – pela luta de classes, pela tomada do poder pelo partido do proletariado, pela «expropriação dos expropriadores» –, dela resultando o socialismo como modo de produção mundial.

A história deste último período, digamos desde a queda do Muro de Berlim e da versão soviética do socialismo em muitos países, indica que se torna necessário rediscutir o socialismo à luz das lutas que o povo trabalhador está travando agora, nas condições em que o «socialismo real» declinou e que tanto a democracia como o desemprego se generaliza nos países capitalistas. Embora a globalização tenha avançado na segunda metade do século passado, a resistência a ela vem crescendo por toda parte, inclusive nos países desenvolvidos.

O fracasso da nova rodada Doha de liberação comercial e da implementação do Tratado de Quioto, de contenção do efeito estufa, mostra que, no novo período histórico, o processo de homogeneização dos países entra em pane. Em alguns deles, particularmente no Brasil, torna-se possível observar «outro desenvolvimento», do qual resulta «outra economia», cujos princípios negam a divisão da sociedade em classes e a desigualdade entre elas.

Hugo Chavez proclama o «socialismo do século XXI» como objetivo futuro para o seu país. Em diversos outros países da América do Sul e Central, governos democraticamente eleitos experimentam novos modos de enfrentar a miséria e a exclusão social e que constituem outros tantos ensaios de construção do Outro Mundo, intensamente debatido nas sucessivas edições do Fórum Social Mundial.

Tudo isso justifica a colocação do socialismo petista como tema do próximo congresso do partido. Não se trata de nacionalizar o socialismo, de inventar um socialismo nacional em cada país. O que se deseja e se precisa é enraizar a busca de novos significados do socialismo em nossa era nas experiências concretas de cada Estado nacional, para que o debate não se limite às controvérsias históricas, mas desemboque na análise e devida apreciação do que os movimentos sociais estão erguendo – aqui e agora – em suas lutas sociais e econômicas.

8.2. Um socialismo em perene construção

Os princípios do socialismo não mudaram desde que receberam suas formulações clássicas, no século XIX. Uma sociedade socialista se caracteriza pela propriedade e gestão coletiva dos meios de produção, do que deve resultar a abolição das classes sociais, da exploração de classe e da luta de classes.

A sociedade socialista é democrática tanto em suas instituições políticas como na ausência de hierarquias, de divisões entre os que mandam e os que obedecem, entre os que concebem, planejam e decidem e os que apenas executam. Nela devem desaparecer também as desigualdades entre géneros, entre os que optam por diferentes orientações sexuais, entre os que pertencem a diferentes etnias e a diferentes agrupamentos religiosos, políticos e culturais.

A sociedade socialista é a reunião de pessoas diferentes sob muitos aspectos, mas iguais em direitos. O seu objetivo maior é que estas pessoas

8. CONTRIBUIÇÃO AO DEBATE SOBRE O SOCIALISMO PETISTA

tenham a liberdade de levar suas vidas da forma que preferirem, em solidariedade ou em competição, imersos em laços sociais e afetivos que lhes possibilitem desenvolver suas potencialidades plenamente, de tal modo «que o desenvolvimento de cada um seja a condição para o desenvolvimento de todos» (Marx).

Assim concebido, o socialismo se defronta com uma questão crucial: num mundo formado por diferentes nações, diferentes correntes políticas, ideológicas, religiosas, etc., e por diferentes agrupações económicas – mesmo que todas sejam autogestionárias –, é indispensável que haja instituições coordenadoras, que imponham o cumprimento das leis, arbitrem disputas e exerçam o monopólio da violência. Em suma, a sociedade socialista necessita de um Estado.

Durante muito tempo se supôs que no socialismo, por não haver contradições de classe, de género, etc., o Estado se tornaria supérfluo e acabaria por desaparecer. Esta suposição de harmonia universal, de paz e de amor entre todos, se fundamenta no perfil dum «novo homem», produzido pela sociedade socialista, ao qual poderiam ser atribuídas todas as qualidades que se queira. Mas o socialismo pelo qual lutamos não se destina a um hipotético ser futuro, mas às mulheres e homens de hoje, com suas virtudes e defeitos, suas pulsões e razões. Neste socialismo, continuará havendo divergências e controvérsias, colaboração e conflito, solidariedade e competição.

É perfeitamente concebível que, na sociedade socialista, muitos dos conflitos que hoje dividem a sociedade capitalista desapareçam. Mas, como não conhecemos o futuro e a ciência não nos permite traçar o perfil do «novo homem», somos obrigados a trabalhar com o pressuposto que na construção do socialismo haverá conflitos de interesses, de ideias e de posturas éticas, estéticas, etc. Se um dia esta construção se completar – o que é no mínimo duvidoso –, nossos descendentes saberão se continuarão a precisar do Estado ou não. No mundo de hoje, como o conhecemos, esta necessidade é indiscutível.

Sabemos como a construção do socialismo começa, mas não como acaba. Não há país algum em que se possa supor que a sociedade socialista esteja completa. Estou convencido de que a ideia de uma sociedade perfeita, em que todos vivem em paz e amor entre si, é uma má utopia, pois ela continuaria a mesma para todo o sempre. Não haveria lugar para a mudança e, portanto, para o progresso. Ora, atualmente o progresso é regido em grande medida pelo avanço da ciência, pelo aumento do conhecimento do universo em que vivemos e por inovações decorrentes do novo conhecimento, que prolongam a vida e melhoram sua qualidade. É claro que o avanço da ciência provoca novos problemas, mas isso não é motivo para querer ou prever que este avanço cesse.

Ora, enquanto a ciência avançar, ela abrirá novas possibilidades de vida e desenvolvimento à humanidade, as quais exigirão com toda a probabilidade mudanças, que quase sempre tendem a gerar conflitos. O que torna a edificação do socialismo um processo perene, que possivelmente jamais se completa.

8.3. A luta pelo socialismo

A luta pelo socialismo teve início como reação à Revolução Industrial (a primeira, que se desenrola entre 1760 e 1880), quando o capitalismo pela primeira vez se torna o modo de produção dominante num grande país (Grã Bretanha). Surgem a fábrica e o proletariado fabril, que se organiza, para lutar por seus direitos, em sindicatos e cooperativas. Embora enfrente obstáculos enormes, o proletariado acaba conquistando vitórias sucessivas, que vão desde a limitação legal da jornada de trabalho à proibição do trabalho infantil, ao reconhecimento legal de sindicatos e cooperativas, à criação de partidos socialistas, comunistas, anarquistas, etc., que se aliam às feministas e, na passagem do século XIX ao XX, começam a conquistar o sufrágio universal, ou seja, a plena igualdade de todos perante a lei e no usufruto de seus direitos políticos de votar e ser votado. De todas as conquistas socialistas no capitalismo, não resta dúvida de que a democracia ainda é a mais importante.

É evidente que estas lutas produzem profundas modificação nos países em que são travadas. Além das mudanças institucionais, acima resumidas, é preciso considerar que os trabalhadores logram desenvolver economias autogestionárias – cooperativas, associações, comunas, bancos do povo, etc. – que em diversos países atingiram dimensões de massa. Até o fim da Segunda Guerra Mundial, as cooperativas de consumo dominavam o comércio varejista de bens de consumo na maioria dos países europeus. Hoje, o Complexo Cooperativo de Mondragon emprega quase 80 mil pessoas em mais de 100 cooperativas, entre os quais se contam indústrias, um grande banco, uma das maiores redes de supermercados da Espanha, além de uma universidade, cooperativas de pesquisas avançadas, etc.

8. CONTRIBUIÇÃO AO DEBATE SOBRE O SOCIALISMO PETISTA

No Bangladesh, o Grameen Bank (Banco da Aldeia) de Muhammad Yunus serve a mais de seis milhões de pobres (a grande maioria de mulheres), que são seus associados e legalmente o possuem e dirigem. E, no Brasil, o mapeamento da economia solidária, realizado pelo Governo Federal, mostrou que no final de 2005 ela era formada por, pelo menos, 15 mil empreendimentos, possuídos por 1 250 000 homens e mulheres. Estes exemplos servem para mostrar que as lutas operárias não alteraram apenas o sistema político nos países capitalistas, mas implantaram neles organizações e empreendimentos socialistas, capazes de se desenvolver, que alteraram as economias e as sociedades destes países.

É difícil julgar o que mais contribui para a construção do socialismo, no seio da sociedade dominada pelo capital, se a ação política dos socialistas, que lhes possibilita exercer poder à testa do Estado, a partir de vitórias eleitorais, ou a ação econômica, que disputa com o capital mercados e absorve numerosos trabalhadores, que se não fosse assim, teriam de disputar empregos nas empresas capitalistas, contribuindo para uma ainda maior precarização das relações de trabalho e para o esmagamento dos sindicatos. Modificar o Estado e modificar a economia são formas complementares de revolucionar a sociedade e de torná-la menos capitalista.

Durante muito tempo, a atenção dos que aspiram ao socialismo foi totalmente voltada à luta política pela conquista do poder de Estado, na vã esperança de que desta forma o capitalismo poderia ser definitivamente destruído. A experiência histórica da União Soviética demonstrou que o capitalismo não pode ser destruído apenas pela ação política. Quando Gorbatchov democratizou o país, ele se dividiu, e suas partes se lançaram rapidamente à restauração do capitalismo em sociedades que de fato nunca foram socialistas. A ação política pode democratizar o Estado e, em alguma medida, instituições da sociedade civil: a família, a escola, o sistema de assistência à saúde, etc.

Mas a construção de uma economia solidária, efetivamente democrática e igualitária, não pode ser imposta de cima para baixo. Um dos princípios essenciais da economia solidária ou cooperativa é que os que dela participam o fazem pela sua livre vontade, podendo retirar-se dela, se assim o desejarem, sem prejuízo material. O que significa que a economia solidária (que pode ser considerada a principal, mas não única, face econômica do socialismo) só pode se desenvolver mediante sua própria prática, ou seja, pelo crescimento do número de pessoas que dela participam e da qualidade de seu desempenho na produção e na autogestão.

8.4. O socialismo petista

O socialismo petista não pode ser outra coisa que a plataforma comum de luta dos movimentos sociais que se empenham na transformação do Brasil numa sociedade mais justa, igual e livre. O PT nasceu para ser um dos braços políticos dos camponeses sem terra, dos operários sem emprego, dos jovens sem perspectiva, das mulheres subjugadas e exploradas, das crianças desamparadas sem escola, além de todos os trabalhadores inseridos na produção, em empresas capitalistas, repartições públicas, por conta própria ou empreendimentos cooperativos e solidários.

Cabe ao partido contribuir para a síntese destas muitas lutas, ajudando os combatentes a compreender que, ao lutarem por soluções imediatas, para os mais carentes, eles podem radicalizar a luta, tendo em vista transformar os explorados e (pior ainda) os excluídos em empreendedores associados autogestionários. Hoje, no Brasil, tanto os sindicatos operários como os movimentos camponeses já entendem assim sua missão e se empenham cada vez mais nesta transformação.

Grande parte dos movimentos se inspira nos ensinamentos da Igreja, que na forma da teologia da libertação apontam na mesma direção. Outros se inspiram nas tradições socialistas leigas, que formam o património genético de sindicatos, agremiações estudantis, organizações feministas, de negros, de indígenas e muitos outros. Diferenças de ideologia ou de fé religiosa podem dividir os que lutam no plano político, mas na economia o autointeresse de todos favorece a solidariedade, a cooperação e a associação.

ÍNDICE

PREFÁCIO – PAUL SINGER: UMA LUCIDEZ SOLIDÁRIA
E FUTURANTE
Rui Namorado   5

PRIMEIRA PARTE
ECONOMIA SOLIDÁRIA ENQUANTO MODO DE PRODUÇÃO

1. A TEORIA NA PRÁTICA DA ECONOMIA SOLIDÁRIA   23
   1.1. O conceito de economia solidária   23
   1.2. História dos antecedentes da atual economia solidária   25
   1.3. A revivescência da economia solidária a partir da contrarrevolução
        neoliberal   31
        Bibliografia   35

2. ECONOMIA SOLIDÁRIA: UM MODO DE PRODUÇÃO
   E DISTRIBUIÇÃO   37
   2.1. Um modo de produção entre outros   37
   2.2. As bases ideológicas da economia solidária   40
   2.3. Formas degeneradas da economia solidária   43
   2.4. Autogestão *versus* competência científica   47
   2.5. Empresa capitalista *versus* empresa solidária: a construção
        da competência   49
   2.6. A consolidação da economia solidária como sector   50
   2.7. A economia solidária no Brasil   53

3. ECONOMIA SOLIDÁRIA: POSSIBILIDADES E DESAFIOS 59
   3.1. Introdução 59
   3.2. Cooperativismo e socialismo 69
   3.3. A economia solidária em rede nacional 70
   3.4. Economia solidária como um dos eixos de uma aliança estratégica 72

4. ECONOMIA SOLIDÁRIA COMO CAMINHO DE INCLUSÃO SOCIAL 79

5. DESENVOLVIMENTO CAPITALISTA E DESENVOLVIMENTO SOLIDÁRIO 85
   5.1. Desenvolvimento econômico e científico 85
   5.2. Desenvolvimento capitalista e desenvolvimento solidário 87
   5.3. Desenvolvimento em tempos de reestruturação 92
   5.5. Desenvolvimento misto 102
   Bibliografia 103

6. ANGÚSTIA ECONÔMICA NO CAPITALISMO E NA ECONOMIA SOLIDÁRIA 105
   6.1. Considerações gerais 105
   6.2. Liberdade e angústia no capitalismo 105
   6.3. A angústia causada pela intensificação da competição interna às empresas 107
   6.4. A angústia econômica na economia solidária 108
   6.5. Conclusões 109

7. ECONOMIA SOLIDÁRIA E SOCIALISMO 111
   7.1. A utopia 111
   7.2. As vias para o socialismo 113

8. A CONSTRUÇÃO DA ECONOMIA SOLIDÁRIA COMO ALTERNATIVA AO CAPITALISMO 119
   8.1. Prolegómenos 119
   8.2. Controvérsias sobre a estratégia da luta dos trabalhadores pelo socialismo, entendido como combinação de autogestão dos trabalhadores com sufrágio universal 121

8.3. O avanço das lutas populares impõe sucessivas revisões às noções de socialismo como sistema socioeconômico destinado a suceder ao capitalismo   126

8.4. Auge e declínio do «socialismo realmente existente» como sistema socioeconômico universal, sem autogestão e sem democracia, e o retorno da autogestão como bandeira dos novos movimentos sociais   130

8.5. A autogestão como reivindicação das lutas operárias no «socialismo real»   137

8.6. A repercussão da revolução do Solidarnosc e a consequente difusão do socialismo autogestionário no Brasil   138

SEGUNDA PARTE
ECONOMIA SOLIDÁRIA NO BRASIL

1. TESES SOBRE AUTOGESTÃO E SOCIALISMO NO BRASIL DE HOJE   153

2. A ECONOMIA SOLIDÁRIA COMO INOVAÇÃO NO BRASIL NO FIM DO SÉCULO XX   165

3. A ECONOMIA SOLIDÁRIA NO BRASIL   169
   3.1. Histórico   169
   3.2. A economia solidária e seus princípios   171
   3.3. As políticas públicas de economia solidária no Brasil   174

4. A EXPERIÊNCIA BRASILEIRA NAS POLÍTICAS PÚBLICAS PARA A ECONOMIA SOCIAL E SOLIDÁRIA   179
   4.1. Políticas públicas para a ESS   179
   4.2. Política pública de desenvolvimento local por meio da ESS 186
   4.3. Conhecimentos necessários para o desenho e gestão de políticas públicas para a economia social e solidária   189

5. REFLEXÕES SOBRE A EXPERIÊNCIA BRASILEIRA COM A ECONOMIA SOLIDÁRIA   193

6. A ECONOMIA SOLIDÁRIA NO COMBATE À POBREZA
   E POR DEMOCRACIA   201

7. É POSSÍVEL LEVAR O DESENVOLVIMENTO
   A COMUNIDADES POBRES?   207
   7.1. Comunidades pobres no capitalismo do século xx   207
   7.2. O desenvolvimento solidário   208
   7.3. A brecha de mercado   209
   7.4. Os agentes de desenvolvimento   210
   7.5. A coordenação do desenvolvimento comunitário   212
   7.6. A organização do desenvolvimento local   212

8. CONTRIBUIÇÃO AO DEBATE SOBRE O SOCIALISMO PETISTA   215
   8.1. Em busca de um novo conceito de socialismo   215
   8.2. Um socialismo em perene construção   216
   8.3. A luta pelo socialismo   218
   8.4. O socialismo petista   220